최신판

혼JOB
코레일 [한국철도공사]
NCS 직업기초능력
봉투모의고사

NCS 실전모의고사
1회

[직업기초능력평가(NCS)]

나만의 성장 엔진, 혼JOB | www.honjob.co.kr

최신판

혼JOB 코레일 한국철도공사 NCS 직업기초능력 봉투모의고사

NCS 실전모의고사 1회
직업기초능력평가(NCS)

수험번호	
성명	

[시험 유의사항]

1. NCS 실전모의고사는 다음과 같이 정해진 시험 시간에 맞추어 풀어 보시기를 권장합니다.

과목	세부 영역	문항 수	시험 형식	권장 풀이 시간
직업기초능력평가 (NCS)	의사소통능력 수리능력 문제해결능력	25문항	객관식 5지선다	30분

2. 본 모의고사 풀이 시 맨 마지막 페이지의 OMR 카드를 활용하시어 실전 감각을 높이시기 바랍니다.
3. 시험지의 전 문항은 무단 전재 및 배포를 금합니다. 이를 위반할 경우 관련 규정에 따라 처벌을 받을 수 있습니다.

NCS 실전모의고사 1회

[01~02] 다음 글을 읽고 이어지는 물음에 답하시오.

최근 전동 킥보드 등 개인형 이동장치(PM)가 차도, 자전거도로와 보행도로를 넘나들며 통행하면서 관련 교통사고 건수도 증가하고 있으나, 개인형 이동장치를 고려한 도로설계지침은 미비한 실정이었다. 이에 따라 국토교통부는 개인형 이동장치를 고려한 도로설계지침을 포함한 「사람중심도로 설계지침」(국토부 훈령) 개정(안)을 마련하였고 행정예고를 거쳐 10월 19일(목)부터 시행하였다. 개인형 이동장치를 고려한 도로설계지침을 도로 건설 및 보수 현장에 적극 반영하여 개인형 이동장치 이용자 및 보행자의 안전과 편의가 향상될 것으로 기대된다.

「사람중심도로 설계지침」의 주요 내용은 다음과 같다. 첫째, 바퀴가 작고 회전반경이 크며 제동거리 소요 등 개인형 이동장치의 특성을 고려하여 횡단보도 경계 간 턱을 낮추고 도로 곡선 반경을 보다 크게 하고 최대 경사도 기준도 명시하는 등 도로 구조 시설기준을 규정하였다. 둘째, 보행자들과 개인형 이동장치 이용자 간의 상충을 최소화하기 위하여 신규도로 건설 시 교통 특성에 따라 개인형 이동장치 통행로를 연석이나 분리대 등을 통해 물리적으로 분리하도록 하고 개인형 이동장치를 고려한 도로 폭을 확대하도록 하였다. 셋째, 조명시설, 시선유도시설, 자동차 진입 억제시설 설치 등 개인형 이동장치를 고려한 안전시설을 적용하도록 하였으며, 지하철역 주변 등에는 보관 및 충전시설 등 부대시설 설치도 고려하도록 하였다.

01 위 글의 표제로 가장 적절한 것은?

① 개인형 이동장치(PM)로 인한 교통 문제의 심각성
② 개인형 이동장치(PM)를 고려한 도로설계지침 마련
③ 개인형 이동장치(PM)를 위한 신규도로 건설의 필요성
④ 사람 중심의 도로 설계를 위한 개인형 이동장치(PM) 규제 방안
⑤ 개인형 이동장치(PM) 이용자로부터 보행자의 안전과 편의를 보장하기 위한 도로설계지침 마련

02 위 글의 「사람중심도로 설계지침」에 대한 내용으로 옳지 않은 것은?

① 개인형 이동장치의 특성을 고려하여 도로 구조 시설기준을 규정하였다.
② 지하철역 주변 등에 개인형 이동장치의 부대시설 설치를 고려하도록 하였다.
③ 기존 도로에 연석이나 분리대 등을 설치하여 개인형 이동장치 통행로를 물리적으로 분리하도록 하였다.
④ 조명시설, 시선유도시설, 자동차 진입 억제시설 설치 등 개인형 이동장치를 고려한 안전시설을 적용하도록 하였다.
⑤ 보행자들과 개인형 이동장치 이용자 간의 상충을 최소화하기 위하여 개인형 이동장치를 고려한 도로 폭을 확대하도록 하였다.

[03~04] 다음 글을 읽고 이어지는 물음에 답하시오.

　유전자 변형 식품 논쟁은 별개의 두 현안이 결합된 것이다. 하나는 유전자 변형 식품이 우리의 건강이나 환경에 위협이 되는가라는 순수한 과학적 질문이다. 다른 하나는 공격적인 다국적 기업의 행동과 세계화가 미치는 영향에 초점이 맞추어진 정치적, 경제적 질문이다. 유전자 변형 식품 문제를 올바르게 풀기 위해서는 정치적이나 경제적인 입장에서가 아니라 과학적인 입장에 서야 할 필요가 있다.
　유전자 변형 식품의 반대론자들은 그것이 자연적이지 않다고 지적한다. 하지만 현재 남아 있는 극소수의 진정한 수렵 채집인들을 제외하고 엄격한 의미에서 자연의 음식을 먹고 있는 사람은 거의 없다. 영국의 찰스 3세 국왕은 "유전자 변형은 인류가 신의 세계를 침범하는 것이다."라는 선언을 한 적이 있지만, 우리 조상들은 먼 옛날부터 그 세계에 있었다. 농민들은 오랜 옛날부터 서로 다른 종을 교배시켜서 자연에 없던 완전히 새로운 종을 만들어 왔다. 예를 들어 오늘날의 밀은 몇 차례에 걸쳐서 이루어진 교배의 산물이다. 아인콘 밀이라는 야생종과 염소 풀에 속한 한 종을 교배하자 에머 밀이 탄생했다. 오늘날의 밀은 이 에머 밀과 염소 풀에 속한 또 다른 종을 교배해 만든 것이다. 그것은 자연적으로 결코 만들어지지 않았을 특징들을 지니고 있다.
　이와 같은 방식으로 식물들을 교배하면 유전적으로 완전히 새로운 특징들이 생겨난다. 교배된 식물의 모든 유전자가 그것에 영향을 받아 예기치 않은 결과들이 나타나기도 한다. 반면에 생명 공학은 한 번에 유전자 하나씩, 식물 종에 새로운 유전 물질을 훨씬 더 정확하게 집어넣을 수 있다. 유전적인 측면에서 볼 때 기존의 농업이 커다란 쇠망치를 휘둘렀다면 생명 공학은 핀셋을 들고 있다.
　뉴델리에 있는 유전자 운동 단체의 수만 사하이는 유전자 변형 식품 논쟁이 식량이 삶과 죽음의 문제가 아닌 나라들의 놀음일 뿐이라고 말한다. 그는 사람들이 말 그대로 굶어 죽고 있는 인도에서는 산악 지역에서 재배되는 과일의 60퍼센트가 시장에 도달하기도 전에 썩어버린다고 지적한다.
　㉠ 토마토를 만드는 데에 쓰인 유전자 변형 기술처럼 과일의 성숙 시기를 늦추는 기술이 얼마나 유용한지 상상해 보라. 유전자 변형 식품의 가장 중요한 용도는 출생률이 높고 한정된 경작지에 과도한 생산 압력이 가해지면서 살충제와 제초제가 과다 사용되어 그런 농약을 뿌리는 농민과 환경 모두가 황폐해지고 있는 저개발국을 구원하게 될 것이다. 그런 나라에서는 영양실조가 삶의 한 측면이자 죽음의 한 측면이기도 하다. 그리고 해충이 작물들을 황폐화시키면 농민과 그 가족은 죽음의 선고를 받게 되는 것과 다름없다.

03 위 글의 내용과 일치하지 않는 것은?

① 찰스 3세 국왕은 유전자 변형 식품에 대해서 부정적인 견해를 피력한 바가 있다.
② 유전자 변형 식품 반대론자들은 유전자 변형 식품의 비자연성을 심각한 문제로 보고 있다.
③ 오늘날의 밀은 인공적으로 교배를 했다는 점에서 자연적으로 만들어진 식물이라고 할 수가 없다.
④ 수만 사하이는 유전자 변형 식품 논란이 식량 문제가 절박하지 않은 나라에서 일어나는 것으로 보고 있다.
⑤ 유전자 변형 식물을 개발하는 다국적 기업들의 행동과 세계화에 초점을 맞추어 유전자 변형 식품의 논쟁을 해결해 나갈 필요가 있다.

04 위 글의 밑줄 친 ㉠의 의견에 부합하지 않는 것은?

① 유전자 변형 식품의 찬성론자 입장에서 서술한 것이다.
② 유전자 변형 식품이 영양실조를 개선하는 데에 도움을 줄 수 있다.
③ 유전자 변형 토마토는 수익을 향상시키지만 환경 파괴를 가속화한다.
④ 과일의 성숙 시기를 조절하는 기술은 가난한 사람들을 구제할 수 있다.
⑤ 대체로 인구 밀도가 높은 곳에서 유전자 변형 기술이 더욱 유용하게 쓰일 수 있다.

[05~06] 다음 글을 읽고 이어지는 물음에 답하시오.

(가) 무신론자였던 사르트르는 인간은 사물과 달리 그 본질이나 목적을 가지고 판단할 수 없다고 보았다. 예를 들어, 연필은 처음부터 '쓴다'는 목적으로 만들어진다. 무엇인가를 쓴다는 것은 연필의 본질이므로, 연필의 존재는 그 본질로부터 나온다. 즉, 사물은 본질이 그 존재에 선행하는 것이다. 그러나 인간은 사물과 다르다. 사르트르는 인간이 신의 뜻에 따라 만들어진 존재라는 기존의 통념을 거부하면서, 인간은 우연히 이 세계에 내던져진 채 스스로를 만들어 가는 존재라고 보았다.

(나) 또한 사르트르는 인간의 자유로운 선택이 타자와 연관된다고 여겼다. 왜냐하면 내가 주체적 의식을 지니고 살아가듯이 타자도 주체적 의식을 지니고 있어서, 내가 아무리 주체성을 지닌 존재라 하더라도 나를 바라보는 다른 사람은 나를 즉자존재처럼 객체화하여 파악할 수 있기 때문이다. 그래서 사르트르는 타인의 시선으로 규정되는 인간의 모습을 일컬어 '대타존재(Being for others)'라고 명명하였다. 예를 들어, 길을 걷다가 친구의 장난스러운 표정이 떠올라 웃었다고 가정해 보자. 그런데 그런 상황을 모르는 타자는 '저 사람 참 실없는 사람이네.'라는 시선을 보낼 수 있다. 이때 타자에 의해 '실없다'라고 규정되는 존재가 대타존재인 것이다.

(다) 실존주의는 현대 과학 기술 문명과 전쟁 속에서 비인간화되어 가는 현실을 고발하는 과정에서 등장한 철학 사조로, 개인으로서의 인간의 주체적 존재성을 강조한다. 사르트르(J. P. Sartre)는 실존주의를 대표하는 철학자로, 이전의 철학자들이 인간의 본질이 무엇이냐는 근원적 물음을 탐구했다면, 사르트르는 개개인의 실존을 문제삼았다. 그의 사상은 '실존은 본질에 선행한다.'로 집약할 수 있는데, 여기서 '본질'은 어떤 존재에 관해 '그 무엇'이라고 정의될 수 있는 성질을 뜻하고, '실존'은 자기의 존재를 자각하면서 존재하는 주체적인 상태를 뜻한다.

(라) 그런데 이런 시선은 타자만 나에게 보내는 것이 아니라 나도 타자에게 보낼 수 있다. 왜냐하면 서로가 서로를 대상으로 삼아 객체화하려고 하기 때문이다. 그래서 사르트르는 나와 타자가 맺는 관계는 공존이 아니라 갈등과 투쟁으로 여겨서, '타자는 지옥이다.'라는 극단적인 표현까지 동원하기도 하였다. 그러나 그는 이렇게 자신이 타자의 시선에 노출되더라도 자신의 행위를 계속해 나가야 한다고 말한다. 자신의 선택에 따라 행동하며 그것을 타자가 받아들이도록 함으로써 타자를 자신의 선택 속에 끌어들일 수 있는 것이다. 그러니까 인간은 참된 자아를 찾기 위해 타자의 시선을 두려워하거나 피할 것이 아니라 이를 극복하고 계속 자신의 행위를 선택하며 살아가야 한다.

(마) 사르트르는 이 세계의 모든 존재를 '의식'의 유무를 기준으로 의식이 없는 '사물 존재'와 의식이 있는 '인간 존재'로 구분하였다. 그리고 사물 존재를 '즉자존재(Being in itself)'로, 인간 존재를 '대자존재(Being for itself)'로 각각 명명하였다. 여기서 즉자존재는 일상의 사물들처럼 자기의식이 없기 때문에, 그 자리에 계속 그것인 상태로 남아 있다. 반면에 대자존재는 자기의식을 가진 존재이다. 따라서 자기 자신을 대상화하여 스스로를 바라볼 수도 있고, 매 순간 자유로운 선택을 통해 자신을 만들어 갈 수도 있다. 그런데 모든 것이 인간의 선택으로 결정이 된다면, 그 선택에 따른 책임도 자기 스스로 져야 한다. 그래서 사르트르는 진실한 인간이라면 책임감이라는 부담 때문에 번민하고, 그 번민의 원인이 되는 자유로부터 도피하고 싶은 욕망이 생길 수 있다고 보았다.

05 위 글의 문단 배열 순서로 가장 적절한 것은?

① (가) - (나) - (라) - (다) - (마)
② (가) - (다) - (나) - (마) - (라)
③ (다) - (가) - (마) - (나) - (라)
④ (다) - (나) - (가) - (라) - (마)
⑤ (마) - (가) - (나) - (라) - (다)

06 위 글에 나타난 사르트르의 견해로 적절하지 않은 것은?

① 사물은 그 본질이나 목적을 가지고 판단할 수 있다.
② 나와 타자가 맺는 관계를 갈등과 투쟁으로 인식한다.
③ 인간의 자유로운 선택은 타자와 상관없이 이루어진다.
④ 인간은 대자존재이지만 타인에 의해 즉자존재처럼 파악될 수 있다.
⑤ 진실한 인간은 자유로운 선택으로 인해 책임감이라는 부담감을 지니게 된다.

07 다음 글을 읽고 판단한 내용으로 옳은 것을 [보기]에서 모두 고르면?

캘리포니아주립대학 심리학과 교수인 로버트 레빈은 그의 저서 『시간은 어떻게 인간을 지배하는가』에서 각 나라별 삶의 스피드를 측정해 순위를 매겼다. 그는 삶의 페이스를 3가지 척도로 측정했다. 첫째는 걷는 스피드로, 도심 지역에서 18센티미터 보폭으로 보행인들이 걷는 스피드를 말한다. 둘째는 일 처리 스피드로, 우체국 직원들이 우표 한 장 달라는 일반적인 요청을 얼마나 빨리 처리하는가를 측정했다. 셋째는 공공장소에 있는 시계들의 정확성이다.

이 연구 결과에서 삶의 스피드가 가장 빠른 나라는 스위스인 것으로 나타났다. 부문별로 보면 걷는 스피드 3위, 우체국 일처리 2위, 시계 정확도 1위였다. 걷는 스피드에서 1위를 차지한 아일랜드는 시계 정확도 11위, 우체국 일처리 3위로 종합 2위에 올랐다. 독일은 우체국 일처리에서 1위를 차지했지만 걷는 스피드(5위)와 시계 정확도(8위)에서 뒤져 종합 3위를 차지했다. 종합 4위를 차지한 일본은 우체국 일처리 4위, 시계 정확도 6위, 걷는 스피드 7위였다. 미국은 걷는 스피드에서는 6위에 올랐지만, 우체국 일처리(23위), 시계 정확도(20위) 순위가 낮아 종합 16위에 머물렀다. 한편 한국은 종합 18위로 시계 정확도 16위, 걷는 스피드와 우체국 일처리에서 각각 20위에 올랐다. 아시아권 국가 중에서는 홍콩(10위), 대만(14위), 싱가포르(15위)가 한국보다 순위가 높았고 중국은 23위였다.

그렇다면 장소와 문화의 어떤 특질들이 삶의 템포를 다르게 만드는 걸까. 여기에서는 세계 문화의 템포를 규정하는 5가지 주요 요소를 들어 설명한다. 첫 번째는 경제발전이다. 경제가 활력이 있는 지역이 좀 더 빠른 템포를 갖는 경향이 있다는 것이다. 두 번째는 산업화의 정도로, 부유한 사람들이 많이 사는 지역이 시간적으로 좀 더 빠른 규범을 갖고 있다. 세 번째는 인구 규모이다. 대체로 도시에 사는 사람들이 시골에 사는 사람들보다 빨리 움직인다는 것이다. 네 번째는 기후로, 더운 지역에서의 삶이 더 느긋하다는 것이다. 다섯 번째는 문화적 가치이다. 개인주의 문화와 집단주의 문화를 비교해 볼 때 개인주의 문화가 귀속보다는 업적을 더 중시하는 경향이 있으며, 이는 시간은 돈이라는 생각을 갖게 하고, 시간을 귀하게 여기는 각박함으로 몰고 간다는 것이다.

한편 레빈 교수는 물리적으로 측정되는 1시간이 사람들의 심리적 상태에 따라 각각 다르게 느껴진다고 말했다. 그러면서 심리적 시계에 작용하는 다섯 가지 영향으로 즐거움, 긴급성, 활동의 양, 다양성, 시간과 무관한 사고를 들고 있다. 즐거운 시간은 빨리 지나가고, 급하면 급할수록 시간은 더디게 간다. 일이 재미있고 신경 써서 해 볼 만하고 더 많은 일들이 기다리고 있으면 시간이 더 빨리 가는 것 같다. 다양하면 다양할수록 시간은 빨리 흐른다. 시간과 무관한 사고는 예술 작품이나 음악과 같은 비언어적 활동에서 발생하는 것으로, 시간을 느끼는 언어적·분석적 사고를 잊게 하는 것이다.

| 보기 |
ㄱ. 시간은 속도와 함수관계를 갖고 있다.
ㄴ. 한국인들의 삶의 속도는 아시아권에서 조사대상국 중 다섯 번째로 빠르다.
ㄷ. 도시에 사는 사람일수록 삶의 속도가 빨라지는 경향이 강하다.
ㄹ. 사람들이 일상에서 느끼는 시간의 흐름은 문화에 따라 가변적이다.
ㅁ. 열대지방에 사는 사람보다 온대지방에 사는 사람들이 좀 더 느린 템포를 갖는다.

① ㄱ, ㄴ
② ㄱ, ㄴ, ㄷ
③ ㄴ, ㄷ, ㄹ
④ ㄱ, ㄴ, ㄷ, ㄹ
⑤ ㄱ, ㄴ, ㄷ, ㄹ, ㅁ

[08~09] 다음 글을 읽고 이어지는 물음에 답하시오.

　사람들은 사막보다 푸른 초원을 더 아름답다고 생각한다. 이처럼 인간이 왜 특정한 환경이나 공간적 배치를 더 아름답다고 생각하는지 일반적인 설명이 필요하다.
　조경 연구자 제이 애플턴의 '조망과 피신' 이론에 따르면, 인간은 남들에게 들키지 않고 바깥을 내다볼 수 있는 곳을 선호하게끔 진화했다. 장애물에 가리지 않는 열린 시야는 물이나 음식물 같은 자원을 찾거나 포식자나 악당이 다가오는 것을 재빨리 알아차리는 데 유리하다. 눈이 달려 있지 않은 머리 위나 등 뒤를 가려 주는 피난처는 나를 포식자나 악당으로부터 보호해 준다. (　　㉠　　) 등은 모두 조망과 피신을 동시에 제공하기 때문에 우리의 마음을 사로잡는다. 풍수지리설에서 배산임수(背山臨水), 즉 뒤로 산이나 언덕을 등지고 앞에 강이나 개울을 바라보는 집을 높게 쳐 주는 것에도 심오한 진화적 근거가 깔려 있는 셈이다.
　'조망과 피신' 이론은 그저 재미로 흘려듣는 이야기가 아니다. 그것은 잘 몰랐던 사실에 대한 구체적인 예측을 제공하는 과학 이론이다. 첫째, 사람들은 어떤 공간의 한복판보다는 언저리를 선호할 것이다. 언저리에서 그 공간 전체를 가장 잘 조망할 수 있기 때문이다. 둘째, 나무 그늘이나 지붕, 차양, 파라솔 아래처럼 머리 위를 가려 주는 곳을 측면이나 후면만 가려 주는 곳보다 선호할 것이다. 셋째, 온몸을 사방으로 드러내는 곳보다 측면이나 후면을 가려 주는 곳을 더 선호할 것이다.
　20세기의 위대한 건축가 프랭크 로이드 라이트의 작품들은 진화 미학으로 잘 설명된다. 라이트가 설계한 집은 정문에서 낮은 천장, 붙박이 벽난로, 널찍한 통유리창이 어우러지면서 바깥 풍경에 대한 조망과 아늑한 보금자리를 동시에 선사해 준다. 특히 천장의 높이를 제각각 다르게 하고 지붕 바로 아래에 주요한 생활공간을 몰아넣음으로써 마치 울창한 나무 그늘 아래에 사는 듯한 느낌을 준다. 라이트는 그의 대표작인 「낙수장(落水莊, Falling Waters)」을 계곡의 폭포 바로 위에 세움으로써 피신처에서 느끼는 안락한 기분을 한층 강화시켰다.
　자연의 아름다움이란 자연 그 자체에 깃든 외부적 실재가 아니다. 잡식성 영장류인 인간이 오랜 세월 진화하면서 생존과 번식에 유리했던 특정한 환경을 잘 찾아가게끔 그 환경에 대해 느끼는 긍정적인 정서일 뿐이다.

08 위 글의 내용과 일치하지 않는 것은?

① '조망과 피신' 이론은 몰랐던 사실에 대해 예측할 수 있게 해 주는 과학적 이론이다.
② 풍수지리에서 배산임수를 명당으로 여기는 것도 진화적 근거가 바탕이 된 것이다.
③ 사람들은 공간의 한복판보다는 공간 전체를 조망할 수 있는 언저리를 선호한다.
④ 사람들은 조망보다는 피신처의 기능이 더 강화된 주거지를 선호한다.
⑤ 사람은 종족을 보존하는 데 적합한 곳을 아름답다고 생각한다.

09 위 글의 빈칸 ㉠에 들어갈 예시로 적절하지 않은 것은?

① 산등성이에 난 동굴
② 초원 위의 그림 같은 집
③ 동화 속 공주가 사는 성채
④ 푸른 바다 앞의 하얀 백사장
⑤ 한쪽 벽면이 통유리로 된 2층 카페

10 A, B, C는 제품을 1개를 생산하는 데 각각 12시간, 24시간, 18시간이 걸린다. B와 C가 같이 1시간 동안 제품을 생산한 뒤 A~C 세 명이 같이 제품을 생산했을 때, 제품 1개를 생산하는 데 소요된 시간은?

① 4시간　　② 5시간　　③ 6시간　　④ 7시간　　⑤ 8시간

[11~13] 다음은 화물 수송실적에 관한 자료이다. [표]를 보고 물음에 답하시오.

[표] 화물 수송실적

(단위: 톤, 백만 톤km)

구분		2019년		2020년		2021년	
		수송무게	톤거리	수송무게	톤거리	수송무게	톤거리
석탄		1,587,619	329	1,441,887	295	1,309,828	263
	발전용 무연탄	170,408	13	225,650	17	201,900	15
	민수용 무연탄	148,289	34	51,513	8	57,830	12
	시멘트용 유연탄	1,268,922	282	1,164,724	270	1,050,098	236
광석		1,276,625	257	1,117,326	237	1,193,169	252
	석회석	492,165	128	466,990	121	576,114	142
	백운석	109,100	16	99,421	14	113,282	16
	철광석	675,360	113	550,915	102	503,773	94
철강		2,516,045	865	2,319,565	781	2,328,948	781
	냉연	962,726	366	928,913	358	955,539	371
	열연	1,416,991	440	1,338,200	403	1,371,489	409
	기타철재	136,328	59	52,452	20	1,920	1
일반기타		1,777,680	475	1,645,582	425	1,546,158	370
	광재	59,623	14	54,649	13	31,585	7
	종이	160,160	72	141,344	63	144,077	64
	황산	537,200	166	517,900	159	459,805	138
	프로필렌	232,662	69	213,884	63	231,060	52
	갑종철도차량	127,327	31	131,019	32	130,305	29
	이외	660,708	123	586,786	95	549,326	80

※ 톤거리: 화물 수송무게에 수송거리를 곱한 것으로 수송비중 비교에 사용됨

11 위 [표]에 대한 설명으로 옳지 않은 것은?

① 2020년에 일반기타 중 톤거리가 전년 대비 증가한 항목은 1개이다.
② 2022년에 광석 수송무게가 전년 대비 6% 증가했다면 2022년 광석 수송무게는 125만 톤 이상이다.
③ 2021년에 석탄 톤거리는 전년 대비 10% 이상 감소했다.
④ 2019년 철강 수송무게 중 냉연의 비중은 40% 이상이다.
⑤ 조사기간 내내 일반기타 중 톤거리가 가장 큰 항목과 가장 작은 항목의 차이는 130백만 톤km 이상이다.

12 위 [표]를 토대로 계산한 2021년 화물 수송거리가 다음과 같을 때, ㉠과 ㉡의 차이는 얼마인가? (단, ㉠과 ㉡ 계산 시 소수점 둘째 자리에서 반올림한다)

[2021년 화물 수송거리]

석탄	광석	철강	일반기타
200.8km	㉠km	335.3km	㉡km

① 24.7   ② 25.5   ③ 26.8   ④ 27.6   ⑤ 28.1

13 위 [표]를 토대로 다음과 같은 [그림]을 만들었을 때, 옳지 않은 것은?

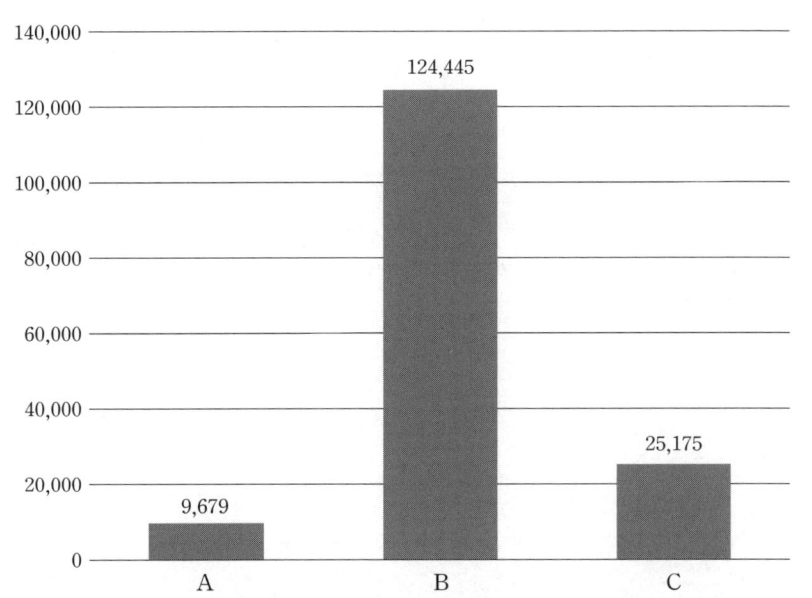

[그림]
(단위: 톤)

※ A~C는 광석의 세부항목임

① 제시된 자료는 2020년 광석 화물 수송무게의 전년 대비 감소량을 나타낸 그래프이다.
② A는 백운석이다.
③ 2020년에 A와 C의 톤거리 차이는 100백만 톤km 이상이다.
④ 2019년에 C의 수송거리는 250km 이하이다.
⑤ 2021년에 광석 수송무게 중 B가 차지하는 비중은 40% 이상이다.

[14~15] 다음 [표]는 2022년 전반기 기계 산업별 수출액 및 수입액에 관한 자료이다. [표]를 보고 물음에 답하시오.

[표 1] 기계 산업별 수출액

(단위: 백만 달러)

구분	1월	2월	3월	4월	5월	6월
합계	17,139	17,000	18,969	17,591	18,682	16,937
금속제품	874	1,106	960	905	1,092	896
일반기계	4,501	4,072	5,001	4,521	4,495	4,392
전기기계	3,060	2,767	3,256	3,109	3,081	2,862
정밀기계	1,518	1,551	1,809	1,532	1,588	1,473
수송기계	7,186	7,504	7,943	7,524	8,426	7,314

[표 2] 기계 산업별 수입액

(단위: 백만 달러)

구분	1월	2월	3월	4월	5월	6월
합계	10,969	10,266	11,719	11,355	12,440	12,251
금속제품	595	487	573	626	652	556
일반기계	3,347	3,299	3,912	3,641	3,956	3,667
전기기계	2,276	2,061	2,255	2,335	2,435	2,512
정밀기계	2,157	2,173	2,493	2,282	2,522	2,726
수송기계	2,594	2,246	2,486	2,471	2,875	2,790

※ 기계 산업은 금속제품, 일반기계, 전기기계, 정밀기계, 수송기계로 구성됨
※ 무역수지=수출액-수입액

14 위 [표]에 대한 설명으로 옳은 것은?

① 1월 대비 6월에 수입액의 증가율이 가장 큰 기계 산업은 정밀기계이다.
② 3월에 수출액 대비 수입액 비율이 가장 낮은 기계 산업은 금속제품이다.
③ 조사 기간 동안 매달 수출액과 수입액 모두 가장 많은 기계 산업은 일반기계이다.
④ 5월에 기계 산업에서 수송기계가 차지하는 비중은 수출액이 수입액의 2배 이상이다.
⑤ 1~6월을 금액이 많은 순서로 나열할 경우 전기기계의 수출액과 수입액의 나열 순서는 동일하다.

15 위 [표]에 따를 때 다음 [보고서]의 ㉠과 ㉡에 들어갈 값을 옳게 짝지은 것은? (단, ㉠과 ㉡에 들어갈 값은 소수점 둘째 자리에서 반올림한다)

[보고서]

2022년 1분기 대비 2분기의 기계 산업 무역수지의 감소율은 (㉠)%이다. 한편, 2022년 1월 대비 6월의 금속제품 무역수지 증가율은 (㉡)%이다.

	㉠	㉡
①	14.8	19.5
②	14.8	21.9
③	14.8	17.3
④	15.2	21.9
⑤	15.2	19.5

[16~17] 다음은 공동주택 현황에 관한 자료이다. [표]와 [그림]을 보고 물음에 답하시오.

[표] 공동주택 현황

(단위: 단지, 세대)

구분	2022년 12월	2023년 1월		2023년 2월		2023년 3월	
	세대수	단지 수	세대수	단지 수	세대수	단지 수	세대수
전국	10,930,911	18,200	10,960,935	18,159	10,987,925	18,190	11,025,101
서울	1,584,017	2,548	1,586,467	2,571	1,586,560	2,579	1,593,648
부산	745,962	1,183	748,900	1,212	752,358	1,210	750,700
대구	572,803	1,001	574,456	957	575,062	959	578,460
인천	641,642	910	644,637	918	649,147	922	655,267
광주	421,140	819	421,140	822	421,140	823	421,630
대전	350,231	546	350,650	489	351,044	489	351,044

[그림] 2023년 1월 전국 공동주택 단지 수 중 6개 지역 비중의 전월 대비 증가량

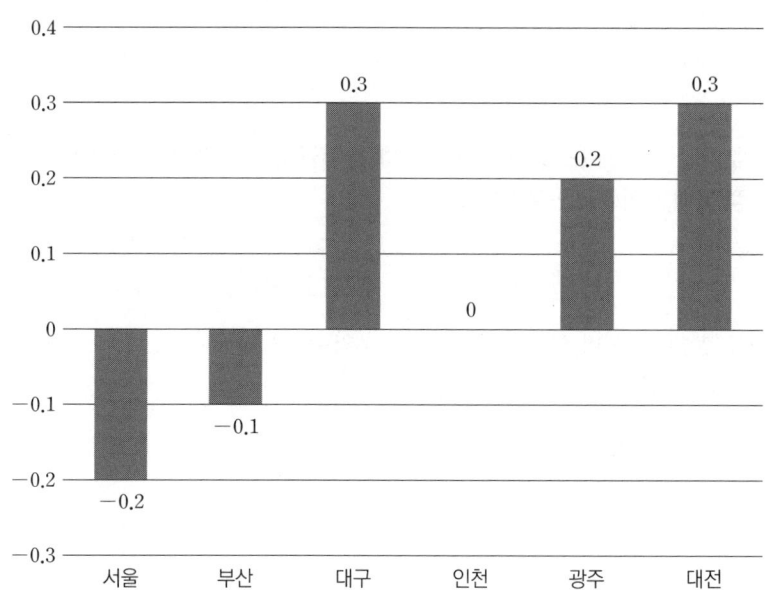

(단위: %p)

※ 2023년 1월 전국 공동주택 단지 수는 전월 대비 200단지 증가했음

16 위 [표]와 [그림]에 대한 설명으로 옳지 않은 것은?

① 2023년 3월에 공동주택 세대수는 6개 지역 모두 2022년 12월 대비 증가했다.
② 2023년 2월에 6개 지역 중 공동주택 단지 수가 가장 많은 지역과 가장 적은 지역의 차이는 2천 단지 이상이다.
③ 2023년 2월에 6개 지역 중 공동주택 단지 수의 전월 대비 증가량이 가장 많은 지역은 부산이다.
④ 2022년 12월~2023년 3월의 부산의 공동주택 세대수의 평균은 74만 세대 이상이다.
⑤ 2022년 12월에 전국 공동주택 세대수 중 대구의 비중은 8% 이상이다.

17 위의 [표]와 [그림]을 토대로 2022년 12월에 공동주택 단지 수 비중이 5% 미만인 지역의 1단지당 세대수의 합은? (단, 계산 시 소수점 첫째 자리에서 반올림한다)

① 1,259세대　　② 1,265세대　　③ 1,269세대
④ 1,271세대　　⑤ 1,276세대

[18~20] 다음은 T사 멤버십 등급에 관한 자료이다. 이를 읽고 물음에 답하시오.

• 멤버십 등급별 조건

구분	조건
프레스티지	작년 한 해 동안 물품 구입 후 적립된 포인트가 10만 점 이상인 고객
슈퍼프리미엄 플러스	작년 한 해 동안 물품 구입 후 적립된 포인트가 8만 점 이상인 고객
슈퍼프리미엄	작년 한 해 동안 물품 구입 후 적립된 포인트가 6만 점 이상인 고객
프리미엄	작년 한 해 동안 물품 구입 후 적립된 포인트가 4만 점 이상인 고객
프렌즈	신규 가입 고객으로 쇼핑몰 구입 금액이 없는 고객

• 멤버십 등급별 혜택

구분	프레스티지	슈퍼프리미엄 플러스	슈퍼프리미엄	프리미엄	프렌즈
등급별 포인트*	15,000점	10,000점	7,000점	5,000점	5,000점
로그인 포인트**	100점	80점	60점	50점	50점
할인 쿠폰	20% 할인 쿠폰 5매	15% 할인 쿠폰 5매	10% 할인 쿠폰 4매, 배송비 쿠폰 2매	5% 할인 쿠폰 3매, 배송비 쿠폰 2매	배송비 쿠폰 1매
무료배송	○	○	×	×	×

- 멤버십 등급은 매년 1월에 산정하며, 멤버십 산정 후 1회에 한하여 등급별 포인트*와 할인 쿠폰을 지급한다.
- 로그인 포인트**는 로그인 시 매일 1회에 한하여 적립한다.
- 포인트 적립은 쇼핑몰 구입 금액의 5%를 적립하며, 적립된 포인트가 10,000점 이상인 경우 사용할 수 있다(단, 쿠폰 및 사용한 포인트를 제외한 금액만을 적립한다).
- 프레스티지 등급과 슈퍼프리미엄 플러스 등급은 1회 구매금액에 상관없이 배송비가 무료이며, 슈퍼프리미엄 등급, 프리미엄 등급, 프렌즈 등급은 1회 구매금액이 5만 원 이상인 경우 배송비가 무료이다.
- 구매 시 1매의 쿠폰만 사용이 가능하며, 포인트와 동시에 사용 시 제품 금액에서 사용 포인트 차감 후 쿠폰 적용한다.

18 위 자료에 따를 때 T사 멤버십 등급에 관한 내용으로 옳지 않은 것은?

① 배송비 쿠폰과 할인 쿠폰은 동시에 사용할 수 없다.
② 2023년 멤버십 등급이 슈퍼프리미엄 플러스인 고객은 2022년 구입 금액이 160만 원 이상이다.
③ 프렌즈 등급의 고객이 최초로 포인트를 사용하기 위해서 로그인해야 하는 최소 일수는 110일이다.
④ 멤버십 산정 후 지급되는 쿠폰이 가장 많은 멤버십 등급은 슈퍼프리미엄 등급이다.
⑤ 프레스티지 등급의 고객은 일주일 동안 매일 로그인한다면 700점을 적립할 수 있다.

19 위 자료와 다음 [조건]을 고려할 때, 2023년에 A의 멤버십 등급은?

[조건]
- 2022년 2월 4일에 구매한 제품 금액은 15만 원이며, 10% 쿠폰 사용
- 2022년 3월 9일에 구매한 제품 금액은 18만 원
- 2022년 5월 10일에 구매한 제품 금액은 40만 원이며, 10% 쿠폰 사용
- 2022년 6월 8일에 구매한 제품 금액은 3만 원이며, 배송비 쿠폰 사용
- 2022년 9월 6일에 구매한 제품 금액은 50만 원이며, 15,000포인트 사용
- 2022년 10월 11일에 구매한 제품 금액은 10만 원이며, 10% 쿠폰 사용
- 2022년 12월 4일에 구매한 제품 금액은 35만 원이며, 10% 쿠폰 사용

※ A는 2022년의 멤버십 등급은 슈퍼프리미엄이며, 제품을 구매한 날에만 로그인했음

① 프레스티지 ② 슈퍼프리미엄 플러스 ③ 슈퍼프리미엄
④ 프리미엄   ⑤ 프렌즈

20 다음 [상황]의 B가 지불해야 하는 최소 금액은?

[상황]

2022년에 B의 물품 구입 후 적립된 포인트는 10만 5천 점이고, 그 외 추가로 적립된 포인트는 750점이다. B는 1월에 10일 동안 로그인하였고, 1월에 5만 점을 사용했다. B는 2월에 12일 동안 로그인했으며, 1개에 18만 원인 제품을 4개 구매하려고 한다.

① 498,340원 ② 506,180원 ③ 517,640원
④ 521,720원 ⑤ 537,560원

[21~22] 다음은 긴급복지 교육지원 사업에 관한 공고문이다. 이를 읽고 물음에 답하시오.

긴급복지 교육지원 사업: 생계곤란 등의 위기상황에 처하여 도움이 필요한 긴급복지(생계지원, 주거지원, 사회복지시설 이용지원)를 받는 대상자 중 부가지원인 교육지원이 필요하다고 인정되는 초·중·고등학교 입학생 또는 재학생을 지원하는 긴급지원 대상가구가 위기상황에서 벗어날 수 있도록 하는 지원사업

1. 지원 대상자: 긴급복지(생계·주거·사회복지시설 이용지원)를 받는 긴급지원대상자(가구구성원 포함) 중에서도 초·중·고등학교 입학생 또는 재학생에 대해 학용품비 등 학비지원이 필요하다고 시·군·구청장이 인정하는 사람

2. 지원제외대상: 긴급지원대상자로서 국가 또는 지방자치단체 등으로부터 타 교육지원(교육급여수급자, 고교학비 지원, 청소년 한부모가족 고교교육비 지원, 지자체 특수시책사업 등)을 받고있는 사람 [단, 방과 후 자유수강권, 급식비지원, 한부모가족 아동교육지원비(학용품비)는 중복으로 보지 않음]

3. 지원 기준
   - 초등학생: 127,900원(124,100원)
   - 중학생: 180,000원(174,700원)
   - 고등학생: 214,000원(207,700원) 및 수업료(해당 학교장이 고지한 금액)·입학금(해당 학교장이 고지한 금액)
   ※ 고등학생이 수업료 및 입학금을 지원받는 경우 전액 지원
   ※ 2022년 주거지원 추가연장으로 2023년 1분기에도 교육지원을 받은 경우와 2023년 1~2월 주거지원 결정된 가구의 교육지원금은 2022년 지원기준(괄호 내 지원금액)으로 지급함

4. 지원방법: 지원결정 후 긴급지원대상자 명의의 금융기관 또는 체신관서 계좌로 입금
   ※ 긴급지원대상자가 금융기관 또는 체신관서가 없는 지역에 거주하는 등 부득이한 사유가 있는 경우에는 해당 금액을 현금으로 지급할 수 있음
   ※ 교육의 목적을 달성하기 위하여 부득이한 경우에는 시장·군수·구청장이 직접 학비를 납부하거나 학용품, 부교재비 등을 현물로 지급
   ※ 학부모의 학생보호가 소홀한 경우 학교로 납부해야 하는 교재비, 급식비, 학교운영 지원비, 수업료, 입학금은 학교로 고지금액을 직접 납부
   ※ 학교로 고지금액 직접 납부 후 교육지원금의 잔액이 발생한 경우 학생 또는 상기 학부모 외의 보호자에게 현금 또는 현물 지급

5. 지원기간: 분기 단위로 1회 지원(요청일이 속하는 해당 분기분 지원)
   ※ 1분기(3월 1일~5월 31일), 2분기(6월 1일~8월 31일), 3분기(9월 1일~11월 30일), 4분기(12월 1일~다음 해의 2월 말일)

6. 추가연장: 1회 지원 후에도 생계지원, 시설이용지원을 받는 경우 긴급지원심의위원회의 심의를 거쳐 1회 추가 지원(단, 주거지원을 받는 경우 최대 3회 추가 지원)

21 위 공고문에 따를 때 긴급복지 교육지원 사업에 관한 설명으로 옳은 것은?

① 방과 후 자유수강권을 지원받고 있는 사람은 긴급복지 교육지원 사업의 지원 대상자가 될 수 없다.
② 학생보호가 소홀한 경우 수업료 및 입학금은 긴급지원대상자 명의의 금융기관 또는 체신관서 계좌로 입금된다.
③ 3월 5일에 신청한 경우 2분기에 해당하는 학비를 지원한다.
④ 고등학생의 경우 214,000원 이상 지원받을 수 있다.
⑤ 주거지원을 받는 경우 최대 3회 지원받을 수 있다.

22 다음 [대화문]은 긴급복지 교육지원 사업 담당자들의 대화이다. 위 공고문에 따를 때 [대화문]의 ㉠에 들어갈 금액으로 옳은 것은?

[대화문]

- 김 대리: 이 사원, 긴급복지 교육지원 사업 신청자인 A씨와 B씨 서류 처리 부탁드립니다.
- 이 사원: 네, 알겠습니다. A씨와 B씨 신청 내역 부탁드립니다.
- 김 대리: A씨는 2023년 1월에 주거지원이 결정된 가구이고 초등학생 자녀가 있습니다. B씨는 고교학비 지원을 받고 있는 고등학생 자녀가 있습니다. 추가로 B씨 자녀의 수업료는 학교장이 170,000원으로 고지했다고 합니다.
- 이 사원: 네, 처리 완료했습니다. A씨와 B씨에게 지급될 총 지원금은 (㉠)입니다.

① 124,100원　　② 127,900원　　③ 294,100원
④ 297,900원　　⑤ 338,100원

[23~25] 다음은 수입화물 운송 절차에 관한 자료이다. 이를 읽고 물음에 답하시오.

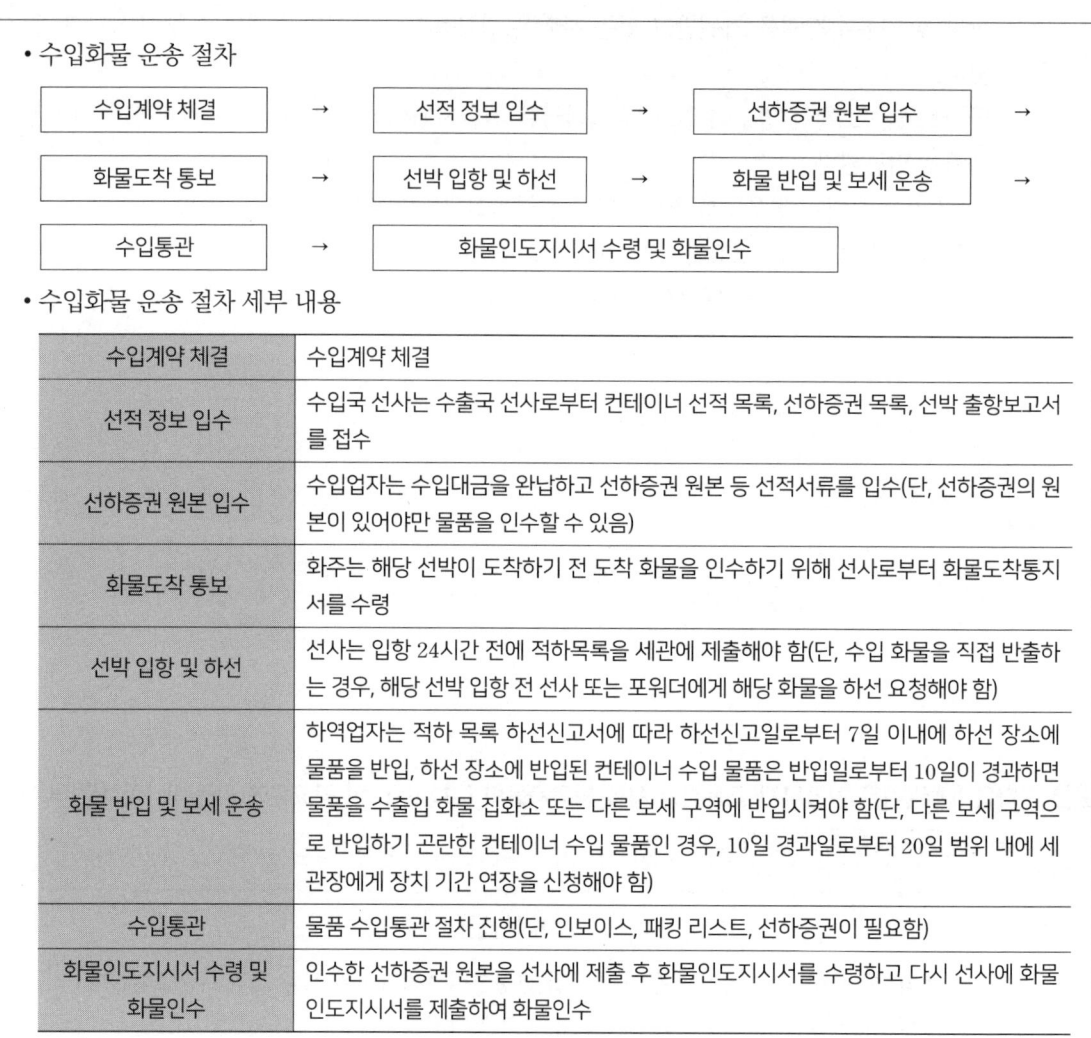

23 위 자료에 따를 때 수입화물 운송 절차에 관한 내용으로 옳지 않은 것은?

① 수입업자는 선하증권의 원본이 있어야만 물품을 인수할 수 있다.
② 수입화물을 직접 반출하는 경우, 해당 선박 입항 전 선사 또는 포워더에게 해당 화물을 하선 요청해야 한다.
③ 수입통관 시 인보이스, 패킹 리스트, 선하증권이 필요하다.
④ 화물인수 시 선사에 화물인도지시서를 제출해야 한다.
⑤ 선사는 해당 선박이 도착하기 전 도착 화물을 인수하기 위해 화주로부터 화물도착통지서를 수령한다.

24 위 자료를 토대로 할 때 [상황] 다음에 진행되어야 할 절차는?

[상황]
- 수입국 선사는 수출국 선사로부터 컨테이너 선적 목록, 선하증권 목록, 선박 출항보고서를 접수했다.
- 수입업자는 수입대금을 완납한 뒤 선적서류를 입수했다.
- 화주는 해당 선박이 도착하기 전 선사로부터 화물도착통지서를 수령했다.

① 화물도착 통보
② 선박 입항 및 하선
③ 화물 반입 및 보세 운송
④ 수입통관
⑤ 화물인도지시서 수령 및 화물인수

25 다음 [상황]을 토대로 할 때 A가 장치 기간 연장을 신청한 날은?

[상황]
컨테이너를 선적한 선박의 입항일이 4월 15일이다. 입항일에 하선신고를 하며, 하선 장소에 물품 반입 마감일 전날에 반입했다. 해당 컨테이너는 다른 보세 구역으로 반입하기 곤란하며, 반입일로부터 10일이 경과했으나 A는 장치 기간 연장 마감일 5일 전에 기간 연장을 신청하였다.

① 5월 14일   ② 5월 15일   ③ 5월 16일
④ 5월 17일   ⑤ 5월 18일

훈JOB 코레일 한국철도공사 NCS 직업기초능력 봉투모의고사 OMR 답안지

나만의 성장 엔진
www.honjob.co.kr

자소서 / NCS·PSAT / 금융논술 / 전공필기 / 금융자격증 / 시사상식 / 면접

NCS 실전모의고사 2회

[직업기초능력평가(NCS)]

나만의 성장 엔진, 혼JOB | www.honjob.co.kr

최신판
혼JOB 코레일 한국철도공사 NCS 직업기초능력 봉투모의고사

NCS 실전모의고사 2회
직업기초능력평가(NCS)

수험번호	
성명	

[시험 유의사항]

1. NCS 실전모의고사는 다음과 같이 정해진 시험 시간에 맞추어 풀어 보시기를 권장합니다.

과목	세부 영역	문항 수	시험 형식	권장 풀이 시간
직업기초능력평가 (NCS)	의사소통능력 수리능력 문제해결능력	25문항	객관식 5지선다	30분

2. 본 모의고사 풀이 시 맨 마지막 페이지의 OMR 카드를 활용하시어 실전 감각을 높이시기 바랍니다.

3. 시험지의 전 문항은 무단 전재 및 배포를 금합니다. 이를 위반할 경우 관련 규정에 따라 처벌을 받을 수 있습니다.

NCS 실전모의고사 2회

[01~02] 다음 글을 읽고 이어지는 물음에 답하시오.

국토교통부가 발표한 「도로 교통량 조사 통계」 결과에 ㉠ 따르면, 2022년 전국 평균 일교통량은 15,983대로 전년 대비 1.5%, 최근 10년간(2013~2022년) 총 19.5% 증가한 것으로 나타났다. 코로나19 영향으로 인한 2020년을 제외하고 평균 일교통량은 매년 꾸준한 상승 추세를 보이고 있다. 이는 자동차 등록대수(2013년 대비 31.5% 상승)와 국내 총생산(2013년 대비 25.7% 상승)의 지속적 증가 등이 주요 원인인 것으로 분석된다. 차종별 평균 일교통량은 각각 전체 대비 승용차 72.8%, 화물차 25.3%, 버스 1.9% 순으로 나타났으며, 전년 대비 승용차는 1.6% 증가, 버스는 27.8% 증가, 화물차는 0.2% 감소한 것으로 집계되었다. 특히, 버스의 평균 일교통량은 전년 대비 65대 증가해 27.8%의 상승률을 보였는데, 이는 코로나19 이후 단계적 일상회복에 따라 대중교통, 전세버스 등 단체 이동수단 이용이 증가했기 때문으로 분석된다. 도로의 종류별 평균 일교통량은 전년 대비 고속국도는 2.2% 증가, 일반국도는 0.7% 증가한 반면, 국가지원지방도*는 4.0% 감소, 지방도는 3.7% 감소한 것으로 집계되었다. 지역 간 주요 간선도로의 기능을 갖는 고속국도와 일반국도의 평균 일교통량은 2021년에 이어 증가세를 보이고 있으나, 국가지원지방도와 지방도의 평균 일교통량은 코로나19 이후 교통량을 회복하지 못하고 있는 것으로 나타났다. 지역별 평균 일교통량은 전년 대비 강원도, 충청북도, 경기도, 충청남도, 전라북도, 경상남도는 증가, 제주도와 경상북도는 감소한 것으로 집계되었다. 특히, 제주도는 평균 일교통량 감소율이 4.1%로 가장 높게 나타났는데, 단체 이동수단인 버스의 평균 일교통량은 56.1% 증가한 반면, 승용차는 7.1% 감소한 것으로 나타났다.

* 국가지원지방도: 지방도 중 주요 도시, 공항, 항만 등을 연결하고, 국가 주요 도로망을 보조하기 위해 대통령령으로 그 노선이 지정된 도로

01 위 글을 통해 답을 찾을 수 있는 질문에 해당하지 않는 것은?

① 평균 일교통량의 개념은 무엇인가?
② 전년 대비 평균 일교통량 감소율이 가장 높은 지역은 어디인가?
③ 최근 10년간 평균 일교통량이 꾸준하게 상승한 주요 원인은 무엇인가?
④ 최근 10년 중 평균 일교통량이 전년 대비 상승하지 못한 해는 언제인가?
⑤ 코로나19 이후 단계적 일상회복에 따라 전년 대비 평균 일평균량 상승률이 가장 높게 나타난 차종은 무엇인가?

02 위 글의 밑줄 친 ⊙의 문맥적 의미와 가장 가까운 것은?

① 나는 어머니를 따라 시장에 갔다.
② 금강산은 철에 따라 그 이름이 다르다.
③ 학생들은 선생님을 따라 노래를 불렀다.
④ 그는 아버지의 뜻에 따라 의대에 진학하였다.
⑤ 무분별한 개발에 따른 환경 오염 문제가 심각한 수준이다.

[03~04] 다음 글을 읽고 이어지는 물음에 답하시오.

　사진이 외형상 현실을 있는 그대로 재현한 것이라는 특성을 가지면서도 현실을 넘어 예술로 전이될 수 있는 것은 그것이 사진가의 주관적 변용이라는 과정을 거치기 때문이다. 이러한 과정을 통해 일상적 사물은 창조적 영상으로 다시 태어난다. 즉, 새로운 모습으로 우리의 감관을 자극하는 것이다. 사진은 애초부터 '찾는' 작업이다. 사진가는 눈이 아니라 렌즈를 통해 보는 현실을 찍는다. 그래서 '보는'이라는 말은 눈으로 피사체의 존재 또는 그것의 형태적 특징을 안다는 뜻 외에 '(　　　㉠　　　)'는 뜻으로 확장되었다.

　사진을 일컬어 '발견의 예술'이라고 하는 말은 바로 여기에 근거한다. 어떤 사람들은 사진은 발로 찍어야 한다고 주장한다. 그러나 이 주장은 발견의 예술이라는 의미를 표면적으로 이해한 것에 불과하다. 저널리스트라고 해도 흥미 있는 혹은 독점적인 사건이나 대상을 발견하여 이를 사진에 담아내는 작업만으로는 예술성을 획득할 수가 없다. 그 대상과 사건에 나타난 이면의 의미를 찾아낼 때, 또는 새로운 의미를 부여할 때 비로소 '발견'이라는 말의 의미가 살아나는 것이다. 따라서 그 발견은 발로 하는 것이 아니라 머리로 하는 것이 된다.

　그러나 사진은 사진가에 의해 완전히 통제되지 않는다. 현실 그대로의 형태를 유지하고 있기 때문에 사진의 영상 자체가 사진가가 부여한 의미를 가로막는 것이다. 그래서 사진 감상자는 나름대로의 방식으로 영상을 해석할 여지를 갖게 된다. 사물의 모습을 비교적 사실적으로 그린 그림의 경우에도 비슷한 일이 일어날 수 있다. 그렇지만 그림에 그려진 사물의 경우 그것은 화가의 붓에 의해 변형된 사물이라는 관념이 강하게 작용하여 감상자들은 자신의 자의적 해석에 앞서 작가의 의도를 먼저 찾으려는 경향이 훨씬 강하다.

　그래서 사진에서는 영상의 해석을 통제하려는 시도가 나타나게 된다. 언어적 표현으로 사진을 보완하는 것이 바로 그것이다. 사진의 특성에 대한 이해가 없는 이들은 사진이 언어로 보완된다는 것을 부정하려 한다. 이것을 능력 없는 사진가의 행태로, 일종의 수치라고도 생각한다. 그러나 언어를 통해 발견의 의미가 명확히 드러난다면 그것은 사진의 예술성을 더욱 높여주는 긍정적 기능을 한다고 할 수 있을 것이다. 또 사진가들은 사진을 여러 장 함께 제시함으로써 이러한 효과를 거두기도 한다. 어떤 사람의 어렸을 때, 학생 때, 청년일 때, 장년일 때, 노년일 때의 모습을 찍어 순차적으로 보여주면 감상자들은 그 개인의, 일생에 걸친 모습의 변화라는 사진의 주제 의식을 쉽게 찾아낼 수 있다. 함께 제시된 사진들이 관계를 만들어 내면서 그 안에 사진가가 전달하려는 의미의 맥락을 형성하기 때문이다.

　사진가의 의도와 무관한 외적 정보들이 부각되어 그 의도의 전달을 방해한다면 그 사진은 서툰 사진에 불과하다. 사진은 사실적 정보의 창고가 아니다. 사진 감상자들은 단순한 사물의 모습을 보기 위해서가 아니라 사진에 부여된 의미를 이해하고 사진가와 교감하기 위해 사진을 본다. 따라서 사진가는 자신의 의도를 제대로 전달할 수 있도록 노력해야 한다. 이러한 노력 없이 '걸작' 사진을 남긴다는 것은 그저 요원한 이야기일 뿐이다.

03 위 글의 내용과 일치하지 않는 것은?

① 감상자들은 사진을 통해 사진가와 교감하게 된다.
② 다양한 의미가 부여된 사진일수록 걸작이 될 가능성이 높아진다.
③ 독점적 사건을 담은 사진이라고 해서 예술성이 확보되는 것은 아니다.
④ 사진 영상의 현실성으로 인해 감상자의 주관적 해석이 유발되기도 한다.
⑤ 사진가의 의도와 관련이 없는 외적 정보가 의도의 전달을 방해하기도 한다.

04 위 글의 빈칸 ㉠에 들어갈 내용으로 가장 적절한 것은?

① 피사체에 부여된 보편적 개념들을 분석하게 된다.
② 피사체의 물리적인 구성 요소들을 파악하게 된다.
③ 피사체에 대해 다른 사람들이 가진 견해들도 수용하게 된다.
④ 피사체를 둘러싸고 있는 환경까지도 구체적으로 이해하게 된다.
⑤ 피사체의 겉모습에 드러나지 않은 새로운 의미를 인식하게 된다.

[05~06] 다음 글을 읽고 이어지는 물음에 답하시오.

대개 사람들은 동정심을 인간이 가지고 있는 일반적인 감정이라 생각하고, 동정심이 많은 사람을 도덕적으로 선한 사람이라고 여긴다. 맹자는 남의 어려운 처지를 동정하여 불쌍하게 여기는 마음을 측은지심(惻隱之心)이라고 하였다. 그리고 이를 인간의 본성으로 간주하여 도덕적 가치를 판단하는 근거로 삼았다. 데이비드 흄도 인간은 본성적으로 동정심을 가지고 있으며 이것이 도덕성의 근거가 된다고 하였다. 그러나 칸트는 이러한 일반적인 견해와는 다른 입장을 보였다. 그에 따르면 도덕적 가치를 판단하는 기준은 동정심이 아닌 이성에 바탕을 둔 '의무 동기'이어야 한다. 의무 동기에 따라 행동한다는 것은 도덕적 의무감과 자신의 의지에 따라서 올바르게 행동하는 것이다.

칸트는 인간에게는 마땅히 따라야 할 의무가 있으며 순수한 이성을 가지고 그 의무를 실천하려는 의지가 있다고 보았다. 그리고 그것이 도덕적으로 가장 중요하다고 생각했다. 아무리 그 결과가 좋다 하더라도 의무 동기에서 벗어난 어떠한 의도나 목적도 그 행위에 개입되어서는 안 된다는 것이다. 따라서 칸트가 보기에 동정과 연민, 만족감 같은 감정이나 자기 이익, 욕구, 기호(嗜好) 등에 따라 행동한다면 그것은 도덕적 가치가 부족한 것이 된다.

05 위 글에 나타난 칸트의 견해를 바탕으로 할 때, [상황]의 '갑(甲)'에 대한 설명으로 가장 적절한 것은?

[상황]
'갑(甲)'이라는 사람이 빚진 돈을 갚기 위해 채권자를 찾아가는 길에 곤경에 처한 이웃을 만났다. 이웃의 고통을 본 '갑'은 연민과 동정의 감정이 생겨나 자기가 가지고 있던 돈을 그 이웃을 돕는 데 사용하였다.

① 순수한 목적에서 나온 것이며 결과적으로 선한 행동이기 때문에 '갑(甲)'의 행위는 도덕적이다.
② '갑(甲)'은 자기의 이익에 따라 행동하였기 때문에 그 행위는 도덕적으로 정당하다고 평가받을 수 없다.
③ '갑(甲)'이 이웃의 고통을 보고도 채권자에게 돈을 되갚아야 한다는 의무감에 따라 행동하였을 때 도덕적이라 할 수 있다.
④ '갑(甲)'의 행위는 타인에 대한 연민과 동정의 감정이 동기가 되어 실천한 것이므로 도덕적 가치가 있다.
⑤ '갑(甲)'은 자신의 의지를 실천하는 데 있어 선한 의도가 규범에 앞서야 한다는 것을 보여 주는 예이다.

06 위 글을 읽은 독자의 반응으로 적절하지 않은 것은?

① 칸트는 도덕성을 판단할 때 행위의 결과보다 동기를 중요하게 여겼어.
② 칸트는 사람으로서 마땅히 가져야 하는 의무와 그에 대한 실천 의지를 중요시했어.
③ 규범과 의무를 따르는 행동을 하였지만 결과가 나쁘다면 도덕적 행위라고 할 수 없군.
④ 도덕적 의무감에 따른 행위만이 가치가 있다는 칸트의 주장은 인간의 자연적 감정을 지나치게 배제한 것 같아.
⑤ 결과가 선하더라도 동정과 연민에 따른 행위는 도덕적 가치가 없다는 칸트의 평가는 너무 가혹하다고 비판받을 수 있을 것 같아.

[07~08] 다음 글을 읽고 이어지는 물음에 답하시오.

현재의 인공지능 기술은 딥러닝이라고 불리는 심층학습 기술과 GPU를 기반으로 한 고속병렬처리 기술을 바탕으로 구축되어 있다. 심층학습은 실제 인간의 뇌 구조와 같이 많은 수의 계층을 쌓아 만든 심층 신경망 회로를 학습하는 기술이다. 심층학습이 처음 제안된 1990년대 후반에는 많은 수의 계층으로 이루어진 신경망 회로를 학습하기 위해 수일이 소요되는 문제점이 있었으나, 최근 고속병렬처리 기술로 인해 학습 시간이 획기적으로 단축되었고, 이를 바탕으로 다양한 심층학습에 대한 연구가 활발히 진행되고 있다.

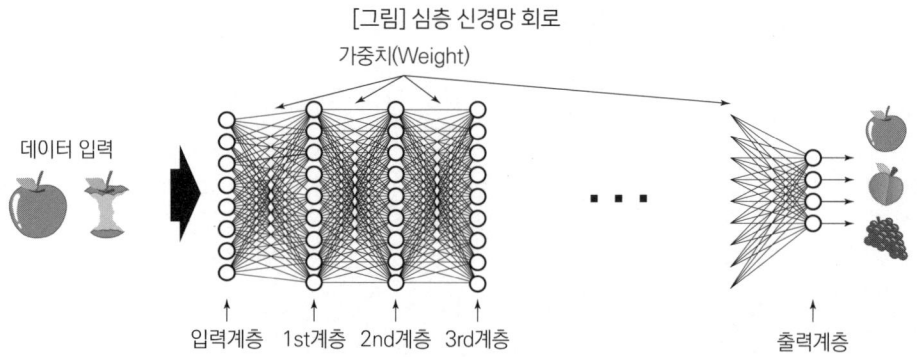

[그림] 심층 신경망 회로

심층학습 기술, 더 나아가 인공지능 기술을 올바르게 이해하기 위해서는 학습의 의미를 정확히 알 필요가 있다. [그림]은 심층 신경망 회로의 예를 보여 주고 있다. 대용량 데이터를 이용하여 학습을 수행한다는 것은 주어진 심층 신경망 회로 내 계층 간 가중치([그림]에서 계층을 서로 연결한 선에 해당하는 값으로 '필터'라고도 불림)를 계산한다는 의미이다. 예를 들어, 사과 영상을 데이터로 입력한 경우 출력계층에서 계산된 값과 사과에 해당하는 값의 차이를 최소화하는 방향으로 가중치를 재조정하는 과정을 반복하는 것이 바로 학습이라는 것이다. 이를 통해 학습 데이터에 없었던 새로운 사과 영상을 입력하더라도 계산된(즉, 학습된) 가중치 값과의 선형 연산을 통해 이 영상을 사과로 인식할 확률 값을 정확하게 계산할 수 있다.

심층학습이 기존 기계학습 기술과 달리 인간 수준의 인식 성능을 보일 수 있는 것은 계층 간 추상화가 이루어지기 때문이다. 이는 계층이 거듭될수록 이전 계층보다 일반적인 특징을 학습하여, 인식하고자 하는 대상의 다양한 변이를 효과적으로 극복할 수 있다는 것을 의미한다. 예를 들어, 우리가 빨간 사과, 한 입 베어 문 사과, 깎아 놓은 사과, 녹색 사과를 모두 '사과'라고 인식할 수 있는 것은 우리 머릿속에 사과에 대한 개념이 이미 추상화되어 있기 때문이다. 심층학습은 이러한 사람의 학습 과정을 그대로 모사한 기술이기 때문에 기존 학습 기술 대비 뛰어난 성능을 도출할 수 있다.

현재 인공지능 기술을 이용한 영상 및 음성인식의 경우, 대부분 심층학습을 기반으로 하는 서로 다른 신경망 회로 구조를 채택하고 있다. 먼저 영상인식 분야에서는 합성곱 신경망(Convolutional Neural Network: CNN) 구조를 이용한 객체인식, 장면인식, 시맨틱 영상 분할 연구를 활발히 진행하고 있다. 영상인식은 입력 데이터의 크기가 기본적으로 크기 때문에 합성곱 연산을 통해 가중치를 공유함으로써 파라미터 수를 효과적으로 감소시킬 수 있다. 음성인식 분야에서는 반복신경망(Recurrent Neural Network: RNN) 구조의 한 종류인 LSTM(Long Short-Term Meomory) 기법을 이용한 방법이 널리 사용되고 있다. 음성인식은 시간 축에서 정보 흐름을 학습해야 하기 때문에 신경망 회로 내에 피드백 루프가 결합된 다소 복잡한 형태를 지니고 있다. 이를 통해 비교적 긴 시간의 데이터를 효과적으로 학습할 수 있어 최근 음성인식 기반 스피커에도 널리 적용되고 있다. 이와 같은 심층 신경망 학습 기술로 인해 기존에는 구현하기 어려웠던 기술들의 실현 가능성이 높아지자 산업계에서는 이를 이용하여 다양한 신사업을 창출하기 위해 노력하고 있다.

07 위 글을 읽고 답변할 수 있는 질문이 아닌 것은?

① 심층학습에서 의미하는 학습이란 무엇인가?
② 인공지능 기술이 개발되는 데 기반이 되었던 두 가지 핵심 기술은 무엇인가?
③ 일반적인 심층 신경망 회로에서 계층 간 가중치의 최솟값과 최댓값은 각각 얼마인가?
④ 심층학습을 통해서 뭉게구름, 새털구름, 양떼구름을 모두 '구름'으로 인식하는 것이 가능한가?
⑤ 최근 심층학습에서의 학습 시간을 크게 줄이는 데 결정적으로 영향을 주었던 기술은 무엇인가?

08 위 글에 따를 때, 심층학습을 기반으로 하는 인공지능 영상인식과 음성인식의 특성을 [보기]에서 찾아 각각 옳게 짝지은 것을 고르면?

| 보기 |
ㄱ. 합성곱 신경망 구조를 채택하여 활용한다.
ㄴ. 데이터에 대한 학습이 시간 축에서 이루어진다.
ㄷ. 반복신경망 구조 중에서 주로 LSTM 기법을 활용한다.
ㄹ. 파라미터의 수를 줄이기 위해 신경망 회로 내에서 가중치를 공유하는 방식을 사용한다.
ㅁ. 신경망 회로에 피드백 루프가 존재하기 때문에 긴 시간의 정보를 학습하는 데 용이하다.

	영상인식	음성인식
①	ㄱ, ㄴ	ㄷ, ㄹ, ㅁ
②	ㄱ, ㄹ	ㄴ, ㄷ, ㅁ
③	ㄴ, ㅁ	ㄱ, ㄷ, ㄹ
④	ㄱ, ㄷ, ㄹ	ㄴ, ㅁ
⑤	ㄷ, ㄹ, ㅁ	ㄱ, ㄴ

09 다음 글의 필자가 [사례]를 분석한다고 할 때, 적절하지 않은 것은?

> 경제학자들은 거래 당사자 중에서 어느 한쪽이 정보를 갖고 있고 다른 한쪽은 갖고 있지 않을 경우, 시장이 우리가 기대하는 만큼의 기능을 하지 못할 수도 있다고 경고하였다. 이처럼 정보 파악이 공평하게 이루어지지 않은 상태를 '정보의 비대칭성'이라고 하였다.
>
> 다음과 같은 중고차 시장이 있다고 가정해 보자. 이 중고차 시장에서 팔고 있는 자동차의 절반은 복숭아(훌륭한 자동차)이고 나머지 절반은 레몬(결함이 있는 형편없는 차)이다. 판매자들은 자신이 팔고 있는 차가 레몬인지 복숭아인지 알고 있지만, 구매자들은 자동차가 레몬일 확률과 복숭아일 확률이 50%임을 알고 있을 뿐이다. 이와 같은 상황에서 구매자가 중고 자동차를 구입한다고 하자. 구매자가 중고 자동차의 적정 가격이 200만 원에서 250만 원이라고 생각하고 판매자와 흥정을 하게 된다면 100만 원도 안 되는 레몬을 갖고 있는 판매자는 주저함 없이 자동차를 200만 원에 팔 것이다. 하지만 400만 원 이상의 가치를 지닌 복숭아를 갖고 있는 판매자는 손해를 볼 수 없으므로 팔지 않을 것이다. 판매자들은 이익의 극대화를 목표로 삼기 때문이다. 그러나 이러한 거래가 몇 번 반복되다 보면 구매자는 판매자들이 자신을 속이고 있다는 사실을 눈치채게 될 것이다.
>
> 이러한 상황이 지속된다면 이 시장은 그 기능을 완전히 상실하게 될 것이다. 판매자를 신뢰할 수 없는 상황에서 레몬일 확률이 50%나 되는데 이러한 위험 부담을 감수하고 그 차를 400만 원씩이고 주고 사려는 구매자는 없을 것이다. 판매자들은 레몬을 팔기 위해 가격을 낮출 것이고, 결국 구매자들은 이전보다는 낮은 가격이지만 형편없는 레몬을 사게 될 것이다. 이런 현상이 반복되다 보면 복숭아를 갖고 있는 판매자들은 이 시장을 떠날 것이고, 구매자들은 복숭아는 없고 레몬을 팔고 있는 이 신뢰할 수 없는 시장을 더 이상 이용하지 않을 것이다. 결국 정보의 비대칭이라는 상황 때문에 이 중고차 시장은 매매 기능을 상실하게 될 것이다.
>
> 편중된 내부 정보가 상호 이익이 될 수 있는 거래를 방해하고 있다면, 판매자와 구매자 사이의 정보 격차를 줄일 수 있는 방법을 찾아야만 할 것이다. 경제학자 스펜서는 유용한 정보를 많이 소유하고 있는 사람이 그렇지 못한 사람에게 신뢰할 수 있는 정보를 제공할 것을 제안하였다.
>
> 경제학자 스티글리츠는 스펜서와는 정반대 방식으로 시장에서 정보의 비대칭을 해소할 수 있는 방안을 제안하였다. 그는 정보가 적은 사람이 필요한 정보를 얻어 내기 위해 노력해야 함을 강조하였는데, 이러한 과정에서 심사가 중요하다고 역설하였다. 예컨대 '정보의 비대칭'을 해결하기 위해 구매자는 레몬을 복숭아로 속여 파는 판매자들을 사전에 '위험 부류'로 분류하거나, 레몬인지 복숭아인지를 확인할 수 있는 방법을 미리 익혀 중고 자동차를 사기 전에 이를 적용해 보아야 한다는 것이다.

[사례]

　툭하면 아픈 A와 건강을 잘 유지해 온 B는 장래를 대비하기 위해 C라는 생명보험 상품을 계약하려고 한다. A와 B에 대한 정보가 없는 C는 A와 B에게 나이가 몇인지, 담배를 피우는지, 병으로 입원한 적은 없는지, 부모나 가까운 친척 중에 질병으로 사망한 경우가 있는지 등에 대해 물었다. C는 A와 B의 답변을 바탕으로 A와 B의 보험료를 다르게 책정하려고 한다.

① C가 A와 B의 신상에 대해 모르고 있는 상황은 '정보의 비대칭'에 해당한다.
② C가 A와 B에 대한 정확한 정보를 갖게 된다면 손해를 볼 확률은 낮아질 것이다.
③ C가 A와 B에게 질문을 한 것은 일종의 '심사'로, 이는 정보 격차를 줄이기 위한 것이다.
④ 장기적인 관점에서 볼 때, A와 B가 정보를 노출하지 않아야 C가 이익을 극대화할 수 있다.
⑤ C의 입장에서 볼 때, A는 위 글에 제시된 '레몬'에, B는 '복숭아'에 대응한다고 볼 수 있다.

10 A는 오후 2시에 킥보드를 이용하여 약속장소에 가려고 한다. 킥보드의 속력은 시속 10~25km이고, 약속장소까지는 5km 떨어져 있으며 3개의 횡단보도를 지나야 한다. 각 횡단보도에서 최대 2분 동안 대기할 수 있을 때, A가 약속장소에 도착하는 시간으로 가능한 것은?

① 오후 2시 11분　　② 오후 2시 22분　　③ 오후 2시 37분
④ 오후 2시 40분　　⑤ 오후 2시 43분

[11~13] 다음은 교통약자 수송인원 및 할인금액, 교통약자 중 장애인 수송인원 및 할인금액에 관한 자료이다. [표]를 보고 물음에 답하시오.

[표 1] 교통약자 수송인원 및 할인금액

(단위: 천 명, 백만 원)

구분		2017년	2018년	2019년	2020년	2021년
수송인원	계	51,540	51,460	54,365	29,178	30,308
	KTX	15,708	17,249	17,793	8,183	7,615
	SRT	19,466	18,430	20,148	14,590	16,711
	새마을호	1,736	1,688	1,874	746	737
	무궁화호	14,377	13,864	14,498	5,649	5,232
	통근열차	253	229	52	10	13
할인금액	계	218,539	248,318	241,275	122,659	117,587
	KTX	139,361	145,744	149,982	71,833	67,702
	SRT	40,368	47,349	53,627	33,882	33,961
	새마을호	7,609	7,264	7,865	3,496	3,478
	무궁화호	31,075	29,458	29,775	13,443	12,440
	통근열차	126	18,503	26	5	6

※ KTX와 SRT는 고속철도에 해당함

[표 2] 교통약자 중 장애인 수송인원 및 할인금액

(단위: 백 명, 십만 원)

구분		2017년	2018년	2019년	2020년	2021년
수송인원	계	42,580	43,702	44,131	26,971	28,109
	KTX	12,443	13,486	13,603	8,081	9,299
	SRT	3,529	4,436	4,503	3,330	3,793
	새마을호	2,853	2,817	2,984	1,851	1,875
	무궁화호	23,707	22,921	23,030	13,673	13,104
	통근열차	48	42	11	36	38
할인금액	계	355,926	357,917	361,467	217,670	231,370
	KTX	198,317	205,611	204,819	118,281	130,490
	SRT	52,755	53,097	58,807	43,603	48,206
	새마을호	16,420	15,696	16,363	9,615	9,686
	무궁화호	88,410	83,492	81,473	46,153	42,969
	통근열차	24	21	5	18	19

※ KTX와 SRT는 고속철도에 해당함

11 위 자료에 대한 설명으로 옳지 않은 것은?

① 2020년에 전체 교통약자 수송인원 1명당 할인금액이 가장 많은 열차종류는 KTX이다.
② 2018년에 전체 교통약자 수송인원과 할인금액이 모두 전년 대비 증가한 열차종류는 1개이다.
③ 조사기간 중 전체 교통약자 할인금액이 가장 많은 해에 장애인 수송인원이 가장 많은 열차종류는 무궁화호이다.
④ 2019년에 전체 교통약자 할인금액 중 고속철도의 비중은 전년 대비 감소했다.
⑤ 조사기간 동안 장애인 할인금액은 매년 KTX가 무궁화호의 2배 이상이다.

12 2017년에 전체 교통약자 수송인원과 장애인 수송인원이 모두 전년 대비 5% 증가했다면 2016년 전체 교통약자 수송인원 중 장애인의 비중은 몇 %인가? (단, 계산 시 소수점 아래 둘째 자리에서 반올림한다)

① 7.6% ② 7.9% ③ 8.3% ④ 8.8% ⑤ 9.2%

13 위 자료를 토대로 다음과 같은 [그림]을 만들었을 때, 이에 대한 설명으로 옳지 않은 것은?

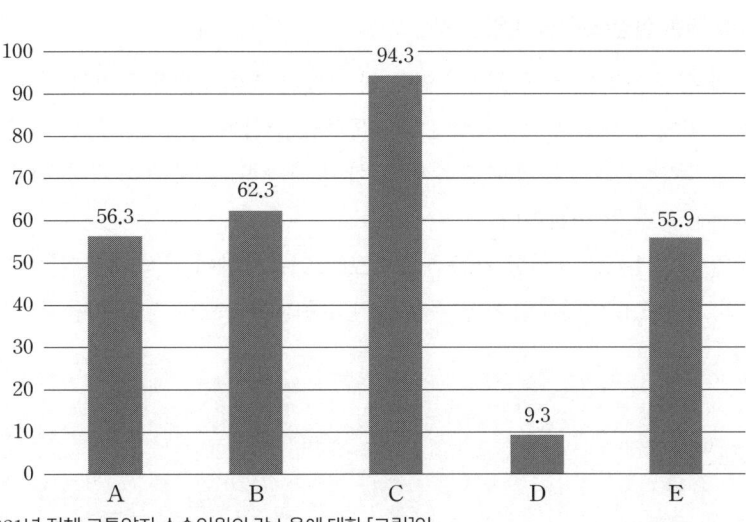

※ 2018년 대비 2021년 전체 교통약자 수송인원의 감소율에 대한 [그림]임

① 2019년 A의 전체 교통약자 할인금액은 7,865백만 원이다.
② B는 무궁화호이다.
③ 2021년 C의 장애인 할인금액은 2017년 대비 5십만 원 감소했다.
④ D는 SRT이다.
⑤ 2018년 E의 전체 교통약자 수송인원 1명당 할인금액은 8,500만 원 이상이다.

[14~15] 다음은 차종별 고속도로 이용차량 및 통행료 수입에 관한 자료이다. [표]를 보고 물음에 답하시오.

[표 1] 차종별 고속도로 이용차량

(단위: 백 대)

구분	12월 1일	12월 2일	12월 3일	12월 4일	12월 5일	12월 6일	12월 7일
1종	64,228	66,145	75,474	78,476	73,151	67,959	64,913
2종	2,700	2,718	2,654	1,327	626	2,532	2,711
3종	3,406	3,462	3,491	2,058	1,362	3,295	3,489
4종	3,651	3,711	3,631	1,693	737	3,272	3,815
5종	5,520	5,669	5,480	2,781	845	5,190	5,720

[표 2] 차종별 고속도로 통행료 수입

(단위: 십만 원)

구분	12월 1일	12월 2일	12월 3일	12월 4일	12월 5일	12월 6일	12월 7일
1종	78,514	81,879	99,650	115,087	110,592	86,121	80,228
2종	3,379	3,418	3,338	1,673	815	3,169	3,419
3종	4,996	5,121	5,228	3,352	2,371	4,871	5,155
4종	6,561	6,758	6,544	2,984	1,385	5,955	6,955
5종	11,367	11,697	11,386	5,556	1,727	10,772	11,734

14 위 자료에 대한 설명으로 옳지 않은 것은?

① 일주일 동안 고속도로 통행료 수입이 가장 많은 일이 2종과 동일한 차종은 2개이다.
② 12월 4일에 고속도로 이용차량 1대당 통행료 수입이 가장 큰 차종은 4종이다.
③ 일주일 동안 고속도로 통행료 수입의 합이 가장 많은 차종과 가장 적은 차종의 통행료 수입 차이는 650억 원 이하이다.
④ 일주일 동안 1종을 제외한 차종별 고속도로 이용차량이 가장 적은 일은 12월 5일로 동일하다.
⑤ 4종의 고속도로 이용차량이 일주일 동안 4종의 고속도로 평균 이용차량보다 적었던 날은 2일이다.

15 다음은 경부선 고속도로 이용차량에 관한 자료이다. 위 자료와 다음 [표]에 대한 설명으로 옳지 않은 것은?

[표] 경부선 고속도로 이용차량

(단위: 백 대)

구분	12월 1일	12월 2일	12월 3일	12월 4일	12월 5일	12월 6일	12월 7일
1종	11,406	11,611	12,861	12,706	11,712	11,799	11,369
2종	475	474	462	242	109	443	473
3종	700	699	715	436	307	680	711
4종	611	613	600	297	130	537	628
5종	748	770	746	382	114	699	773

① 12월 4일 1종 고속도로 이용차량 중 경부선의 비중은 15% 이상이다.
② 12월 7일에 12월 1일 대비 경부선 고속도로 이용차량의 증가량이 가장 많은 차종은 5종이다.
③ 조사기간 동안 차종별 경부선 고속도로 이용차량이 가장 많은 일은 모두 동일하다.
④ 12월 2~7일 동안 1종 경부선 고속도로 이용차량의 증감 추이와 동일한 경부선 고속도로 이용차량의 차종은 없다.
⑤ 12월 6일에 경부선 고속도로 총 이용차량은 12월 2일 대비 9대 더 적다.

[16~17] 다음은 2022년 하반기 용도별 등록선박에 관한 자료이다. 이어지는 [표]를 보고 물음에 답하시오.

[표 1] 2022년 하반기 용도별 등록선박 수

(단위: 척)

항목	7월	8월	9월	10월	11월	12월
합계	8,382	8,384	8,398	8,378	8,401	8,405
여객선	320	321	321	320	323	322
화물선	667	669	671	670	674	678
유조선	719	719	719	720	719	718
예선	1,126	1,123	1,122	1,121	1,124	1,123
부선	1,653	1,648	1,649	1,643	1,645	1,643
기타	3,897	3,904	3,916	3,904	3,916	3,921

[표 2] 2022년 하반기 용도별 등록선박 톤수

(단위: 천 톤)

항목	7월	8월	9월	10월	11월	12월
합계	15,635	15,529	15,693	15,730	16,411	16,869
여객선	187	175	173	170	171	170
화물선	9,997	9,914	10,071	10,113	10,319	10,492
유조선	3,215	3,214	3,222	3,229	3,700	3,989
예선	143	143	143	143	143	143
부선	1,884	1,875	1,877	1,869	1,869	1,866
기타	209	208	207	206	209	209

16 위 자료에 대한 설명으로 옳지 않은 것은?

① 조사기간 동안 기타를 제외하고 등록선박 수가 가장 많은 선박과 가장 적은 선박은 매년 동일하다.
② 2022년 7월에 등록선박 1척당 톤수가 가장 큰 선박은 화물선이다.
③ 2022년 11월과 12월에 등록선박 톤수가 작년 동월 대비 5% 증가했다면, 2021년 12월 등록선박 톤수는 전월 대비 4% 이상 증가했다.
④ 2022년 9월에 등록선박 수가 전월 대비 감소한 선박은 기타를 제외하고 1개이다.
⑤ 2022년 10월에 등록선박 중 유조선의 등록선박 톤수 비중은 17% 이상이다.

17 위 자료를 토대로 다음과 같이 [그림]을 작성하였다. [그림]에 대한 설명으로 옳지 않은 것은?

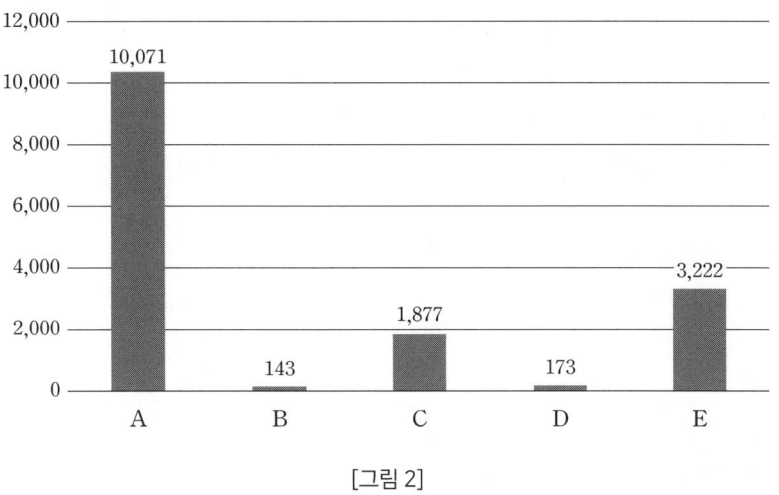

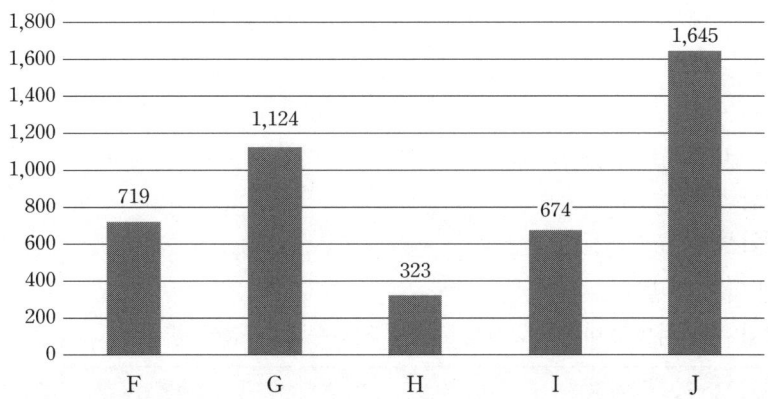

※ A~E와 F~J는 각각 기타를 제외한 5개 용도별 선박에 해당함

① [그림 1]은 2022년 9월 용도별 등록선박 톤수를 나타낸 그래프이다.
② [그림 2]는 2022년 11월 용도별 등록선박을 나타낸 그래프이다.
③ A와 동일한 항목은 J이다.
④ B와 동일한 항목은 G이다.
⑤ D와 동일한 항목은 H이다.

[18~19] 다음은 [광역철도 역명부기 사용기관 모집]에 관한 자료이다. 이를 읽고 물음에 답하시오.

[광역철도 역명부기 사용기관 모집]

○ 대상역: 한국철도공사 소속 광역철도 57개 역
○ 계약기간: 2024년 1월 1일부터 3년 이내(1년 단위로 계약)
○ 사용료: VAT 포함이며, 일시납
  ※ 사용료와 별도로 설치비용 및 이행보증금 추가 발생하며, 이는 사용기관에서 부담해야 함
○ 신청접수
  - 접수기간: 2023년 10월 23일~2023년 11월 10일 18시
    ※ 시간 내 도착분에 한함
  - 접수처: 한국철도공사 광역철도 본부 광역신사업처
  - 접수방법: 우편, 이메일
○ 신청 자격
  - 공공기관 및 공공시설
  - 다중이용시설(병원, 관광 등의 시설로 많은 사람들이 이용하는 시설)
  - 미풍양속을 해치거나 지역주민의 반대 등 사회적 갈등을 유발할 우려가 없다고 판단되는 기관
○ 제출 서류
  - 역명부기 사용신청서
  - 역과의 거리 및 연계교통 조사결과
  - 사용기관 정보
  - 가격제안서
○ 선정방법 및 결과 발표
  - 선정방법: 제출서류를 바탕으로 해당 지자체 의견수렴, 적정성 평가

구분	내용
접근성(20점)	역과의 실질 거리 및 연계교통 평가
공공성(25점)	사규에서 정한 기관 구분에 따른 공공성 평가
선호도(25점)	지역 주민 설문조사 및 공청회
가격평가(30점)	기초가격 이상으로 신청기관이 제안한 사용가격의 순위

  - 선정결과 발표: 개별 통지
○ 기타사항
  - 선정 관련 평가 내용은 비공개
  - 제출 서류는 반환하지 않으며, 내용이 사실과 다를 경우 선정 무효
  - 문의사항은 광역철도본부에 문의

18 위 자료에 대한 설명으로 옳지 않은 것은?

① 접수기간은 총 19일이다.
② 제출 서류는 총 4종이다.
③ 추가 발생한 설치비용 및 이행보증금은 코레일에서 지불한다.
④ 사용료는 일시 납부해야 한다.
⑤ 1년 단위로 계약하며 최대 3년까지 계약할 수 있다.

19 위 자료에 따를 때 다음 A~E 중 선정되는 기관은?

구분	A	B	C	D	E
접근성(20점)	중	중	상	하	중
공공성(25점)	상	중	하	중	하
선호도(25점)	하	하	중	중	하
가격평가(30점)	5등	2등	4등	3등	1등

※ 접근성, 공공성, 선호도 배점은 상은 최고점을 부여하며, 중은 상보다 5점 낮고, 하는 중보다 5점 낮음
※ 가격평가 배점은 1등부터 5등까지 차등 부여하며, 각 등수별 점수 차이는 5점임
※ 합계가 가장 높은 기관을 선정하며, 동점자가 있는 경우 공공성이 높은 기관을 선정함

① A ② B ③ C ④ D ⑤ E

[20~21] 다음은 [코레일 스토리지]에 관한 자료이다. 이를 읽고 물음에 답하시오.

[코레일 스토리지]

1. 이용방법
   1) 상담
      전화 및 홈페이지 혹은 직접 영업장 방문 후 상담 신청
   2) 계약
      - 계약 시 직접 방문 후 계약서 작성
      - 보관료 선납(최소 계약기준은 1달이며, 1달 단위로 계약)
   3) 입고
      입고작업은 운송업체 위탁 또는 직접 해야 함(운송업체 위탁 시 고객이 직접 입고 과정을 확인해야 함)
   4) 출고
      직접 방문하여 영업시간 내에 수시로 출고 가능

2. 이용요금

구분	1개월 기준가	할인율
0.3평	66,000원	3~5개월: 10%, 6~11개월: 20%, 12개월 이상: 40%
0.5평	110,000원	1~2개월: 20%, 3~5개월: 30%, 6~11개월: 40%, 12개월 이상: 50%
1.0평	176,000원	1~2개월: 30%, 3~5개월: 40%, 6개월 이상: 50%
2.0평	330,000원	1~2개월: 40%, 3~11개월: 50%, 12개월 이상: 60%

3. 보관 불가 물품
   1) 화약류, 총포 도검류와 인화 물질 및 위험한 물품
   2) 법으로 보관·유통이 금지된 물품 또는 범법행위에 관련된 물건
   3) 현금화될 수 있는 물품
   4) 보석, 골동품 등 고가물품
   5) 살아있는 동·식물
   6) 변질 및 부패가 될 수 있는 물품
   7) 법령, 사회질서 기타 선량한 풍속에 반하는 경우
   8) 기타 회사가 보관이 곤란하다고 판단되는 물품

4. 유의사항
   - 의류는 반드시 세탁과 완전건조 후 보관해야 함
   - 밍크코트 및 가죽 의류와 전자제품은 장기 보관 시 제습제를 반드시 넣어 위탁해야 함
   - 가구류는 먼지를 제거하고 물세척 시 반드시 건조를 해야 하며, 주방용품은 세척과 물기를 제거한 후 에어캡으로 포장해야 함
   - 보관 불가 물품을 허락 없이 보관한 경우 분실 등에 대해서 책임지지 않음
   - 고객이 고지한 내용과 보관 물품의 종류, 수량, 상태 등이 상이할 경우 위탁을 거절할 수 있음

20 위 자료에 따를 때 코레일 스토리지에 관한 설명으로 옳지 않은 것은?

① 현금화할 수 있는 물품은 보관 불가하다.
② 사전에 고지한 수량과 다른 경우 위탁이 거절될 수 있다.
③ 계약 시 직접 방문하여 계약서 작성한 후 보관료를 선납해야 한다.
④ 언제나 직접 방문하여 수시로 출고 가능하다.
⑤ 주방용품은 세척 후 에어캡으로 포장 후 보관해야 한다.

21 위 자료에 따를 때 다음 [상황]의 A와 B가 지불해야 하는 요금의 차이는?

[상황]
- A는 0.3평형 2개에 12개월 동안 물품을 위탁하였다.
- B는 1.0평형 1개와 2.0평형 1개에 6개월 동안 물품을 위탁하였다.

① 564,200원 ② 567,600원 ③ 572,000원
④ 578,100원 ⑤ 580,600원

[22~23] 다음은 [시각장애인 안마서비스 이용자 모집]에 관한 공고문이다. 이를 읽고 물음에 답하시오.

[시각장애인 안마서비스 이용자 모집]

1. 서비스 대상
   1) 지원 대상
      - 근골격계·신경계·순환계 질환이 있는 만 60세 이상인 자
      - 지체 및 뇌병변 등록 장애인
      - 국가유공자 중 근골격계·신경계·순환계 질환이 있는 자
      ※ 의사 진단서, 소견서, 처방전 중 1부 제출(단, 의사 진단서 및 소견서는 신청일로부터 6개월 이내 발급된 원본 서류를 제출해야 함)
      ※ 기존 시각장애인 안마서비스 이용자의 경우 희귀난치병질환자에 한하여 1회 연장
   2) 소득 및 연령 기준
      - 만 60세 이상 만 65세 미만: 기준중위소득 140% 이하
      - 만 65세 이상: 기준중위소득 140% 이하이면서 기초연금수급자 또는 기초생활수급자
      ※ 장애인(지체 및 뇌병변만 해당) 및 국가유공자는 연령 무관하나 아래의 소득기준에 해당하여야 함
         - 만 65세 미만: 기준중위소득 140% 이하
         - 만 65세 이상: 기준중위소득 140% 이하이면서 기초연금수급자 또는 기초생활수급자
   3) 우선순위
      - 1순위: 희귀난치병질환자
      - 2순위: 장애의 정도가 심한 장애인
      - 3순위: 고령자
2. 서비스 내용: 전신안마, 마사지, 지압, 발마사지, 기타 자극요법 안마서비스
3. 서비스 가격 및 제공횟수
   1) 서비스 가격: 월 168,000원(정부지원 90%, 본인부담 10%)
   2) 제공횟수: 월 4회(회당 60분), 12개월 지원(기존 수혜자 신청 불가능)
4. 사업추진 일정
   1) 이용자 모집: 2023. 02. 08.(수)~2023. 02. 10.(금)
      ※ 동 주민센터 신청·접수 후, 우선순위에 근거하여 예산 범위에서 대상자 선정
   2) 서비스 제공기간: 2023. 03.~2024. 02.
5. 서비스 신청 방법
   1) 신청권자: 사회복지서비스를 필요로 하는 자와 그 친족 및 그 밖의 관계인
      ※ 친족 및 그 밖의 관계인은 위임장 지참(그 밖의 관계인: 후견인)
      ※ 단체 접수 불가(위임 대리인 신청 시 이용자별 각각 대리인 접수)
   2) 신청 장소: 주민등록상 거주지 동 주민센터에 직접 방문 접수
   3) 제출서류
      - 사회보장급여(사회서비스이용권) 신청(변경)서
      - 사회서비스 이용자 준수사항 안내 확인 동의서

- 개인정보 수집·이용 및 제3자 제공 동의서
- 건강보험료 자격확인서나 건강보험증 사본 중 1부
- 건강보험료 납부확인서
- 의사 진단서, 소견서, 처방전 중 1부(원본)
※ 신청일 당일 제출서류 중 한 가지라도 미제출 시 신청·접수 불가
6. 선정자 발표: 선정자에게 문자 안내 및 통지서 등기우편 발송

22 위 공고문에 따를 때 시각장애인 안마서비스 이용자 모집에 관한 설명으로 옳지 않은 것은?

① 서비스 제공횟수는 12개월 동안 최대 48회이다.
② 문자 안내 또는 통지서 등기우편을 발송하여 서비스 선정자에게 알린다.
③ 신청 시 제출해야 하는 서류는 6종류이다.
④ 서비스 대상자가 연간 지불해야 하는 본인부담금은 최대 302,400원이다.
⑤ 희귀난치병질환자, 장애의 정도가 심한 장애인, 고령자 순으로 예산 범위에서 대상자를 선정한다.

23 위 공고문에 따를 때 [보기]의 A~E 중 2023년 시각장애인 안마서비스 이용자로 선발되지 않는 사람은?

| 보기 |
- 뇌병변 등록 장애인인 A는 만 62세이고, 기준중위소득이 100%이다.
- 근골격계 질환이 있는 B는 만 63세이고, 기준중위소득이 120%이다.
- 내분비계 질환이 있는 국가유공자인 C는 만 40세이고, 기준중위소득이 140%이다.
- 신경계 질환이 있는 D는 만 70세로 기준중위소득이 60%이며 기초연금수급자이다.
- 2022년에 시각장애인 안마서비스 이용자인 E는 희귀난치병질환자로 만 62세이고, 기준중위소득이 140%이다.

① A ② B ③ C
④ D ⑤ E

[24~25] 다음은 정기승차권에 관한 자료이다. 이를 읽고 물음에 답하시오.

[정기승차권 안내]

- 정기승차권 종류 및 할인율

구분			할인율	이용기준
일반형	성인	10일	40%	- 유효기간 중 월요일부터 금요일까지 이용 가능 - 토·일요일, 공휴일은 이용 불가
		1개월	50%	
	청소년	10일	60%	
		1개월		
자유형	성인	10일~20일	45%	10일 이상의 이용기간과 주중 이용, 휴일(토·일요일, 공휴일) 포함 이용 여부를 고객이 직접 선택 가능
		21일~1개월	50%	
	청소년	10일~1개월	60%	

- 이용방법
  - 정기승차권은 기명식 승차권으로 승차권에 표기된 고객에 한하여 이용 가능
  - 선택한 승차구간과 열차(하위열차 포함)를 입석 또는 자유석으로 이용 가능(단, 관광전용열차는 이용 불가)
    ※ 열차등급: KTX(KTX산천 포함)＞ITX-새마을, 새마을호＞누리로, 무궁화호
  - 이용 시작 5일 전부터 구매 가능
  - 정기승차권을 소지하지 않은 경우 출발역에서 승차할 열차의 5분 전까지 공공기관에서 발행한 신분증을 제시하고 정기승차권 발급확인서를 청구할 수 있으며 발급확인서는 정기승차권 이용 기간에 따라 2회(10일), 4회(11~20일), 6회(21일~1개월)로 발급을 제한함

- 환불기준
  - 유효기간 시작일 이전: 최저위약금(400원)
  - 유효기간 시작일 이후: 승차구간의 기준운임과 청구 당일까지의 사용횟수(1일 2회)를 곱한 금액 및 최저위약금(400원)을 공제한 잔액을 환불

- 부가운임 징수
  - 정기승차권의 위·변조, 유효기간 경과, 타인에게 전송하여 사용 등으로 부정사용한 경우 철도사업법 제10조에 의하여 해당 구간의 기준운임 및 그 30배 이내에 해당하는 금액을 부가운임으로 수수
  - 이용자는 철도종사자의 정기승차권 정당사용자 확인 요구에 응하여야 하며 정당한 사용자임을 증명하지 못하는 경우 부가운임을 수수
  - 이용자가 정기승차권 발급확인서 또는 분실확인서로 부정사용한 경우 부가운임을 수수
  - 부가운임을 받은 경우 정기승차권을 부정사용하게 하거나 부정사용하도록 한 사람에게는 부정사용한 정기승차권의 유효기간 종료일로부터 6개월간 정기승차권 판매를 제한할 수 있음

24 위 자료에 따를 때 정기승차권에 관한 내용으로 옳지 않은 것은?

① 선택한 열차가 KTX인 정기승차권 사용자는 ITX-새마을을 자유석으로 이용할 수 있다.
② 정기승차권을 위조한 경우 해당 구간의 기준운임의 30배 이내에 해당하는 금액을 부가운임으로 수수할 수 있다.
③ 정기승차권을 소지하지 않은 경우 모든 기차역에서 정기승차권 발급확인서를 청구할 수 있다.
④ 정기승차권은 이용 시작 5일 전부터 구매 가능하다.
⑤ 분실확인서를 이용하여 부정사용한 이용자에게는 부가운임을 수수한다.

25 A는 정기승차권을 구매하여 아래와 같은 일정에 서울에서 부산으로 KTX를 이용하려고 한다. A는 정기승차권 구매 비용 외에 추가 금액이 부과되지 않는 정기승차권을 구매하려고 할 때, A가 지불해야 하는 정기승차권 구매금액은 얼마인가?

- 6월 1일 목요일
- 6월 2일 금요일
- 6월 4일 일요일
- 6월 6일 화요일(공휴일)
- 6월 9일 금요일
- 6월 10일 토요일
- 6월 12일 월요일
- 6월 13일 화요일
- 6월 15일 목요일
- 6월 17일 토요일
- 6월 18일 일요일
- 6월 20일 화요일
- 6월 21일 수요일

구분	승차구간	금액
KTX	서울 → 부산	59,800원

① 427,570원　　② 447,000원　　③ 466,440원
④ 485,880원　　⑤ 505,360원

MEMO

MEMO

나만의 성장 엔진, 혼JOB | www.honjob.co.kr

호JOB 코레일 한국철도공사 NCS 직업기초능력 봉투모의고사 OMR 답안지

나만의 성장 엔진
www.honjob.co.kr

자소서 / NCS·PSAT / 금융논술 / 전공필기 / 금융자격증 / 시사상식 / 면접

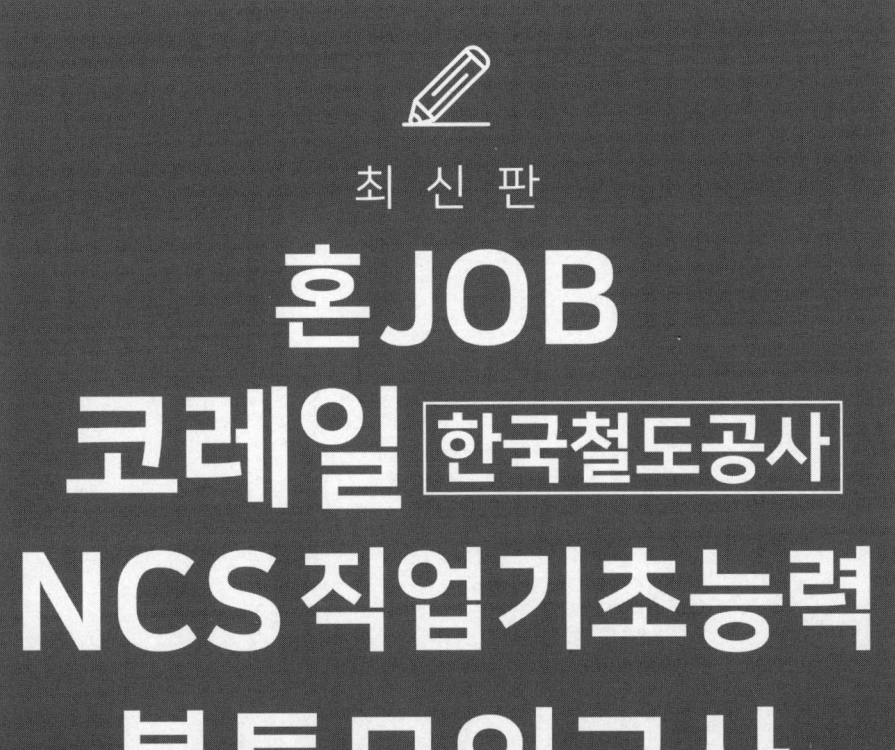

NCS 실전모의고사 3회

[직업기초능력평가(NCS)]

나만의 성장 엔진, 혼JOB | www.honjob.co.kr

최신판

혼JOB 코레일 한국철도공사 NCS 직업기초능력 봉투모의고사

NCS 실전모의고사 3회
직업기초능력평가(NCS)

수험번호	
성명	

[시험 유의사항]

1. NCS 실전모의고사는 다음과 같이 정해진 시험 시간에 맞추어 풀어 보시기를 권장합니다.

과목	세부 영역	문항 수	시험 형식	권장 풀이 시간
직업기초능력평가 (NCS)	의사소통능력 수리능력 문제해결능력	25문항	객관식 5지선다	30분

2. 본 모의고사 풀이 시 맨 마지막 페이지의 OMR 카드를 활용하시어 실전 감각을 높이시기 바랍니다.

3. 시험지의 전 문항은 무단 전재 및 배포를 금합니다. 이를 위반할 경우 관련 규정에 따라 처벌을 받을 수 있습니다.

NCS 실전모의고사 3회

[01~02] 다음 글을 읽고 이어지는 물음에 답하시오.

　한국철도기술연구원(이하 철도연)은 대표적인 탄소배출 건설 자재인 시멘트를 전혀 사용하지 않고 산업부산물만을 활용한 '시멘트 제로 콘크리트 철도 침목' 개발에 성공했다.
　'시멘트 제로 콘크리트 철도 침목'은 산업부산물인 고로슬래그 미분말과 소량의 실리카퓸을 시멘트 대체 재료로 사용하고 칼슘계 활성화제를 첨가하여 압축강도 80MPa(메가파스칼) 이상을 구현했다. 시멘트는 콘크리트 구조물 및 제품 제작을 위한 핵심적인 건설 자재지만, 시멘트 제조 과정에서 많은 양의 이산화탄소 배출로 탄소중립 실현에 큰 (㉠)이 되고 있다. 특히, 철도 궤도 시스템 및 토목 구조물 건설에 사용되는 콘크리트 재료는 시멘트 기반으로 제조되고 있어, 기후위기에 대응하고 탄소중립을 실현하기 위해서는 개선이 필요하다.
　철도연은 시멘트 제로 콘크리트 배합설계, 철도 침목 구조 계산, 시멘트 제로 콘크리트 침목 제조 공정 정립 및 시제품 생산, 국제표준 기반 구조 성능시험 등의 연구를 진행했다. 시멘트 제로 콘크리트의 재령(재료가 만들어진 이후 경과일수) 3일 압축강도는 94.9MPa(메가파스칼)을 달성했으며, ISO 22480-2에 따라 수행된 시멘트 제로 콘크리트 기반 철도 침목 구조 성능시험 결과 국제표준에서 요구되는 성능을 모두 만족했다. 제조 기술은 기존 시멘트 기반 철도 콘크리트 침목 대비 이산화탄소 배출량이 약 25% 수준으로 탄소중립 실현에 크게 기여할 것으로 기대된다.
　철도연 ○○○ 책임연구원은 "개발된 시멘트 제로 콘크리트 철도 침목을 철도 운영선에 시험 부설하여 현장 적용성을 검증할 예정이며, 이를 바탕으로 프리캐스트 슬래브 궤도를 포함한 콘크리트 2차 제품에 확대 적용하는 연구를 진행할 계획"이라고 말했다.
　△△△ 철도연 원장은 "건설산업 전반에 활용 가능한 기술로, 정부의 탄소중립·녹색성장 기본계획을 실현할 기술"이라며, "기후위기 대응을 통한 지속 가능한 사회를 구현하고 국민의 삶의 질을 높이는 명품 K-철도기술 개발을 위해 더욱 노력하겠다"고 전했다.

01 위 글의 표제와 부제로 가장 적절한 것은?

① 해외에 진출하는 명품 K-철도기술 개발
　- 기후위기 대응을 통한 지속 가능한 사회 구현
② 철도연, 시멘트 안 쓰는 콘크리트 철도 침목 개발
　- 기후 변화에 대응하는 탄소중립과 녹색성장 실현
③ '시멘트 제로 콘크리트 철도 침목'의 성능
　- 국제표준에서 요구되는 성능을 모두 만족
④ 철도 궤도 시스템 및 토목 구조물 건설 재료의 개선 방안
　- 탄소배출 건설 자재인 시멘트 사용량 절감
⑤ 정부가 추진하는 탄소중립·녹색성장 기본계획
　- '시멘트 제로 콘크리트 철도 침목'이 지속 가능한 사회 구현에 기여할 것으로 기대

02 위 글의 빈칸 ㉠에 들어갈 말로 적절하지 않은 것은?

① 장벽
② 걸림돌
③ 거침돌
④ 장애물
⑤ 주춧돌

[03~04] 다음 글을 읽고 이어지는 물음에 답하시오.

 음속은 온도와 압력의 영향을 받는데, 물속에서의 음속은 공기에서보다 4~5배 빠르다. 물속의 음속은 수온과 수압이 높을수록 증가한다. 그런데 해양에서 수압은 수심에 따라 증가하지만 수온은 수심에 따라 증가하는 것이 아니어서 수온과 수압 중에서 상대적으로 더 많은 영향을 끼치는 요소에 의하여 음속이 결정된다.
 음속의 변화를 주는 한 요인인 수온의 변화를 보면, 표층은 태양 에너지가 파도나 해류로 인해 섞이기 때문에 온도 변화가 거의 없다. 그러나 그 아래의 층에서는 태양 에너지가 도달하기 어려워 수심에 따라 수온이 급격히 낮아지고, 이보다 더 깊은 심층에서는 수온 변화가 거의 없다. 표층과 심층 사이에 있는, 깊이에 따라 수온이 급격하게 변화하는 층을 수온약층이라 한다. 표층에서는 수심이 깊어질수록 높은 음속을 보인다. 그러다가 수온이 갑자기 낮아지는 수온약층에서는 음속도 급격히 감소하다가 심층의 특정 수심에서 최소 음속에 이른다. 그 후 음속은 점차 다시 증가한다.
 수온약층은 위도나 계절 등에 따라 달라질 수 있다. 보통 적도에서는 일 년 내내 해면에서 수심 150미터까지는 수온이 거의 일정하게 유지되다가, 그 이하부터 600미터까지는 수온약층이 형성된다. 중위도에서 여름철에는 수심 50미터에서 120미터까지 수온약층이 형성되지만, 겨울철에는 표층의 수온도 낮으므로 수온약층이 형성되지 않는다. 극지방은 표층도 깊은 수심과 마찬가지로 차갑기 때문에 일반적으로 수온약층이 거의 없다.
 수온약층은 음속의 급격한 변화를 가져올 뿐만 아니라 음파를 휘게도 만든다. 소리는 파동이므로 바닷물의 밀도가 변하면 다른 속도로 진행하기 때문에 굴절 현상이 ㉠일어난다. 수온약층에서는 음속의 변화가 크기 때문에 음파는 수온약층과 만나는 각도에 따라 위 혹은 아래로 굴절된다. 음파는 상대적으로 속도가 낮은 층 쪽으로 굴절한다. 이런 굴절 때문에 해수면에서 음파를 보냈을 때 음파가 거의 도달하지 못하는 구역이 형성되는데 이를 음영대(shadow zone)라 한다.
 높은 음속을 보이는 구간이 있다면 음속이 최소가 되는 구간도 있다. 음속이 최소가 되는 층을 음속최소층 또는 음파통로라고 부른다. 음파통로에서는 음속이 낮은 대신 소리의 전달은 매우 효과적이다. 이 층을 탈출하려는 바깥 방향의 음파가 속도가 높은 구역으로 진행하더라도 금방 음파통로 쪽으로 굴절된다. 음파통로에서는 음파가 위로 진행하면 아래로 굴절하려 하고, 아래로 진행하는 음파는 위로 다시 굴절하려는 경향을 가진다. 즉, 음파는 속도가 낮은 층 쪽으로 굴절해서 그 층에 머물려고 하는 것이다. 그리하여 이 층에서 만들어진 소리는 수천 킬로미터 떨어진 곳에서도 들린다.
 해양에서의 음속 변화 특징은 오늘날 다양한 분야에 활용되고 있다. 음영대를 이용해 잠수함이 음파탐지기로부터 회피하여 숨을 장소로 이동하거나, 음파통로를 이용해 인도양에서 음파를 일으켜 대서양을 돌아 태평양으로 퍼져나가게 한 후 온난화 등의 기후 변화를 관찰하는 데 이용되기도 한다.

03 위 글을 읽고 파악한 내용으로 적절하지 않은 것은?

① 수온이 일정한 구역에서는 수심이 증가할수록 음속도 증가할 것이다.
② 심층에서 수온 변화가 거의 없는 것은 태양 에너지가 도달하지 않기 때문일 것이다.
③ 수영장 물 밖에 있을 때보다 수영장에서 잠수해 있을 때 물 밖의 소리가 더 잘 들릴 것이다.
④ 음영대의 특성을 이용하면 잠수함은 적의 음파 탐지로부터 숨을 장소를 찾을 수 있을 것이다.
⑤ 음속이 최소가 되는 층에서 발생한 소리는 멀리까지 들리므로 기후 연구 등에 이용될 것이다.

04 위 글의 밑줄 친 ㉠과 바꿔 쓰기에 가장 적절한 것은?

① 발송(發送)한다
② 발행(發行)한다
③ 발족(發足)한다
④ 발생(發生)한다
⑤ 발호(發號)한다

[05~06] 다음 글을 읽고 이어지는 물음에 답하시오

콩나물의 가격 변화에 따라 콩나물의 수요량이 변하는 것은 일반적인 현상이다. 그러나 콩나물 가격은 변하지 않는데도 콩나물의 수요량이 변할 수 있다. 시금치 가격이 상승하면 소비자들은 시금치를 콩나물로 대체한다. 그러면 콩나물 가격은 변하지 않는데도 시금치 가격의 상승으로 인해 콩나물의 수요량이 증가할 수 있다. 또는 콩나물이 몸에 좋다는 내용의 방송이 나가면 콩나물 가격은 변하지 않았음에도 불구하고 콩나물의 수요량이 급증한다. 이와 같이 특정한 상품의 가격은 변하지 않는데도 다른 요인으로 인하여 그 상품의 수요량이 변하는 현상을 수요의 변화라고 한다.

수요의 변화는 소비자의 소득 변화에 의해서도 발생한다. 예를 들어 스마트폰 가격에 변동이 없음에도 불구하고 소득이 증가하면 스마트폰에 대한 수요량이 증가한다. 반대로 소득이 감소하면 수요량이 감소한다. 이처럼 소득의 증가에 따라 수요량이 증가하는 재화를 '정상재'라고 한다. 우리 주위에 있는 대부분의 재화들은 정상재이다. 그러나 소득이 증가하면 오히려 수요량이 감소하는 재화가 있는데 이를 '열등재'라고 한다. 예를 들어 용돈을 받아 쓰던 학생 때는 버스를 이용하다 취직해서 소득이 증가하여 자가용을 타게 되면 버스에 대한 수요는 감소한다. 이 경우 버스는 열등재라고 할 수 있다.

정상재와 열등재는 수요의 소득탄력성으로도 설명할 수 있다. 수요의 소득탄력성이란 소득이 1% 변할 때 수요량이 변하는 정도를 말한다. 수요의 소득탄력성이 양수인 재화는 소득이 증가할 때 수요량도 증가하므로 정상재이다. 반대로 수요의 소득탄력성이 음수인 재화는 소득이 증가할 때 수요량이 감소하므로 열등재이다. 정상재이면서 소득탄력성이 1보다 큰, 즉 소득이 증가하는 것보다 수요량이 더 크게 증가하는 경우가 있다. 경제학에서는 이를 '사치재'라고 한다. 반면에 정상재이면서 소득탄력성이 1보다 작은 재화를 '필수재'라고 한다.

05 위 글을 통해 얻을 수 있는 정보가 아닌 것은?

① 가격 변화와 수요량의 관계
② 소득 변화와 수요량의 관계
③ 정상재와 열등재의 차이점
④ 사치재와 필수재의 예
⑤ 수요의 소득탄력성에 따른 재화의 종류

06 재화 A, B, C에 대한 수요의 소득탄력성은 다음과 같다. 위 글을 바탕으로 할 때 재화 A, B, C에 대한 설명으로 적절하지 않은 것은?

재화	A	B	C
수요의 소득탄력성	−0.42	0.56	1.38

① A는 소득의 증가비율보다 수요량의 증가비율이 더 큰 재화이다.
② B는 소득의 증가비율보다 수요량의 증가비율이 더 작은 재화이다.
③ C는 소득의 증가에 따라 수요량이 크게 늘어나는 재화로 소득에 대한 민감도가 높다.
④ B는 주요 식료품과 생필품, C는 해외여행과 명품 등이 해당된다.
⑤ B와 C는 소득이 증가할 때 수요량이 같이 증가하는 정상재이다.

07 다음 글의 빈칸 ㉠~㉢에 들어갈 말을 옳게 짝지은 것은?

독일의 사회학자인 베버(Max Weber)는 테일러의 과학적 관리법이 제기된 것과 비슷한 시기에 근대 사회 조직에 대한 하나의 이론을 제기하였다. 베버는 근대 조직의 특성이 정부 행정의 기반을 이루는 관료제적 조직 양식 속에 가장 전형적으로 표현되어 있다고 보아 근대 관료제의 이념형을 구성하였다. 베버는 관료제의 개념을 유급의 임명직 관리들로 이루어진 조직체로 파악하였다.

사회 조직에 대한 베버의 분석은 근대 사회에만 국한된 것이 아니었다. 베버는 사회 조직에 대한 역사적·통시적·문화횡단적 비교 연구를 위한 기준으로 '사회적 지배의 이념형'을 설정하였다. 베버에 의하면 역사상 모든 사회에서 존재하였던 지배 체제의 형태는 '전통적 지배'와 '카리스마적 지배', '합법적 지배'의 세 가지 범주를 기준으로 분류하여 볼 수 있다. (㉠)는 다시 가장제와 가산제, 봉건제로 세분된다. 베버에 의하면 가장제 혹은 봉건제, 카리스마적 지배 등이 이루어지는 사회에서는 '유급'과 '임명직'을 특징으로 하는 관료제적 행정이 존재하지 않거나 최소한으로만 나타났다. 관료제적 조직 형태는 역사상 (㉡) 혹은 합법적 지배가 성립된 사회들의 고유한 현상이었다. 여기에 베버는 관료제의 형태를 가산 관료제와 합법적 관료제(근대 관료제)로 나누어 생각하였다. 가산 관료제와 근대 관료제의 가장 큰 차이점은, 근대 관료제가 자본주의적 화폐경제를 배경으로 발달하였기 때문에 화폐 급료를 지불하는 데 반해, 가산 관료제는 대개 현물 급여를 바탕으로 하였다는 점이다.

베버는 전통 사회와 구별되는 근대 사회의 본질을 합리성으로 보았다. 근대 사회의 지배 유형인 합법적 지배는 합리성의 정신을 배경으로 하는 것이다. 합법적 지배의 행정 조직적 표현인 근대 관료제는 합리성을 본질로 한다. 그리고 이때의 합리성은 '목적−수단' 관계의 논리적 무모순성을 특징으로 하는 (㉢)을 의미한다. 베버는 근대 사회에서 이것과 실질적 가치의 추구가 서로 화해할 수 없는 갈등 관계를 나타내고 있다고 분석하였다. 이 점은 근대적 합리성의 일부라고 할 수 있는 합리적 관료제의 경우에도 해당되는 것이다. 근대 관료제에서는 조직적 합리성(형식합리성)과 조직 내의 인간소외(실질적 불합리성)가 모순 관계를 드러내고 있다.

	㉠	㉡	㉢
①	합법적 지배	봉건제	실질합리성
②	전통적 지배	가산제	형식합리성
③	전통적 지배	가장제	형식합리성
④	카리스마적 지배	가산제	실질합리성
⑤	카리스마적 지배	가장제	실질합리성

[08~09] 다음 글을 읽고 이어지는 물음에 답하시오.

물을 ㉠ 끓이면 보통 100℃에서 수증기가 된다. 하지만 물은 100℃보다 낮은 온도에서도 기화될 수 있다. 압력이 낮은 산 위에서 물의 끓는점이 낮아져 밥이 설익는 것도 이런 이유 때문이다. 물질은 온도와 압력에 따라 기체, 액체, 고체로 상태가 변한다. 그러나 특정 온도(임계온도)와 압력(임계압력)을 넘어서면 그때부터는 아무리 열과 압력을 가해도 그 상태가 변하지 않는 물질이 되는데, 이를 '초임계유체'라 한다. 초임계유체는 기체와 액체의 성질을 동시에 띠고 있어서 기체처럼 가벼워 확산이 잘 되고, 또 액체처럼 다른 물질을 잘 ㉡ 녹여 낸다. 그뿐만 아니라 액체와 달리 점도와 표면장력이 낮아서 1nm(나노미터, 10억분의 1미터)보다 좁은 틈 사이로 ㉢ 들어갈 수 있다.

초임계유체의 이런 특성은 커피에서 카페인을 ㉣ 뽑아내거나 천연 화장품에 들어가는 식물 성분을 뽑을 때 유용하게 이용된다. 임계온도가 31℃, 임계압력이 73.8기압(bar*)인 초임계상태 이산화탄소를 만들어 이것을 커피나 녹차, 참깨 등 추출하려는 물질에 통과시키면 이산화탄소가 물질에서 원하는 성분만을 녹여서 나온다. 또한 초임계상태인 이산화탄소의 온도와 압력을 조절하여 녹여 내는 정도(용해도)를 더 좋게 만들 수도 있다.

초임계유체는 특정 성분을 뽑아내는 일 외에도 건축 단열재, 폐수 정화 시설 등 활용 범위가 넓다. 하지만 물질을 초임계상태로 만들기 위해 임계압력까지 압력을 올리는 과정은 장비가 복잡하고 비용도 만만치 않다는 점이 문제이다. 따라서 더 간편하고 저렴하게 압력을 높일 수 있는 방법을 찾아야 한다. 또 원하는 물질을 녹여 내기에 어떤 용매가 가장 적합한지, 어떤 압력과 온도에서 가장 효율적인지 추론할 수 있는 이론을 ㉤ 세우는 일도 중요하다.

* bar: 압력의 단위

08 위 글에서 얻을 수 있는 정보가 아닌 것은?

① 초임계유체의 개념
② 초임계유체의 성질
③ 초임계유체의 활용 범위
④ 물질을 초임계상태로 만들기 위해 필요한 장비
⑤ 이산화탄소가 초임계상태에 이르기 위한 온도와 압력

09 위 글의 ㉠~㉤과 바꾸어 쓸 수 있는 말로 적절하지 않은 것은?

① ㉠: 가열(加熱)하면
② ㉡: 용해(溶解)시킨다
③ ㉢: 침범(侵犯)할
④ ㉣: 추출(抽出)하거나
⑤ ㉤: 정립(定立)하는

10 A사 직원은 2022년에 540명이었고 2023년에 618명이다. 2023년 A사 직원 중 남자 직원은 전년 대비 8%, 여자 직원은 전년 대비 58명 증가했다. 2022년 A사 남자 직원은 몇 명인가?

① 250명　　　② 270명　　　③ 280명
④ 295명　　　⑤ 300명

[11~13] 다음은 가구원 수별 평균 농가소득 및 평균 농가순소득에 관한 자료이다. [표]를 보고 물음에 답하시오.

[표 1] 가구원 수별 평균 농가소득

(단위: 천 원)

구분	2018년	2019년	2020년	2021년	2022년
1명	17,941	15,568	16,039	19,234	16,265
2명	36,365	34,688	39,064	41,459	39,529
3명	52,967	54,320	57,876	61,057	67,427
4명	62,789	72,800	72,187	80,251	69,287
5명	74,761	79,657	76,686	75,371	69,083
6명 이상	87,326	89,088	86,397	90,168	97,488

[표 2] 가구원 수별 평균 농가순소득

(단위: 천 원)

구분	2018년	2019년	2020년	2021년	2022년
1명	9,336	6,463	5,766	8,164	4,731
2명	23,665	20,954	22,105	23,985	21,487
3명	41,601	41,584	42,336	45,709	52,401
4명	54,056	59,424	58,080	66,733	53,291
5명	64,530	64,846	59,791	60,093	53,620
6명 이상	74,993	74,995	68,287	69,567	79,021

※ 평균 순수익률=평균 농가순소득/평균 농가소득×100

11 위 자료에 대한 설명으로 옳지 않은 것은?

① 2022년 가구원 수가 3명인 농가의 가구원 1명당 평균 농가소득은 22,000천 원 이상이다.
② 조사기간 중 가구원 수가 2명인 가구의 평균 농가소득이 가장 많은 해에 가구원 수가 2명인 가구의 평균 농가소득과 평균 농가순소득 차이는 1,800만 원 이상이다.
③ 조사기간 동안 평균 농가소득이 가장 많은 가구원 수는 6명 이상이다.
④ 2022년 가구원 수가 5명인 가구의 평균 농가순소득의 전년 대비 감소율은 10% 이상이다.
⑤ 2019~2022년 동안 평균 농가순소득의 전년 대비 증감 추이가 가구원 수가 1명인 가구와 동일한 가구원 수는 없다.

12 위 자료를 토대로 계산한 2020년 가구원 수별 평균 순수익률이 다음과 같을 때, ⊙과 ⓒ의 차는 얼마인가? (단, ⊙과 ⓒ 계산 시 소수점 첫째 자리에서 반올림한다)

[2020년 가구원 수별 평균 순수익률]

1명	2명	3명	4명	5명	6명 이상
⊙%	57%	73%	ⓒ%	78%	79%

① 40 ② 41 ③ 42 ④ 43 ⑤ 44

13 위 자료를 토대로 다음과 같은 [그림]을 만들었을 때, 옳지 않은 것은? (단, 계산 시 소수 둘째 자리에서 반올림한다)

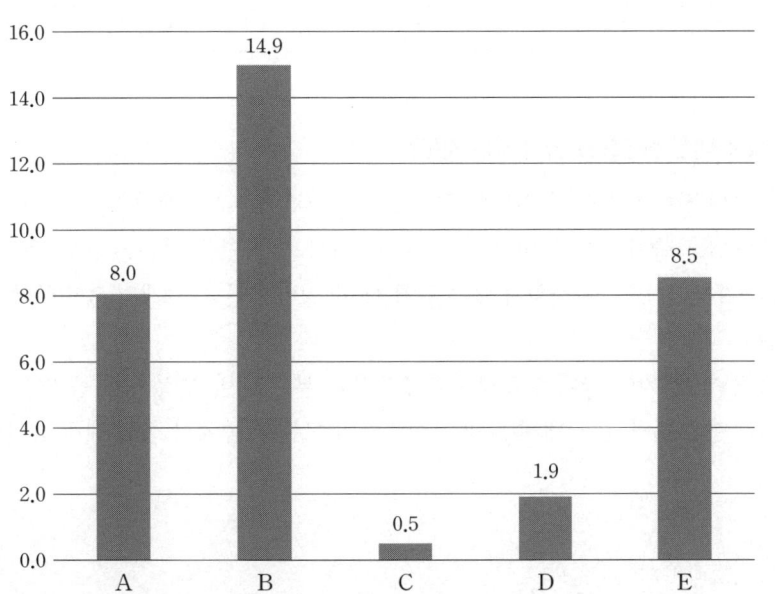

[그림]

※ 2021년 가구원 수별 평균 농가순소득의 전년 대비 증가율에 대한 [그림]임

① [그림]에 표시되지 않은 가구원 수는 1명이다.
② A는 가구원 수가 3명이다.
③ C는 D보다 가구원 수가 적다.
④ E는 가구원 수가 2명이다.
⑤ B는 2019년에 평균 농가소득이 두 번째로 많다.

[14~15] 다음은 2023년 상반기 국내 수요의 기종별 총수주액에 관한 자료이다. [표]를 보고 물음에 답하시오.

[표] 2023년 상반기 국내 수요의 기종별 총수주액

(단위: 천만 원)

구분	1월	2월	3월	4월	5월	6월
합계	385,191	354,032	431,743	438,494	429,614	374,148
원동기	29,830	26,263	72,220	51,488	30,116	21,623
특수산업용 기계	87,037	78,640	128,063	88,356	102,699	117,035
금속공작·가공기계	11,056	15,299	6,749	7,368	7,380	9,218
일반산업용 기계	35,789	28,749	49,831	44,768	30,771	44,507
사무자동처리기계	4,240	5,033	4,361	3,690	4,457	4,142
통신기계	9,117	8,088	10,847	9,133	9,751	11,350
전기기계	26,212	29,392	34,242	40,675	31,530	31,299
도로주행차량	62,733	72,390	67,777	65,927	82,003	65,444
기타 수송용 기계	86,944	58,161	7,681	83,659	78,531	25,701
의료·정밀측정 제어기기	13,099	14,080	25,059	24,471	17,448	17,851
철구조물	19,134	17,937	24,913	18,959	34,928	25,978

14 위 자료에 대한 설명으로 옳지 않은 것은?

① 2023년 상반기에 국내 수요의 철구조물 총수주액은 150백억 원 이하이다.
② 2023년 상반기 내내 국내 수요의 총수주액이 가장 많은 기종은 매월 동일하다.
③ 조사기간 중 도로주행차량 총수주액 대비 일반산업용 기계의 총수주액 비율은 3월이 가장 높다.
④ 2023년 2분기에 국내 수요의 총수주액은 전분기 대비 10% 이상 증가했다.
⑤ 2023년 2~6월 중 국내 수요의 총수주액이 모든 기종에서 전월 대비 증가한 달은 없다.

15 다음은 2023년 상반기 해외 수요의 기종별 총수주액에 관한 자료이다. [보고서]의 A~C에 들어갈 숫자를 바르게 짝지은 것은? (단, A~C 계산 시 소수점 둘째 자리에서 반올림한다)

[표] 2023년 상반기 해외 수요의 기종별 총수주액

(단위: 천만 원)

구분	1월	2월	3월	4월	5월	6월
합계	829,157	579,724	960,031	764,624	485,020	1,122,358
원동기	44,195	29,315	20,279	24,527	18,261	18,825
특수산업용 기계	85,964	87,007	96,920	95,599	89,290	91,081
금속공작·가공기계	16,450	16,652	19,435	16,015	14,416	19,500
일반산업용 기계	44,512	43,004	62,310	45,512	41,550	43,057
사무자동처리기계	4,535	3,445	6,029	4,539	6,594	5,671
통신기계	10,773	11,778	17,548	19,450	16,397	18,162
전기기계	28,677	19,698	33,512	35,007	38,399	35,987
도로주행차량	19,622	16,712	14,398	17,607	15,799	15,455
기타 수송용 기계	558,353	264,285	661,891	477,304	218,893	848,847
의료·정밀측정 제어기기	14,243	14,433	19,647	20,233	19,996	23,808
철구조물	1,833	73,395	8,062	8,831	5,425	1,965

[보고서]

- 2023년 상반기 해외 수요의 총수주액 대비 국내 수요의 총수주액 비율은 (A)%이다.
- 2023년 6월 해외 수요의 총수주액 중 상위 3개 기종의 비중은 (B)%이다.
- 2023년 3월에 해외 수요와 국내 수요의 총수주액의 전월 대비 증가율 차이는 (C)%p이다.

	A	B	C
①	50.9	87.6	43.6
②	50.9	87.6	44.1
③	51.3	87.6	43.6
④	51.3	88.2	44.1
⑤	51.3	88.2	44.8

[16~17] 다음은 건물 종별 건물현황에 관한 자료이다. [표]를 보고 물음에 답하시오.

[표] 건물 종별 건물현황

(단위: 동, m²)

구분		2016년	2017년	2018년	2019년	2020년	2021년
동수	소계	5,016	5,179	5,252	5,654	5,820	6,007
	정거장	1,842	1,947	2,043	2,289	2,731	2,844
	사무소	1,135	1,135	1,123	1,109	1,027	1,036
	공장	663	730	737	744	1,745	1,762
	운전용	907	913	920	946	0	0
	병원·학교	35	36	0	0	0	0
	주택	434	418	429	566	317	365
면적	소계	4,742,771	5,347,300	5,466,358	5,530,151	5,585,642	5,932,412
	정거장	2,631,437	3,108,695	3,218,947	3,022,135	3,340,123	3,498,339
	사무소	580,706	549,571	559,471	557,705	596,390	728,878
	공장	1,006,192	1,088,329	1,093,468	1,092,775	1,492,038	1,550,216
	운전용	354,574	400,634	401,187	422,649	0	0
	병원·학교	53,604	55,284	0	0	0	0
	주택	116,258	144,787	193,285	434,887	157,091	154,979

16 위 자료에 대한 설명으로 옳지 않은 것은?

① 2020년에 정거장 면적의 전년 대비 증가율은 7% 이상이다.
② 2017~2019년 동안 사무소는 운전용보다 매년 면적이 더 넓다.
③ 2021년에 전체 건물 동수 중 공장의 비중은 30% 이상이다.
④ 2017~2021년 동안 건물 동수가 매년 증가하는 건물 종은 2개이다.
⑤ 조사기간 내내 전체 건물 면적 비중이 가장 큰 건물 종은 정거장이다.

17 위 자료를 토대로 계산한 2020년 건물 1동당 면적이 다음과 같을 때, A와 B의 합은 얼마인가? (단, A와 B 계산 시 소수점 첫째 자리에서 반올림한다)

[2020년 건물 1동당 면적]

정거장	사무소	공장	주택
Am^2	581m^2	855m^2	Bm^2

① 1,716　　　② 1,719　　　③ 1,720
④ 1,723　　　⑤ 1,725

[18~20] 다음은 공항 주차요금에 관한 자료이다. 이를 읽고 물음에 답하시오.

○ 일반요금

구분	주차요금	
	소형	대형
단기주차장	기본 30분 1,200원 추가 15분 600원 일 24,000원	—
장기주차장	시간당 1,000원 일 9,000원	30분당 1,200원 일 12,000원
예약주차장	시간당 1,000원 일 9,000원	—
화물터미널 주차장	최초 45분 무료 추가 15분 500원 일 10,000원	최초 45분 무료 추가 15분 600원 일 12,000원

※ 1일 이상 장기주차 차량은 장기주차장을 이용해야 함
※ 일 주차는 입차시각부터 24시간이 아닌 0시부터 24시까지임
※ 단기주차장은 승용차전용(차량 제한높이 2.1m 이하) 구역임
※ 예약주차장은 입차 전 사전 예약이 필수이고, 실제 입출차 시간을 기준으로 요금이 부과되며, 높이 2.8m 이상의 대형차량은 이용 불가

○ 차량 구분 기준

구분	소형	대형
승용차	전 차종	—
버스	15인 이하	16인 이상
화물차	최대 적재량 1톤 이하	최대 적재량 1톤 초과

○ 주차요금 정산 방법

사전 무인 요금정산기 이용	1. 주차장 내 설치된 사전 무인 요금정산기에 차량 번호 검색 2. 기기에 표시된 금액 지불 후 영수증 수령(선·후불카드, 신용카드, 교통카드 이용 가능) 3. 유·무인 출구를 이용하여 별도 절차 없이 출차
모바일앱 이용	1. 모바일앱 다운 2. 요금결제 탭에서 차량번호 입력 3. 차량 선택 후 요금 결제 4. 유·무인 출구를 이용하여 별도 절차 없이 출차
유인 부스 이용	1. 유인 부스로 이동 2. 유인 출구로 진입한 뒤 요금 지불 후 출차(현금, 선·후불카드, 신용카드, 교통카드, 하이패스 카드 이용 가능)
무인 부스 이용	1. 무인 부스로 이동 2. 출구 무인정산기에 표시된 요금 지불 후 출차(선·후불카드, 신용카드, 교통카드, 하이패스 카드 이용 가능)

○ 요금감면

구분	필요서류	감면율
경차	–	50%
국가유공자	현장감면 시 식별표지 및 복지카드 필요하며, 본인 탑승 필수	50%
장애인	현장감면 시 식별표지 및 복지카드 필요하며, 본인 탑승 필수	50%
다자녀가구	차량 등록증, 주민등록등본(단, 현장감면 시 다자녀카드, 신분증을 지참해야 함)	50%
저공해 자동차	–	1종, 2종: 50% 3종: 20%

※ 감면대상자가 서류 미비 등으로 일반요금으로 정산한 경우 30일 이내(주말 및 공휴일 포함)에 관련 서류를 사후(감면)환불 시스템에 업로드한 경우 감면금액 환불 처리 가능

18 위 자료에 따를 때 공항 주차요금에 관한 내용으로 옳지 않은 것은?

① 모바일앱을 제외하고 현금을 이용하여 결제할 수 있는 수단은 1가지이다.
② 최대 적재량이 900kg인 자동차가 화물터미널 주차장 1일 이용 시 지불해야 하는 요금은 12,000원이다.
③ 높이가 3m인 차량은 예약주차장에 주차할 수 없다.
④ 국가유공자가 주차요금 현장감면을 받기 위해서는 본인이 탑승해야 한다.
⑤ 무인 부스 이용 시 출구에 있는 무인정산기를 통하여 지불한 뒤 출차한다.

19 다음 [상황]의 A가 지불해야 하는 주차요금은 얼마인가?

[상황]

A는 공항 주차장을 이용하기 위하여 예약주차장 이용 예약을 하였다. A는 예약 시 6월 15일 오전 6시 입차, 6월 19일 오후 11시 출차로 설정하였으나, 실제로 A는 6월 15일 오전 5시에 입차하였고 6월 20일 오전 12시 45분에 출차하였다.

① 43,000원   ② 44,000원   ③ 45,000원   ④ 46,000원   ⑤ 47,000원

20 다음 [상황]의 B가 환불받을 수 있는 요금은 얼마인가?

[상황]

B의 가구는 다자녀가구로 16인승 버스를 이용하여 장기주차장에 6월 11일 오전 8시에 입차하여 6월 13일 오전 3시 30분에 출차하였다. B는 필요서류 미비로 인하여 일반요금으로 정산하였고, 6월 15일에 사후(감면)환불 시스템에 서류를 업로드하였다.

① 15,400원   ② 15,900원   ③ 16,200원   ④ 16,700원   ⑤ 17,200원

[21~22] 다음은 장난감 택배 서비스에 관한 자료이다. 이를 읽고 물음에 답하시오.

장난감 택배 서비스: 업체 방문이 어려운 회원을 위하여 직접 방문하지 않고 장난감을 대여하고 반납할 수 있는 서비스

1. 이용 대상: 거주지가 K구인 K업체 이용회원
2. 대여 수량
   - 준회원: 장난감 2점
   - 정회원: 장난감 3점
3. 대여 기간
   - 준회원: 기존 대여일 10일＋10일(1회 자동 연장)
   - 정회원: 기존 대여일 14일＋10일(1회 자동 연장)
   ※ 대여 기간은 장난감을 수령한 날부터 시작되며, 대여 기간 내 반납 택배 접수 또는 방문 반납해야 함
4. 택배비용
   - 포장 상자의 크기, 무게에 따라 택배비용이 상이(일부 장난감 택배 서비스 대여 불가)
   - 일반 가정: 택배비용 이용자 부담(대여 착불, 반납 선불)
   - 혜택 가정: 무료 이용(증빙서류 제출 필수)

구분	증빙서류
장애인	보호자 신분증, 주민등록표등본, 장애인증명서 또는 장애인복지카드
기초생활수급자	보호자 신분증, 주민등록표등본, 기초생활수급자증명서
한부모가족	보호자 신분증, 주민등록표등본, 한부모가족증명서
다문화가족	보호자 신분증, 주민등록표등본, 가족관계증명서
임신부	보호자 신분증, 주민등록표등본, 산모수첩 또는 임신확인서
다둥이가정(두 자녀 이상)	보호자 신분증, 주민등록표등본, 다둥이행복카드

5. 이용방법
   - K업체 홈페이지에서 택배 서비스 신청
   - 화~토요일 09:00~16:00까지 신청
   - 신청 후 익일 택배 접수(단, 금요일, 토요일 신청 건은 익주 화요일에 택배 접수함)
   - 택배 발송 후 취소 불가
   - 대여 장난감은 택배 또는 직접 방문 반납 가능
   ※ 이전 대여한 장난감 반납 전에 다른 장난감을 예약한 경우, 업체에서 이전 대여 장난감을 수령한 날에 다음 예약한 장난감 택배 접수함
   ※ 수령한 장난감 상태 확인 후 이상 발견 즉시 K업체로 연락해야 함(수령 익일 18시까지)
   ※ 대여 기간 내 반납 택배 미접수 시 연체 발생 상황과 동일하게 처리
6. 연체
   - 연체일수만큼 연체료 부과
     ※ 회원명 또는 회원번호로 입금
   - 연체 5일 이상 시 연체료 부과 및 연체일수만큼 일반·택배 서비스 대여 불가

7. 대여 물품 파손 및 분실
  - 택배 서비스 이용 중 파손 및 분실 발생 시 이용회원의 책임으로 동일한 장난감 구비 후 반납
    ※ 장난감 대여 시 연체 총 일자가 1점당 30일 이상 또는 파손 및 분실이 3회 이상인 경우에는 정회원은 준회원으로 자격 전환, 준회원은 2개월간 대여 중지
  - 물품 배송 중 파손 및 분실 발생 시 택배업체 협의 후 손해배상 청구(단, 반납 포장 미흡으로 인한 파손 시에는 이용회원에게 책임 부과)

21 위 자료에 따를 때 장난감 택배 서비스에 관한 설명으로 옳은 것은?

① 택배 서비스 이용 후 직접 방문 반납이 불가능하다.
② 일반 가정의 경우 택배 서비스 이용 시 왕복 택배비를 지불해야 한다.
③ 택배 서비스로 모든 장난감을 대여할 수 있다.
④ 연체한 경우 연체일수만큼 연체료를 지불해야 하며, 카드 납부 가능하다.
⑤ 물품 반납 시 장난감이 파손된 경우 무조건 택배업체에 손해배상을 청구한다.

22 위 자료에 따를 때 [상황]의 J가 대여한 B장난감을 수령하는 날은?

[3월, 4월 달력]

일	월	화	수	목	금	토
3/19	20	21	22	23	24	25
26	27	28	29	30	31	4/1
2	3	4	5	6	7	8
9	10	11	12	13	14	15
16	17	18	19	20	21	22

[상황]

J는 K업체 정회원이었으나, 2월에 대여한 장난감을 파손하여 현재까지 총 3회 파손하였다. J는 3월 21일에 A장난감을 택배 서비스로 대여 신청하였고, 대여 기간 마지막 날에 반납 택배를 접수하였다. J는 A장난감 반납 택배 접수 3일 전 B장난감을 택배 서비스로 대여 신청하였다.
※ 택배 접수 후 익일 배송되며, 토요일에 택배 접수한 경우 익주 월요일에 배송됨

① 4월 11일   ② 4월 12일   ③ 4월 13일   ④ 4월 14일   ⑤ 4월 15일

[23~25] 다음은 K마트 회원 등급에 관한 자료이다. 이를 읽고 물음에 답하시오.

○ K마트 회원 등급 산정기준

※ 등급별 결제금액은 전월 기준이며, 매월 1일에 등급 산정함

○ 회원 등급별 혜택

구분	혜택
MVG	• 10,000원 쿠폰 1장(6만 원 이상 구매 시), 8,000원 쿠폰 1장(5만 원 이상 구매 시), 6,000원 쿠폰 1장(4만 원 이상 구매 시) 증정 • 이용 금액의 0.6% 포인트 적립
VIP	• 9,000원 쿠폰 1장(6만 원 이상 구매 시), 7,000원 쿠폰 1장(5만 원 이상 구매 시), 5,000원 쿠폰 1장(4만 원 이상 구매 시) 증정 • 이용 금액의 0.5% 포인트 적립
GOLD	• 8,000원 쿠폰 1장(6만 원 이상 구매 시), 6,000원 쿠폰 1장(5만 원 이상 구매 시), 4,000원 쿠폰 1장(4만 원 이상 구매 시) 증정 • 이용 금액의 0.3% 포인트 적립
SILVER	• 6,000원 쿠폰 1장(5만 원 이상 구매 시), 5,000원 쿠폰 1장(5만 원 이상 구매 시), 4,000원 쿠폰 1장(3만 원 이상 구매 시) 증정 • 이용 금액의 0.1% 포인트 적립
ACE	• 5,000원 쿠폰 1장(5만 원 이상 구매 시), 4,000원 쿠폰 1장(4만 원 이상 구매 시), 3,000원 쿠폰 1장(3만 원 이상 구매 시) 증정 • 이용 금액의 0.1% 포인트 적립

※ 회원 등급은 전월 온/오프라인 매장의 통합 결제금액 기준으로 1개월 동안 등급 유지됨
※ 온라인 매장의 구매로만 등급 산정을 하는 경우 개인정보 제공에 동의한 회원에 한하여 등급 산정
※ 결제금액은 직전 월에 온/오프라인 매장에서 결제 후 배송이 완료된 건에 한하여 산정되며, 취소 및 반품 금액 제외, 쿠폰 사용 금액, 포인트 사용 금액은 제외함
※ 회원 등급 산정 시 오프라인 매장에서 구매한 상품권, 주류, 쓰레기봉투의 구매실적은 제외
※ 구매 건당 1매의 쿠폰 사용 가능하며, 쿠폰 사용 금액을 제외한 금액에 한하여 포인트 적립

23 위 자료에 따를 때 K마트 회원 등급에 관한 내용으로 옳지 않은 것은?

① ACE 등급과 SILVER 등급은 포인트 적립 비율이 동일하다.
② K마트 회원 등급은 매월 1일에 산정한다.
③ GOLD 등급의 경우 제품 금액이 5만 원인 제품을 구매 시 사용할 수 있는 쿠폰은 2장이다.
④ 오프라인에서 구매한 상품권의 구매실적은 다음 달의 회원 등급 산정 시 제외된다.
⑤ 오프라인 매장의 구매실적이 없으며, 개인정보 제공에 동의하지 않은 고객의 직전 월 온라인 매장의 구매실적이 5만 원인 경우 회원 등급은 SILVER 등급이다.

24 위 자료와 [O의 6월 구매내역]을 고려할 때, 7월에 O의 회원 등급은?

[O의 6월 구매내역]

일자	구매 매장	구매금액	비고
6월 1일	오프라인	4만 원	주류 4만 원
6월 3일	온라인	5만 원	5,000원 쿠폰 사용, 6월 5일 배송 완료
6월 9일	온라인	3만 원	반품
6월 12일	오프라인	7만 원	─
6월 20일	오프라인	6만 원	주류 2만 원
6월 30일	온라인	7만 원	4,000원 쿠폰 사용, 7월 2일 배송 예정

※ O는 개인정보 제공에 동의를 한 회원임

① ACE ② SILVER ③ GOLD
④ VIP ⑤ MVG

25 다음 [상황]의 J가 지불해야 하는 최소 금액은?

[상황]

J는 신규 회원으로 6월 J의 회원 등급은 ACE였으며, 7월 1일 현재까지 상품권, 주류, 쓰레기봉투를 구매한 이력이 없다. J는 6월에 온라인 매장의 주문이 총 3회 있으며 10만 원, 9만 원, 7만 원의 제품을 구매하였고, 매 주문마다 지급받은 쿠폰을 사용하였다. J는 7월 1일에 온라인 매장을 이용하여 총 7만 원의 제품을 구매하려고 한다.

① 58,654원 ② 59,752원 ③ 61,841원
④ 63,102원 ⑤ 65,464원

MEMO

나만의 성장 엔진, 혼JOB | www.honjob.co.kr

MEMO

나만의 성장 엔진, 혼JOB | www.honjob.co.kr

훈JOB 코레일 한국철도공사 NCS 직업기초능력 봉투모의고사 OMR 답안지

나만의 성장 엔진
www.honjob.co.kr

자소서 / NCS·PSAT / 금융논술 / 전공필기 / 금융자격증 / 시사상식 / 면접

NCS 실전모의고사
4회

[직업기초능력평가(NCS)]

나만의 성장 엔진, 혼JOB | www.honjob.co.kr

최신판

혼JOB 코레일 한국철도공사 NCS 직업기초능력 봉투모의고사

NCS 실전모의고사 4회
직업기초능력평가(NCS)

수험번호	
성명	

[시험 유의사항]

1. NCS 실전모의고사는 다음과 같이 정해진 시험 시간에 맞추어 풀어 보시기를 권장합니다.

과목	세부 영역	문항 수	시험 형식	권장 풀이 시간
직업기초능력평가 (NCS)	의사소통능력 수리능력 문제해결능력	25문항	객관식 5지선다	30분

2. 본 모의고사 풀이 시 맨 마지막 페이지의 OMR 카드를 활용하시어 실전 감각을 높이시기 바랍니다.

3. 시험지의 전 문항은 무단 전재 및 배포를 금합니다. 이를 위반할 경우 관련 규정에 따라 처벌을 받을 수 있습니다.

NCS 실전모의고사 4회

[01~02] 다음 글을 읽고 이어지는 물음에 답하시오.

　오늘날은 누구든지 인터넷 검색을 통해 원하는 정보를 손쉽게 얻을 수 있다. 그러나 이러한 정보를 삭제할 수 있는 권한은 특정 기업에 있기 때문에 개인이 자신과 관련된 정보를 삭제·폐기하는 데는 많은 시간과 노력이 소요된다. '잊힐 권리'는 바로 이러한 인터넷 환경에서 나온 개념이다. 잊힐 권리란 인터넷에서 생성·저장·유통되는 개인 정보에 대해 유통 기한을 정하거나 이의 수정, 삭제, 영구적인 폐기를 요청할 수 있는 권리를 말한다.

　이러한 잊힐 권리의 법제화에 대해 찬성과 반대 의견이 대립하고 있다. 찬성 측은 무엇보다 개인의 인권 보호를 위해 잊힐 권리를 법제화해야 한다고 주장한다. 인쇄 매체 시대에는 시간이 지나면 기사가 사람들의 기억 속에서 점차 잊혔기 때문에 그로 인한 피해가 한시적이었다. 반면 인터넷 시대에 한 번 보도된 기사는 언제든지 다시 찾을 수 있기 때문에 기사와 관련된 사람이 소위 '신상 털기'로 인한 피해를 지속적으로 입을 수 있다. 또한 인터넷 환경에서는 개인에 대한 정보를 쉽게 검색할 수 있어서 한 개인의 신원을 종합적으로 파악하는 이른바 '프로파일링'도 가능해졌다. 이러한 행위들이 무차별적으로 이루어진다면 당사자는 매우 큰 정신적·물질적 피해를 입을 수 있기 때문에 이를 방지할 수 있는 강제적인 규제가 필요하다는 것이다.

　반면 또 다른 권리의 측면에서 법제화를 반대하는 입장도 있다. 잊힐 권리가 법제화되면 언론사는 삭제나 폐기를 요구받을 만한 민감한 기사를 보도하는 데 조심스러워질 수밖에 없어 표현의 자유가 제한될 수 있다. 그리고 기사나 자료가 과도하게 삭제될 경우 정부나 기업, 특정인과 관련된 정보에 대한 국민의 알 권리가 침해될 수 있다. 또한 반대 측은 현실적인 측면에서도 문제가 있다고 본다. 인터넷에 광범위하게 퍼져 있는 개인의 정보를 찾아 지우는 것은 기술적으로 대단히 어렵다. 게다가 잊힐 권리를 현실에 적용할 때 투입되는 비용 문제 역시 기업에는 큰 부담이 될 수 있다.

　인터넷 환경에 둘러싸인 현대인에게 잊힐 권리는 중요한 문제라고 볼 수 있다. 잊힐 권리가 악용되는 일이 없기 위해서는 아직도 세부적으로 고려하고 논의해야 할 사항이 많다. 앞으로 잊힐 권리를 둘러싼 문제들이 어떻게 해결되어 나가는지 계속 관심을 갖고 지켜볼 필요가 있다.

01 위 글을 통해 알 수 있는 '잊힐 권리' 법제화 반대의 근거가 아닌 것은?

① 검열의 수단이 되어 언론의 자유가 제한될 수 있다.
② 개인의 사생활이나 자기 결정권이 침해받을 수 있다.
③ 정보 삭제에 필요한 기술과 비용 등 현실적인 측면에 문제가 있다.
④ 부와 권력이 있는 자들의 이익에 따라 정보가 삭제될 소지가 있다.
⑤ 학술 연구나 정치 활동 등 공적(公的) 정보에 대한 국민의 알 권리가 침해될 수 있다.

02 위 글을 통해 답을 얻을 수 있는 질문은?

① 인터넷에서 정보를 삭제할 수 있는 권한은 누구에게 있는가?
② '신상 털기'나 '프로파일링'으로 인한 피해 사례는 무엇이 있는가?
③ 인터넷에 퍼져 있는 개인의 정보를 찾아 지우는 기술은 무엇인가?
④ 잊힐 권리가 악용되는 일이 없도록 세부적으로 고려할 사항은 무엇인가?
⑤ 인터넷에서 생성·저장되는 개인 정보의 적정한 유통 기한은 얼마인가?

[03~04] 다음 글을 읽고 이어지는 물음에 답하시오.

　1910년을 전후하여 독일을 중심으로 전개된 미술 사조인 '표현주의'는 내면에 잠재된 강렬한 감정과 욕구를 소재로 하여 이를 자유롭게 표현하고자 했던 미술 운동이자, 회화에 사회의식을 반영한 사조로 평가받는다. 19세기 후반 당시의 독일 사회는 전쟁의 후유증과 급속한 산업화로 인해 매우 혼란스러운 상황이었다. 표현주의자들은 사회의 모순에 대한 비판적 인식을 바탕으로 초라한 인간상을 예리하게 포착하여 불안과 공포, 기쁨과 슬픔 등 자신이 느낀 것을 미화하지 않고 그대로 화폭에 담아내고자 했다.
　기존의 회화가 외적 세계의 모방에 초점을 두었다면, 표현주의는 눈에 보이지 않는 내면의 감정 표현을 중요하게 생각하였다. 표현주의자들은 외적 세계에 대한 내면의 감정을 표현하기 위해 형태를 단순화하고 색채의 수를 최소한으로 사용하였다. 동일한 대상이라도 사람의 감정 상태에 따라 대상이 다르게 보이므로, 당시의 내면 상태를 강렬하게 표현하기 위해 대상의 형태를 과장하거나 왜곡하여 표현하였다. 그리고 즉흥적인 느낌을 주는 듯한 거친 붓놀림과 선에 의해 단순화된 형태, 그리고 과장된 색채를 선호하였다. 특히 표현주의자들은 판화를 많이 제작하였다. 작가들은 판화에서는 과장된 색채 대신 흑백 대조를 활용하여 극적인 효과를 얻으려 했고, 거칠고 날카로운 선들을 이용하여 당시의 부정적인 사회 상황을 드러내려 하였다.
　당대인들은 표현주의를 어떻게 받아들였을까? 이를 짐작하게 하는 이야기가 있다. 표현주의의 대표작인 뭉크의 「절규」가 베를린 전시장에 걸리자 많은 관람객들이 작품에 대해 비난을 하였고, 결국 이 전시장은 폐쇄되기도 하였다. 전통적인 감상 방식에 얽매여 있었던 당대 사람들은 표현주의의 어둡고 무거운 주제와 일그러진 형태, 자연스럽지 못한 색감에서 불편함을 느낀 것이다. 표현주의는 감정과 이념을 표현하는 것을 주목적으로 삼았기 때문에 입체적 구도의 균형이 주는 조형적인 아름다움보다는 작가의 내면세계에 대한 메시지의 전달을 더욱 중시하였다. 따라서 표현주의 작품을 감상할 때에는 과장되거나 왜곡되어 나타나는 형태와 색채를 통해서 현실 세계를 바라보는 작가의 감각과 감정 상태를 읽어 내는 것이 중요하다.
　표현주의는 전후의 혼란 속에서도 독일을 중심으로 지속되었으나 나치 정권으로부터 퇴폐 예술로 규정되어 탄압을 받으면서 그 자취를 감추게 된다. 하지만 표현주의는 눈에 보이는 바깥 세계의 묘사에 갇혀 있었던 예술적 안목을 눈에 보이지 않는 내면세계의 표현 영역으로 확장함으로써 현대 회화의 물꼬를 텄다는 평가를 받고 있다. 현대 회화에서 작품의 재현적 가치보다 ㉠ 개성적 가치가 중요한 미학적 개념으로 자리잡게 된 것은 예술적 창의성과 다양성을 시도했던 표현주의의 실험 정신이 남겨 놓은 흔적이라고 할 수 있다.

03 위 글을 통해 확인할 수 있는 질문이 아닌 것은?

① 표현주의 미술의 주된 소재는 무엇인가?
② 표현주의 미술이 탄압을 받은 이유는 무엇인가?
③ 표현주의 미술에 영향을 준 미술 사조는 무엇인가?
④ 표현주의 미술이 발생하게 된 시대적 배경은 무엇인가?
⑤ 표현주의 미술 작품을 감상할 때 고려할 점은 무엇인가?

04 문맥을 통해 미루어 볼 때, 위 글의 밑줄 친 ㉠의 의미로 가장 적절한 것은?

① 객관적 시각으로 관찰한 대상을 섬세하게 묘사하는 것이 중요하다.
② 대상을 바라보며 느낀 점을 자신만의 방식으로 표현하는 것이 중요하다.
③ 대상의 고유한 비례와 균형을 찾아서 아름다움을 구현하는 것이 중요하다.
④ 결함을 보완해서라도 대상을 가장 이상적인 모습으로 구현하는 것이 중요하다.
⑤ 다양한 각도에서 포착한 대상의 모습을 한 작품 안에 형상화하는 것이 중요하다.

05 다음 글의 각 문단의 중심 내용으로 적절하지 않은 것은?

(가) 안타깝게도, 경제 활동에서 어떤 분야들이 다른 분야들보다 내재적으로 중요하다거나 덜 중요하다고 여기는 '구조 속물주의(structure snobbery)'는 아주 널리 퍼진 '신화'로 결코 우리 사회에만 국한된 것은 아니다. 또한, 제조업이 다른 산업들보다 중요하다는 주장이 하나의 모습으로 나타나는 것도 아니다.

(나) 제조업에 관한 구조 속물주의는 우선 제조업이 모든 다른 경제 활동들의 바탕 또는 기지가 된다는 주장으로 나타난다. 이 오래되고 좀처럼 사라지지 않는 주장에 효과적으로 대처하는 데는 아마도 이와 비슷한 주장이, 용역업이 그리 두드러지지 않았고 제조업의 위기와 같은 말이 아직 생기지 않았던 19세기에도 있었다는 사실을 지적하는 것일 테다. 그때 모든 다른 경제 활동들의 바탕으로 여겨진 것은 농업이었고 걱정의 대상은 농업 부문의 쇠퇴와 공업(제조업) 부문의 팽창이었다. 그래서 당시의 구조 속물주의자들은 "사람은 기계를 먹고 살 수 없다."라고 외쳤다.

(다) 두 번째 모습은 용역업의 생산성이 제조업보다 낮으므로, 용역 부문이 커지면 경제가 빠르게 성장할 수 없다는 주장이다. 용역업의 생산성이 제조업의 그것보다 낮은 것은 사실이다. 그러나 그런 현상의 원인은 용역업의 성격이 아니고 용역업에 대한 정부의 규제가 크기 때문이다. 규제 철폐(deregulation)와 민영화의 효과가 제조업보다 용역업에서 크다는 사실은 눈여겨볼 만하다.

(라) 세 번째 모습은 용역이 상품보다 국제 무역의 여지가 적다는 주장이다. 그러나 지식 산업의 번창은 이 주장의 무게를 빠르게 줄이고 있다. 지난 10년 동안 미국의 수출에서 용역이 차지하는 몫은 20%에서 30%로 늘었다. 통신이 발달하면, 국제 무역에서 용역의 비중은 늘어나게 마련이다. 물건 전체를 실어 나르는 것보다는 그것을 만드는 지식과 기술을 보내서 현지에서 만드는 것이 경제적이기 때문이다. 이미 신문이나 잡지와 같은 품목에선 그런 관행이 자리잡았다. 은하 제국에서 무역의 대상은 오로지 지식이라고 오래전에 과학 소설가들이 한 얘기는 이 점과 관련하여 음미할 만하다.

(마) 요즈음 우리 사회에서는 어떤 일본 사람이 했다는 "제조업은 영원하다."라는 말이 제조업의 중요성을 얘기하는 자리에서 으레 나온다. 그러나 잠깐만 생각해 보면, "용역업은 영원하다."라는 말도 그것과 똑같은 타당성을 가졌음을 우리는 깨닫게 된다. 이 말이 믿어지지 않는 사람들은 암표들이 나도는 야구장을 찾거나 외국의 이름난 가수들의 노래를 들으려는 사람들로 꽉 찬 공연장을 찾으면 된다. 영원한 것은 제조업도 용역업도 아니다. 영원하다는 말이 붙어야 할 것이 있다면, 그것은 사람들의 욕망과 그것을 채워 줄 재화들의 효용이다.

① (가) 어떤 산업을 다른 산업보다 중요하게 생각하는 구조 속물주의는 여러 가지 모습으로 나타난다.
② (나) 제조업에 관한 구조 속물주의의 핵심은 제조업이 모든 경제 활동의 바탕이라는 주장에 있다.
③ (다) 생산성 면에서 제조업이 용역업보다 더 우수하다는 주장도 일리가 있으나 용역업은 정부 규제의 영향을 크게 받는다.
④ (라) 최근 지식 산업의 번창을 보면, 제조업이 용역 산업보다 국제 무역에 더 유리하다는 주장도 별 타당성이 없다.
⑤ (마) 욕망과 재화의 효용에 대한 통찰에 바탕을 둔다면, 제조업도 용역업도 영원하다고 말할 수 없다.

[06~07] 다음 글을 읽고 이어지는 물음에 답하시오.

　인간이 태어나서 사망하기까지 일련의 주기가 있듯이, 시장에 도입된 제품도 일정한 기간이 지나면 점차 시장에서 쇠퇴하여 그 모습을 감추게 된다. 이를 '제품수명주기'라고 하며 일반적으로 네 단계로 구분된다.

　도입기는 개발 과정을 거친 신제품이 시장에 출시되면서 시작되는 시기로 제품에 대한 수요자의 인지도가 낮아서 매출은 느리게 성장한다. 기업으로서는 이익이 거의 없거나 오히려 손실이 날 수도 있는데, 판매 이익보다 생산원가와 유통비가 높고, 판매 촉진 비용이 많이 들기 때문이다. 그러므로 신제품의 매출과 이익을 더 이상 늘리지 못하면 신제품은 시장성을 획득하지 못하게 된다. 따라서 이 시기의 기업은 잠재 고객을 위한 판매 촉진 행사를 늘리고, 특정 고객을 대상으로 제품 가격을 높게 설정하는 전략으로 이익을 높이려고 한다.

　성장기는 제품에 대한 인지도가 높아지면서 기존 고객뿐만 아니라 신규 고객의 구매로 매출이 급증하여 이익이 최고 수준에 이르는 시기이다. 구매가 늘어나게 되면 시장 규모가 확대되어 판매 촉진 비용이 낮아지게 된다. 또한 구매가 늘면 이는 대량 생산으로 이어져 제조 단가도 떨어지게 된다. 그러나 이익기회에 매료된 새로운 경쟁자가 나타나면서 이익에 대한 경쟁이 뜨거워진다. 따라서 기업은 제품의 품질 개선, 새로운 모델 개발, 매출 확대를 위한 가격 인하 등을 통해 이익을 더 높이고자 한다. 또한 장기적인 시장을 확보하기 위해 유통망도 보충하게 된다. 그렇지만 이러한 기업 간의 경쟁이 지나치게 되면 매출과 이익이 둔화되기 시작하는 성장 후기로 접어들게 되고, 기업은 이때를 신제품 개발의 출발점으로 삼아야 한다.

　성숙기에는 대부분의 고객들이 제품을 구매했기 때문에 신규 수요가 더 이상 없고 주로 대체 수요나 반복 수요만 이루어져, 전 단계에 비해 이익이 점차 감소하게 된다. 기업의 입장에서는 이익을 높이려고 하지만 경쟁사의 제품도 다양해져서 차별화된 제품의 생산도 어려워지게 된다. 따라서 다양한 서비스의 추가나 디자인 개선 등의 심리적 차별화를 강조하는 전략을 세워야 한다.

　쇠퇴기에는 제품이 시장성을 잃어 감에 따라 매출과 이익이 급속하게 감소하여 최악의 경우에는 적자가 나기도 한다. 그래서 이 시기의 기업들 중에는 다른 분야에 투자하기 위해 수익성이 떨어지는 제품을 낮은 가격에 팔아 시장에서 완전히 철수해 버리는 기업도 있고, 제품에 대한 강한 구매욕을 가진 고객이 남아 있으면 그 종류를 단순화하여 이익을 유지하려는 기업도 있다.

　일반적으로 한 기업이 이 흐름을 지속적으로 주도하려면 성장 전후기의 분기점에서 새로운 동력을 만들어야 한다. 이 기간이 바로 기업을 퇴보에서 벗어나게 해 주는 과정인 셈이다.

06 [그림]은 같은 시장에서 경쟁하는 정수기 회사 갑과 을의 시간에 따른 이익을 보여 주고 있다. 위 글을 바탕으로 [그림]을 설명한 것으로 적절하지 않은 것은?

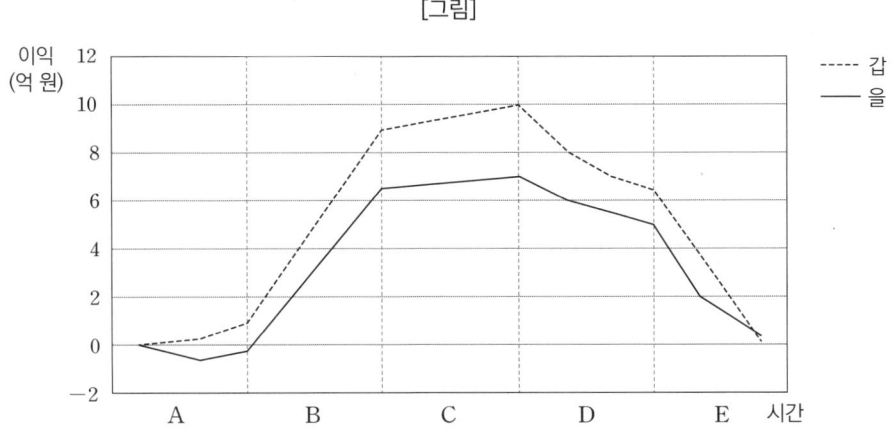

① A구간에서 갑은 생산 원가 등의 비용보다 판매 이익이 컸고, 을은 그렇지 않았다.
② B구간은 A구간에 비해 생산 원가와 판매 촉진 비용이 낮아지고, 갑과 을은 B구간에서 할인 정책을 통해 이익 증대를 꾀할 수 있다.
③ C구간에서 갑과 을은 모두 신제품 개발에 투자해야 한다.
④ D구간에서 갑은 기존 고객을 계속 유치하기 위해 관리 서비스를 도입했고, 을은 모든 제품들을 가장 인기 있는 색상으로만 생산하기로 했다면 해당 주기에 적합한 전략이 된다.
⑤ 갑이 중저가 보급형 제품 라인 디자인만 생산하고, 을이 고가의 프리미엄 제품 라인만 생산하기로 했다면 해당 제품은 시장성을 잃은 상태로 볼 수 있다.

07 [보기]는 화장품 회사가 제품을 판매하기 위한 전략이다. 위 글에 따를 때 [보기]에 대한 반응으로 적절하지 않은 것은?

| 보기 |
ㄱ. 생산량을 대폭 늘려 생산 효율을 높인다.
ㄴ. SNS에 체험단을 모집하고 제품 후기 이벤트를 한다.
ㄷ. 유명 디자이너와 콜라보하여 제품의 외형을 바꿔 생산한다.
ㄹ. 오프라인 매장을 확대하고 온라인 쇼핑몰 판매와 방문 판매 서비스를 도입한다.
ㅁ. 수익성이 떨어지는 제품의 추가 생산을 중단하고 기존에 생산된 제품들을 기간 한정 1+1 또는 30% 할인 행사를 한다.

① ㄱ은 고객이 충분히 확보되었을 때 이익을 높이기 위한 방안이겠군.
② ㄴ은 잠재 고객을 신규 고객으로 전환시키려는 방안이겠군.
③ ㄷ은 제품수명주기 중 성숙기에 심리적 차별화를 강조하기 위한 방안이겠군.
④ ㄹ은 제품이 성장세일 때 단기간에 수익을 극대화하기 위한 방안이겠군.
⑤ ㅁ은 수익성이 낮은 제품을 정리해 투자금을 마련하기 위한 방안이겠군.

[08~09] 다음 글을 읽고 이어지는 물음에 답하시오.

패러다임이란 한 시대 사람들의 견해나 사고를 지배하고 있는 이론적 틀이나 개념의 집합체를 뜻하는 말로 과학철학자인 토머스 쿤이 새롭게 제시하여 널리 쓰이는 개념이다. 쿤은 패러다임 속에서 진행되는 연구 활동을 정상 과학이라고 하였으며, 기존의 패러다임에서는 예상하지 못했던 현상을 변칙 사례라고 하였다. 쿤은 정상 과학이 변칙 사례를 설명해 내기도 하나 중요한 변칙 사례가 미해결 상태로 남으면 새로운 패러다임으로의 급격한 대체 과정, 즉 과학혁명이 일어난다고 보았으며, 과학적 진보는 (㉠)인 것이 아니라 혁명적인 것이라고 주장하였다.

쿤은 정상 과학의 시기에는 패러다임이라는 인식의 틀 안에서 퍼즐을 맞추는 활동을 수행하는 것일 뿐 새로운 과학 지식을 만들어내지 못한다고 하였으며, 더 나아가 하나의 이론 체계를 받아들인다는 것은 그것의 개념, 법칙, 가정을 포함한 패러다임 전체를 믿는 행위이므로 새로운 패러다임을 옛것과 비교하여 어떤 패러다임이 더 우월한 것인지 평가할 논리적 기준은 있을 수 없다고 보았다. 이러한 쿤의 과학혁명 가설은 과학의 발전을 새롭게 바라보는 통찰력 있는 관점으로서 많은 과학자들로 하여금 기존 패러다임으로 설명되지 않는 변칙 사례에 주목하게 하였고, 고정된 틀 속에서 문제를 해결하려 한 정상 과학을 반성적으로 바라볼 수 있게 하였다.

08 위 글을 이해한 내용으로 적절하지 않은 것은?

① 정상 과학의 시기에는 새로운 과학 지식을 만들어내지 못하므로 과학이 진보한다고 볼 수 없다.
② 과학혁명은 기존의 패러다임이 보다 더 우월한 패러다임으로 급격하게 교체되는 것을 의미한다.
③ 새로운 패러다임도 그것으로 설명할 수 없는 현상이 나타나게 되면 또 다른 패러다임으로 교체될 수 있다.
④ 정상 과학 상태에서 예상하지 못했던 변칙 사례가 등장하게 되면 기존 패러다임에 대한 불신이 나타나게 될 것이다.
⑤ 쿤의 과학혁명 가설은 기존의 이론적 틀 안에서만 문제를 해결하려는 태도를 반성적으로 바라볼 수 있게 하였다.

09 위 글의 맥락을 고려할 때, 빈칸 ㉠ 안에 들어갈 말로 가장 적절한 것은?

① 가변적(可變的) ② 상보적(相補的) ③ 누적적(累積的)
④ 비약적(飛躍的) ⑤ 필연적(必然的)

[10~11] 다음은 노동력 현황에 관한 자료이다. 이 자료를 읽고 물음에 답하시오.

[표 1] 전국 노동력 현황

(단위: 명)

구분	2021년 상반기	2021년 하반기	2022년 상반기	2022년 하반기
현원	16,572,616	16,827,175	16,998,689	17,280,505
구인인원	1,041,508	1,117,819	1,277,304	1,205,658
채용인원	939,512	983,265	1,105,116	1,020,553
미충원인원	101,996	134,554	172,188	185,105
부족인원	405,849	539,306	623,690	604,611
채용계획인원	421,006	583,357	632,305	618,642

[표 2] 서울 노동력 현황

(단위: 명)

구분	2021년 상반기	2021년 하반기	2022년 상반기	2022년 하반기
현원	4,224,351	4,274,556	4,331,525	4,407,750
구인인원	275,249	301,779	342,557	323,607
채용인원	247,683	261,171	298,279	275,779
미충원인원	27,566	40,608	44,278	47,828
부족인원	97,875	139,590	147,434	141,309
채용계획인원	100,382	142,980	149,769	143,843

※ 미충원률=(구인인원－채용인원)/구인인원×100
※ 부족률=부족인원/(부족인원＋현원)×100

10 위 자료에 대한 설명으로 옳지 않은 것은?

① 2022년 하반기에 전국의 노동자 현원은 직전 반기 대비 2% 이하 증가했다.
② 2021년 하반기~2022년 하반기 동안 서울의 구인인원이 직전 반기 대비 증가한 반기는 2개 반기이다.
③ 2021년 하반기에 서울의 부족인원은 채용계획인원의 95% 이하이다.
④ 2022년 상반기와 하반기에 서울의 미충원인원의 합은 9만 명 이상이다.
⑤ 2022년 상반기에 전국 상반기 채용인원 중 서울 비중은 25% 이상이다.

11 조사기간 중 서울의 미충원률이 가장 높은 반기의 전국의 부족률은 몇 %인가? (단, 미충원률과 부족률 계산 시 소수점 둘째 자리에서 반올림한다)

① 3.4%　　　　② 3.7%　　　　③ 3.9%
④ 4.1%　　　　⑤ 4.3%

[12~13] 다음은 2023년 하반기 입국목적별 입국자 수에 관한 자료이다. 이 자료를 읽고 물음에 답하시오.

[표 1] 입국목적별 전체 입국자 수

(단위: 명)

구분	7월	8월	9월	10월	11월	12월
계	263,986	310,945	337,638	476,097	459,906	539,273
관광	153,171	159,128	213,310	360,862	341,686	434,305
상용	8,265	7,900	8,528	9,314	9,855	6,920
공용	3,986	3,607	3,589	3,660	4,750	3,702
유학연수	10,235	44,854	21,701	3,924	6,313	9,988
기타	88,329	95,456	90,510	98,337	97,302	84,358

[표 2] 입국목적별 아시아계 입국자 수

(단위: 명)

구분	7월	8월	9월	10월	11월	12월
계	149,181	187,714	198,398	307,450	313,130	390,968
관광	75,746	85,241	111,510	232,227	235,921	327,115
상용	7,251	6,615	7,250	7,924	8,302	5,848
공용	1,040	967	1,547	1,816	2,164	1,121
유학연수	9,358	34,413	20,570	3,666	4,876	8,143
기타	55,786	60,478	57,521	61,817	61,867	48,741

12 위 자료에 대한 설명으로 옳은 것은?

① 12월에 전체 입국자의 9월 대비 증가율은 60% 이상이다.
② 8월에 전체 입국자 중 유학연수 목적 입국자의 비중은 아시아계 입국자 중 유학연수 목적 입국자의 비중보다 높다.
③ 8~12월 동안 아시아계 입국자의 전월 대비 증감 추이가 공용 목적과 동일한 입국 목적은 2개이다.
④ 조사기간 동안 관광 목적 전체 입국자가 가장 많은 월에 상용 목적 아시아계 입국자는 공용 목적 아시아계 입국자의 5배 이상이다.
⑤ 조사기간 동안 기타 목적 입국자를 제외한 전체 입국자가 가장 많은 목적은 상용으로 동일하다.

13 위 자료를 토대로 다음과 같은 [그림]을 만들었을 때, 옳지 않은 것은? (단, 계산 시 소수점 둘째 자리에서 반올림한다)

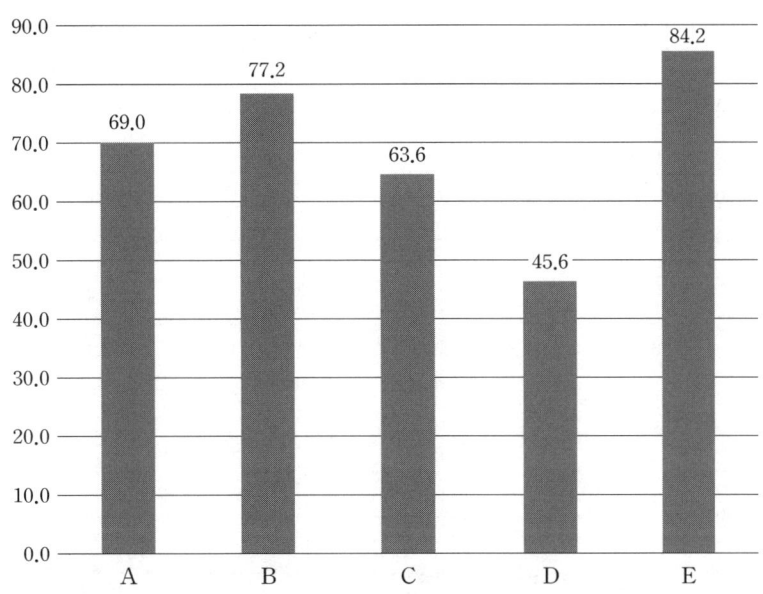

※ 11월 입국목적별 전체 입국자 수 중 아시아계 비중에 대한 [그림]임

① A는 관광이다.
② 9월에 C 목적 아시아계 입국자 수는 전월 대비 감소했다.
③ B는 유학연수이다.
④ 11월에 E 목적 전체 입국자 수의 전월 대비 증가율은 6% 이상이다.
⑤ D는 공용이다.

[14~15] 다음은 도로종류 및 차종별 일평균 통행량에 관한 자료이다. 이 자료를 읽고 물음에 답하시오.

[그림 1] 차종별 고속국도 일평균 통행량

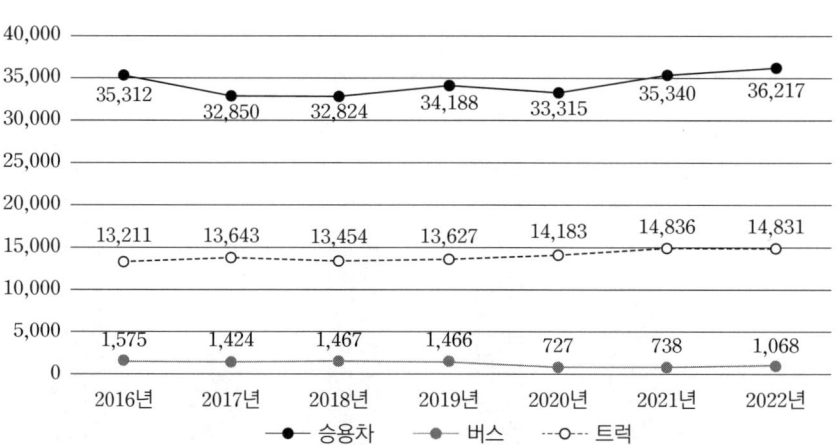

[그림 2] 차종별 일반국도 일평균 통행량

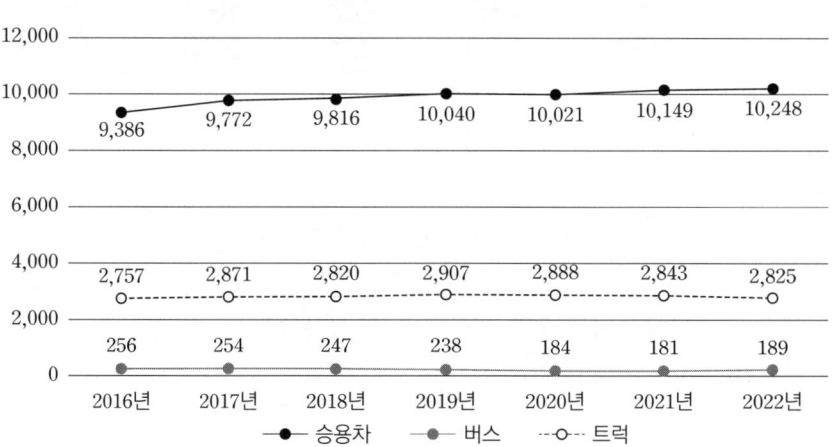

[그림 3] 차종별 지방도 일평균 통행량

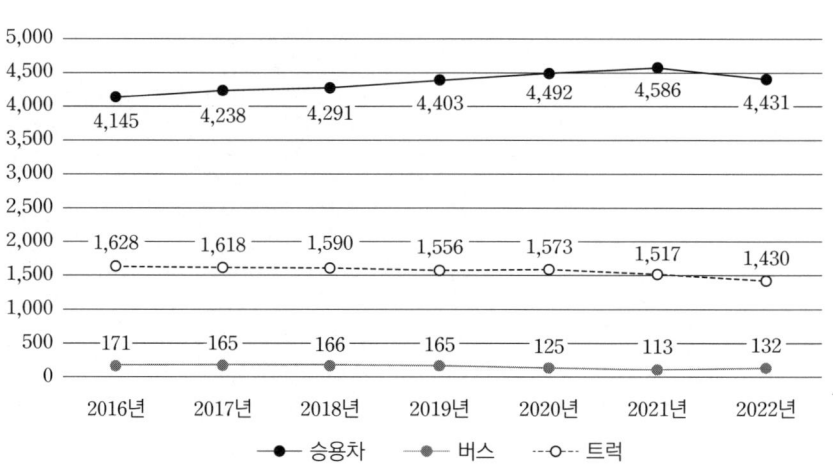

14 위 자료에 대한 설명으로 옳지 않은 것은?

① 2019년에 버스의 일반국도 총 통행량은 전년 대비 3,000대 이상 감소했다.
② 2017~2022년 동안 고속국도 일평균 통행량의 전년 대비 증감 추이가 버스와 동일한 차종은 없다.
③ 2017~2022년 중 세 차종 모두 지방도 일평균 통행량이 전년 대비 증가한 해는 없다.
④ 2016년에 고속국도 일평균 통행량 대비 지방도 일평균 통행량 비율이 가장 높은 차종은 버스이다.
⑤ 2021년에 승용차의 일반국도 일평균 통행량의 2017년 대비 증가율은 3% 이상이다.

15 위 자료를 토대로 다음과 같은 [그림]을 만들었을 때, 옳지 않은 것은?

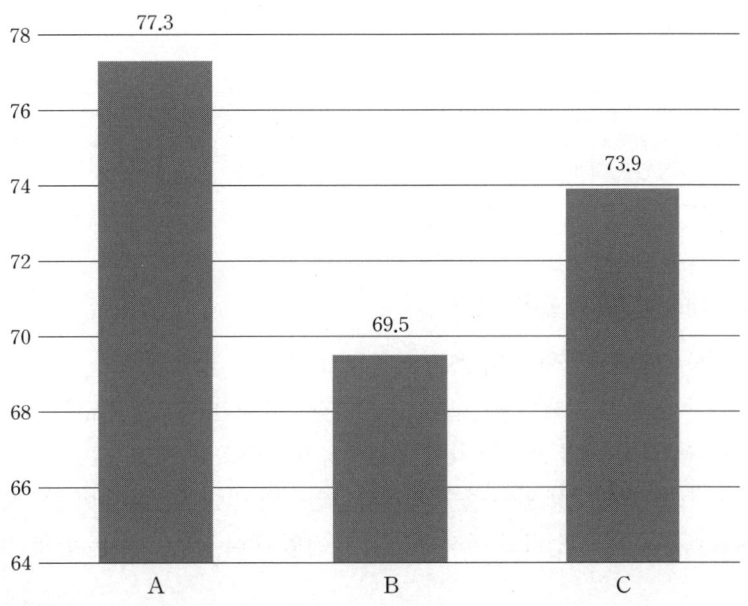

[그림]

(단위: %)

※ 2022년 일평균 통행량 중 승용차 비중을 나타낸 [그림]임

① A는 일반국도이다.
② B는 고속국도이다.
③ C는 지방도이다.
④ 2019년 C의 일평균 통행량 중 버스의 비중은 3% 미만이다.
⑤ 2017년에 트럭의 일평균 통행량의 A와 B의 차이는 10,783대이다.

[16~17] 다음은 2023년 상반기 남성과 여성 경제활동인구에 관한 자료이다. 이 자료를 읽고 물음에 답하시오.

[표 1] 2023년 상반기 여성 경제활동인구

(단위: 천 명)

구분	1월	2월	3월	4월	5월	6월
15세 이상 인구	22,952	22,960	22,966	22,973	22,981	22,987
경제활동인구	12,043	12,223	12,348	12,550	12,783	12,775
취업자	11,458	11,781	11,949	12,145	12,372	12,370
실업자	585	442	399	405	411	405
비경제활동인구	10,909	10,737	10,618	10,423	10,198	10,212

[표 2] 2023년 상반기 남성 경제활동인구

(단위: 천 명)

구분	1월	2월	3월	4월	5월	6월
15세 이상 인구	45,200	45,213	45,219	45,233	45,245	ⓜ
경제활동인구	( )	( )	28,627	28,942	29,374	( )
취업자	㉠	27,402	27,754	28,078	( )	28,478
실업자	1,143	954	㉢	864	889	888
비경제활동인구	17,104	㉡	16,592	16,291	15,871	15,882
고용률	59.6	60.6	61.4	62.1	㉣	62.9

※ 15세 이상 인구=경제활동인구+비경제활동인구
※ 경제활동인구=취업자+실업자
※ 고용률=취업자/15세 이상 인구×100
※ 실업률=실업자/경제활동인구×100

16 위 자료에 대한 설명으로 옳은 것은?

① 6월 여성 실업률은 1월 대비 2%p 이상 감소했다.
② 조사기간 중 여성 경제활동인구와 여성 비경제활동인구가 가장 많은 달은 동일하다.
③ 1월에 여성과 남성의 고용률 차이는 10%p 이하이다.
④ 5월에 남성 15세 이상 인구 중 비경제활동인구의 비중은 3월 대비 증가했다.
⑤ 2~6월 동안 여성 실업자와 여성 취업자의 전월 대비 증감 추이는 반대이다.

17 위 [표 2]의 ㉠~㉤에 들어갈 숫자로 옳지 않은 것은? (단, 고용률 계산 시 소수점 둘째 자리에서 반올림한다)

① ㉠: 26,955
② ㉡: 16,857
③ ㉢: 873
④ ㉣: 63.0
⑤ ㉤: 45,248

[18~20] 다음은 [KTX 특송 이용요금]에 관한 자료이다. 이를 읽고 물음에 답하시오.

[KTX 특송 이용요금]

○ 기본요금
  - 경부선

구분	요금
수도권(서울, 광명) ↔ 충청권(천안아산, 오송, 대전), 경북권1(동대구)	7,600원
수도권(서울, 광명) ↔ 경북권2(포항), 경남(부산)	8,600원
충청권(천안아산, 오송, 대전) ↔ 경북권1(동대구), 경북권2(포항), 경남(부산)	7,600원
경북권1(동대구) ↔ 경북권2(포항), 경남(부산)	7,600원

  - 호남선

구분	요금
수도권(서울, 용산, 광명) ↔ 충청권(천안아산, 오송), 전북권(전주, 익산)	7,600원
수도권(서울, 용산, 광명) ↔ 전남권1(광주송정, 목포)	8,600원
수도권(서울, 용산, 광명) ↔ 전남권2(여수EXPO)	9,600원
충청권(천안아산, 오송) ↔ 전북권(전주, 익산), 전남권1(광주송정, 목포)	7,600원
충청권(천안아산, 오송) ↔ 전남권2(여수EXPO)	8,600원
전북권(전주, 익산) ↔ 전남권1(광주송정, 목포), 전남권2(여수EXPO)	7,600원

○ 크기 및 무게에 따른 할증 요금

최장변	세 변의 합	무게	할증 비율
40cm 이하	100cm 이하	10kg 이하	기본요금
40cm 초과 60cm 이하	100cm 초과 120cm 이하	10kg 초과 15kg 이하	50%
60cm 초과 80cm 이하	120cm 초과 140cm 이하	15kg 초과 20kg 이하	100%
80cm 초과 100cm 이하	140cm 초과 160cm 이하	20kg 초과 25kg 이하	150%
100cm 초과 120cm 이하	160cm 초과 180cm 이하	25kg 초과 30kg 이하	200%
120cm 초과 140cm 이하	180cm 초과 200cm 이하	25kg 초과 30kg 이하	250%
140cm 초과 160cm 이하	200cm 초과 220cm 이하	25kg 초과 30kg 이하	300%
160cm 초과 180cm 이하	200cm 초과 220cm 이하	25kg 초과 30kg 이하	350%

※ 최장변, 세 변의 합, 무게 중 가장 높은 할증 비율에 해당하는 것을 기준으로 요금을 정함

○ 기타 요인에 따른 할증 요금

부패성 화물		50%
귀중품	100만 원 이하	50%
	100만 원 초과 200만 원 이하	80%
	200만 원 초과 300만 원 이하	100%
불법 배송		300%

※ 크기 또는 무게 할증이 적용된 경우에도 기타 요인에 따른 할증 해당 시 추가 적용됨
  적용 방법: 기본요금＋기본요금×(크기 또는 무게 할증 비율＋기타 요인에 따른 할증 비율)
※ 이용자는 사전 통지하여 할증운임의 적용을 받아야 하며, 통지하지 아니한 이용자에게 발생한 손해는 책임지지 않음
※ 불법 배송은 KTX 특송 서비스를 사칭한 배송, 사업자의 동의 없이 KTX를 이용한 무단 배송임

○ 추가 보관요금

최장변	세 변의 합	무게	보관요금
40cm 이하	100cm 이하	10kg 이하	3,000원
40cm 초과 60cm 이하	100cm 초과 120cm 이하	10kg 초과 15kg 이하	3,000원
60cm 초과 80cm 이하	120cm 초과 140cm 이하	15kg 초과 20kg 이하	5,000원
80cm 초과 100cm 이하	140cm 초과 160cm 이하	20kg 초과 25kg 이하	5,000원
100cm 초과 120cm 이하	160cm 초과 180cm 이하	25kg 초과 30kg 이하	8,000원
120cm 초과 140cm 이하	180cm 초과 200cm 이하		
140cm 초과 160cm 이하	200cm 초과 220cm 이하		
160cm 초과 180cm 이하			

※ 최장변, 세 변의 합, 무게 중 가장 높은 보관요금에 해당하는 것을 기준으로 요금을 정함
※ 서비스 이용 당일은 보관료 무료이며, 영업일 1일당 요금 발생(단, 휴무일에는 요금을 부가하지 않음)
※ 보관요금에는 할증을 적용하지 않음

○ 기타사항
- 포장 불량으로 파손, 부패 또는 타 화물을 오손시킬수 있는 물품, 300만 원 초과 물품, 현금, 어음, 수표 등 현금화 가능한 물품, 독극물(농약 등), 휘발성 물품(휘발유, 스프레이, 페인트 등), 총포류 등, 동물 및 동물 사체는 취급 금지
- 손해배상 한도액은 개당 50만 원
- 이용 시간 40분 전에 물품을 접수해야 함
- 열차 시간은 수시로 변경될 수 있음
- 영업시간 외에는 짐을 찾을 수 없음
- 매주 일요일은 휴무임

18 위 자료에 관한 설명으로 옳지 않은 것은?

① 일요일에 도착한 특송은 보관요금을 지불하지 않아도 된다.
② 9시 20분 출발하는 KTX를 이용한 특송은 8시 40분까지 물품을 접수해야 한다.
③ 광명에서 익산으로 보내는 특송 기본요금은 7,600원이다.
④ 300만 원이 넘는 제품은 KTX를 이용하여 특송을 이용할 수 없다.
⑤ KTX 특송 서비스를 사칭한 배송의 경우 최대 300%의 할증이 적용된다.

19 다음 [상황]의 A가 지불해야 하는 KTX 특송비는 얼마인가?

[상황]
광명에서 부산으로 보낼 박스의 가로, 세로, 높이 길이가 각각 80cm, 60cm, 40cm이고 무게는 15kg이다.

① 8,600원　　② 12,900원　　③ 17,200원
④ 21,500원　　⑤ 25,800원

20 다음 [상황]의 B가 지불해야 하는 비용은 총 얼마인가?

[상황]
오송에서 여수EXPO로 250만 원 상당의 귀중품을 KTX 특송을 이용하여 보내려고 한다. 박스의 가로, 세로, 높이 길이가 각각 40cm, 55cm, 64cm이고 무게는 22kg이다. A는 2영업일 후에 수령했다.

① 20,100원　　② 30,100원　　③ 35,100원
④ 40,100원　　⑤ 45,100원

[21~22] 다음은 A구 원어민 외국어 교실 수강생 모집에 관한 안내문이다. 이를 읽고 물음에 답하시오.

1. 운영 내용
   - 운영 기간: 2023년 2월 6일(월)~2023년 12월 15일(금) (해당 기간 중 1~3기 각각 13주씩 운영)
   - 수업 장소: A구 원어민 외국어센터
   - 수강료: 주 3시간 강좌 60,000원, 주 2시간 강좌 40,000원, 교재비 별도
2. 모집 내용

구분	학생반	성인반
교육 기간	2023년 2월 6일~2023년 12월 15일(해당 기간 중 39주) ※ 선발된 경우 2기, 3기까지 자동 연장됨	2023년 2월 6일~2023년 5월 12일(해당 기간 중 13주) ※ 1기의 교육 기간이며, 2·3기는 추후 모집
운영 대상	A구에 거주하는 초등학교 3~6학년 및 중학생 ※ 영어 강좌는 초등학생만 참여 가능	A구에 거주하는 성인 ※ 1인 1강좌로 제한
운영 강좌	영어(7개 반), 중국어(3개 반), 스페인어(2개 반), 아랍어(1개 반), 프랑스어(1개 반)	• 일반 과정: 영어(7개 반), 중국어(4개 반), 일본어(3개 반), 스페인어(1개 반) • 저녁 과정: 영어(2개 반), 중국어(1개 반), 베트남어(1개 반), 프랑스어(1개 반)
모집 인원	반별 10명	반별 10명

   ※ 성인 저녁 과정 중 영어, 중국어 강좌의 경우 온라인으로 진행
   ※ 신청 인원이 5명 이하인 경우 폐강될 수 있음

3. 수강 접수
   - 신청 방법: A구 교육종합포털 온라인 접수
   - 선발 공지: A구 교육종합포털 공지
     ※ 모집 정원 초과 시 전산 추첨
     ※ 선발되지 않은 신청자는 접수 순으로 대기자 명단으로 예비 등록
     ※ 성인반의 일반 과정 중 영어 강좌에 한하여 반 배정을 위한 레벨 테스트가 있을 예정이며 수강생에게 개별 공지 예정

4. 운영 시간표
   - 학생반

시간	월·수요일	화·목요일	월·수·금요일
15:00~16:00			영어2
15:00~16:30	영어1		
15:30~17:00		영어3	
16:00~17:00			영어4
16:30~17:30	스페인어1	중국어1	
17:00~18:00	중국어2		영어6
17:00~18:30		영어5	
17:30~18:30	스페인어2, 프랑스어1	중국어3, 아랍어1	
18:00~19:00			영어7

   ※ 각 강좌의 뒤에 표기된 숫자는 레벨을 의미함

- 성인반

시간		월·수요일	화·목요일
일반 과정	10:30~12:00	영어2, 영어4, 중국어 프리토킹	영어1, 영어6, 중국어2, 일본어2
	13:30~15:00	영어3, 영어7, 중국어6	영어5, 중국어4
	14:00~15:30	일본어4, 스페인어1	일본어3
저녁 과정	19:00~20:00	영어1, 중국어2, 프랑스어2	영어2, 베트남어1

※ 각 강좌의 뒤에 표기된 숫자는 레벨을 의미함

21 위 안내문에 따를 때 A구 원어민 외국어 교실에 관한 설명으로 옳지 않은 것은?

① 1기에 모집하는 인원은 총 340명이다.
② 온라인 수업으로 진행하는 강좌는 3개 반이다.
③ 학생반의 아랍어1 강좌는 교육 기간 동안 총 78시간 진행된다.
④ 화요일에 학생반 강좌를 진행하는 데 필요한 강의실은 최소 2개이다.
⑤ 중국어 프리토킹 강좌를 수강하는 사람이 지불해야 하는 수강료는 교재비를 제외하고 6만 원이다.

22 다음 [Q&A 게시판]에는 A구 원어민 외국어 교실과 관련한 문의와 이에 대한 답변이 적혀 있다. 위 안내문에 따를 때 ㉠~㉤ 중 옳지 않은 것은?

[Q&A 게시판]

- Q: 1기 중국어 수업을 신청한 A구에 거주하는 성인입니다. 추가로 영어를 수강하고 싶은데 방법이 있을까요?
- A: ㉠ 성인의 경우 1인 1강좌로 제한하고 있으므로 추후에 모집 예정인 2기, 3기에 수강하셔야 합니다.
- Q: A구 원어민 외국어 교실에 수강 신청을 하고 싶은데 어디서 할 수 있나요?
- A: ㉡ A구 교육종합포털을 이용하여 온라인 접수만 가능합니다. 또한 선정자는 A구 교육종합포털에 공지가 될 예정입니다.
- Q: A구에 거주하는 중학생입니다. 월·수·금요일에 진행하는 영어4 강좌를 신청할 수 있나요?
- A: ㉢ 아니요, 학생반의 영어 강좌의 경우 초등학생만 참여 가능합니다.
- Q: 19시에 시작하는 영어 강좌를 수강 신청한 A구에 거주하는 성인입니다. 레벨 테스트가 별도로 있나요?
- A: ㉣ 네, 강좌별로 레벨이 다르기 때문에 별도의 레벨 테스트를 진행하고 있으며 수강 인원에게 개별 공지할 예정입니다.
- Q: 제가 신청한 강좌의 수강 신청 인원이 모두 5명인데 신청한 강좌가 폐강될까요?
- A: ㉤ 신청 인원이 5명 이하인 강좌는 폐강될 수 있습니다.

① ㉠   ② ㉡   ③ ㉢   ④ ㉣   ⑤ ㉤

[23~25] 다음은 [구내식당 위탁운영사업자 모집공고]에 관한 자료이다. 이를 읽고 물음에 답하시오.

[구내식당 위탁운영사업자 모집공고]

○ 소재지: A시 구내식당 1개소
○ 위탁기간: 2024. 01. 01.~2025. 12. 31.
  ※ 직원만족도 설문결과 등 공사 평가기준에 따라 최대 1년에 한하여 연장 가능
○ 운영: 1일 2식(조식, 중식)
  ※ 평일 운영(토, 일, 공휴일 미운영), 조식은 라면만 제공
○ 이용대상: 일 근무인원 267명, 협력업체 37명
○ 운영현황

구분	운영시간	식단가/1식	좌석 수
조식	08:00~08:50	2,000원	212석
중식	12:00~13:00	5,000원	

※ 여유분으로 10%를 추가로 준비해야 함(계산 시 소수점 버림)

○ 참가자격: 아래 요건을 모두 구비해야 함
  - 일평균 100식 이상의 단체급식 운영이 가능한 업체 또는 개인
  - 국세·지방세 체납 사실이 없으며 최근 3년간 급식사고로 인하여 영업정지 이상의 행정처분을 받지 않은 업체 또는 개인

○ 추진 일정

구분	일자	소요	비고
입찰 공고	2023. 11. 03.~11. 09.	7일	
사업제안서 접수	2023. 11. 10.	1일	
제안서 평가	2023. 11. 13.	1일	평가위원회 평가
우선 협상 대상자 선정	2023. 11. 14.	1일	협상결렬 시 차순위 대상과 협상
위탁운영 사업자 선정	2023. 11. 15.	1일	대상자 선정 및 통보
협약체결	2023. 11월 중	1일	계약서 작성
인수인계	2023. 12. 26.~	—	집기류, 설비 등
구내식당 운영	2024. 01. 01.	—	운영 개시

○ 위탁사업자 산정방법
  - 평가 고득점자 순으로 공사 규정에 의한 협상 절차를 통해 계약업체 결정(단, 가격평가 실지하지 않음)

구분	1차 평가	2차 평가
평가방법	실적 평가	제안서 평가
평가배점	20점	80점
평가결과 적용	1, 2차 평가 점수 합산 최고득점 업체를 우선협상 대상자로 선정	

- 2차 평가 시 평가위원별 각 제안서별 최고점수와 최저점수를 제외한 4명의 평가위원의 평가점수의 평균 값(4명의 평가위원 평가점수의 합을 4로 나눈 값)으로 부여
- 1, 2차 평가 합산점수가 동일한 사업자가 2개 이상인 경우 실적 평가 점수가 더 높은 사업자를 우선 협상 대상자로 선정함
- 필요시 업체별 대표사업장 임의방문 시행

○ 기타사항
- 조리실, 식당 및 가스·상수도·전기시설은 기존의 시설을 사용하며, 시설 사용에 따른 유지보수는 계약업체가 부담함
- 위탁운영 관련 임차료는 없으며, 기타 급식 운영에 소요되는 부대비용 및 가스 사용료는 계약업체가 부담함
- 계약기간 내 식당만족도 설문조사 결과 불만족이 50% 이상인 경우 2회에 걸쳐 개선사항을 요구·점검하고 미개선 시 계약을 해지하는 경우 업체는 이의를 제기하지 않음
- 제안서 작성에 소요되는 경비는 지불하지 않으며, 제출된 서류는 반환하지 않음

23 위 자료에 대한 설명으로 옳지 않은 것은?

① 구내식당 위탁 운영 계약업체는 임차료를 부담하지 않는다.
② 이용대상이 조식과 중식 모두 이용 시 1일 최대 608식을 준비해야 한다.
③ 위탁기간은 최대 3년이다.
④ 조식은 50분, 중식은 1시간 동안 운영한다.
⑤ 입찰 공고부터 협약체결까지 총 12일이 소요된다.

24 다음 [대화]의 B의 답변 중 빈칸 ㉠, ㉡에 들어갈 숫자의 합은?

[대화]

- A: 1식당 단가는 얼마인가요?
- B: 조식은 2,000원, 중식은 5,000원입니다.
- A: 모든 이용 대상이 조식, 중식 이용 시 1일 매출액은 얼마인가요?
- B: 모든 이용 대상이 조식, 중식 이용 시 여유분을 제외하고, 1일당 총 (㉠)천 원입니다.
- A: 계약기간 내 식당만족도 설문 조사도 실시하나요?
- B: 네, 실시합니다. 만약 모든 이용 대상에게 식당만족도 설문조사 시 (㉡)명 이상에게 불만족을 받는 경우 2회에 걸쳐 개선사항을 요구·점검해야 합니다.

① 2,266　　② 2,272　　③ 2,276
④ 2,280　　⑤ 2,286

25 위 자료에 따를 때 다음 [보기]의 A~E 중 우선협상 대상자로 선정되는 업체는?

| 보기 |

구분	A	B	C	D	E
실적 평가	14점	12점	15점	17점	16점

[제안서 평가]

구분	가 평가위원	나 평가위원	다 평가위원	라 평가위원	마 평가위원	사 평가위원
A	66	72	68	74	78	72
B	78	76	70	72	74	76
C	77	74	74	76	72	70
D	68	68	66	72	74	76
E	76	74	74	72	70	72

① A   ② B   ③ C   ④ D   ⑤ E

훈JOB 코레일 한국철도공사 NCS 직업기초능력 봉투모의고사 OMR 답안지

나만의 성장 엔진
www.honjob.co.kr

자소서 / NCS·PSAT / 금융논술 / 전공필기 / 금융자격증 / 시사상식 / 면접

최신판

혼JOB
코레일 한국철도공사
NCS 직업기초능력
봉투모의고사

NCS 실전모의고사
5회

[직업기초능력평가(NCS)]

나만의 성장 엔진, 혼JOB | www.honjob.co.kr

최신판

혼JOB 코레일 한국철도공사 NCS 직업기초능력 봉투모의고사

NCS 실전모의고사 5회
직업기초능력평가(NCS)

수험번호	
성명	

[시험 유의사항]

1. NCS 실전모의고사는 다음과 같이 정해진 시험 시간에 맞추어 풀어 보시기를 권장합니다.

과목	세부 영역	문항 수	시험 형식	권장 풀이 시간
직업기초능력평가 (NCS)	의사소통능력 수리능력 문제해결능력	25문항	객관식 5지선다	30분

2. 본 모의고사 풀이 시 맨 마지막 페이지의 OMR 카드를 활용하시어 실전 감각을 높이시기 바랍니다.
3. 시험지의 전 문항은 무단 전재 및 배포를 금합니다. 이를 위반할 경우 관련 규정에 따라 처벌을 받을 수 있습니다.

NCS 실전모의고사 5회

[01~02] 다음 보도 자료를 읽고 이어지는 물음에 답하시오.

　국토교통부는 GTX-A 노선을 운행할 철도차량의 최초 출고를 기념하는 행사를 오는 12월 19일(월) 개최한다고 밝혔다.

　출고 차량은 '21년 10월 제작에 착수하여 1년 2개월 만에 완성되었다. GTX-A 구간에는 총 20편성이 운행될 예정이며, 이번 출고를 시작으로 '24년 6월까지 순차적으로 출고된다. GTX는 지하 40m 아래의 대심도 구간을 고속으로 운행하여 서울을 포함한 수도권을 빠르게 연결하는 광역급행철도다. ㉠ 이번에 출고된 GTX 차량은 8칸 1편성으로 구성되어, 1회 운행으로 1천 명 이상의 승객을 운송할 수 있으며, 최고속도는 180km/h이다(기존 지하철의 최고속도는 80km/h).

　현재 국토교통부는 GTX-A의 '24년 상반기 수서~동탄 구간 개통을 목표로 TBM 공법* 등 최첨단 공법을 이용하여 안전하게 공사 중에 있으며, '24년 하반기 파주~서울역, '28년 파주~동탄 전 구간 개통 등 국정과제인 GTX의 차질 없는 추진을 위하여 모든 역량을 집중할 계획이다.

　한편, 이번 차량에는 시민들이 안전하고 편리하게 GTX를 이용할 수 있도록 하는 다양한 첨단기술과 편의장치가 적용되었다. 먼저, GTX 차량 상부에 탑재된 카메라로 선로 등 철도시설의 이상 상황을 신속하게 확인할 수 있는 '시설물 모니터링 시스템'을 설치해 열차 운행의 안정성을 강화하였다. 또한 고속 운행 소음을 줄일 수 있는 단문형 출입문(KTX 적용방식)을 설치(한 칸 6개, 한쪽 3개)하였으며, 출입문에 이중 장애물 감지 센서를 적용해 승객이 안전하게 승하차할 수 있도록 하였다. 실내는 이용자 편의성과 쾌적성을 위해 좌석 폭을 일반 전동차보다 30cm 넓히고, 공기정화장치·항균 카펫을 설치하였다. 디자인은 시민 선호도 조사('20. 9.), 실물모형 품평회('21. 6)를 거쳐 최종 결정하였다.

　국토교통부 장관은 이날 출고식에서 GTX 차량 첫 출고를 축하하며, "오늘은 수도권 교통혁신의 신호탄을 알리는 매우 뜻깊은 날로, 이번 출고식을 계기로 GTX 시대로 한 걸음 다가섰다"면서, "2,600만 수도권 주민들께서 더 이상 잠을 쪼개 새벽에 일어나거나, 가족과의 저녁을 포기하지 않으셔도 되도록, '24년 상반기 수서~동탄 구간을 차질 없이 개통하고, 나머지 구간도 순차적으로 건설해 GTX망을 빈틈없이 완성하겠다"고 밝힐 예정이다.

* TBM 공법: 다수의 디스크커터를 장착한 커터헤드를 회전시켜 암반을 압력에 의해 파쇄하는 공법, 기존 NATM(화약발파식) 공법 대비 소음, 진동이 거의 없음

01 위 보도 자료를 읽고 이해한 내용으로 적절하지 않은 것은?

① GTX-A 구간에는 이번 출고된 GTX 차량 총 120칸이 운행될 예정이다.
② GTX-A는 파주에서 동탄 구간을 운행하는 노선으로, '24년부터 순차 개통 예정이다.
③ GTX-A 노선을 운행할 GTX 차량의 최초 출고를 기념하는 행사가 12월 19일 개최된다.
④ GTX-A 구간은 기존 공법 대비 소음과 진동이 거의 없는 최첨단 공법으로 공사 중에 있다.
⑤ GTX는 지하 40m 아래를 고속으로 운행하여 서울을 포함한 수도권을 빠르게 연결하는 광역급행철도다.

02 위 보도 자료의 밑줄 친 ㉠에 대한 설명으로 적절하지 않은 것은?

① '22년 12월에 완성되어 '24년 6월까지 순차 출고된다.
② 최고 속도가 기존 지하철 최고 속도에 비해 2배 이상 빠르다.
③ 이용자의 편의성과 쾌적성을 위해 일반 전동차보다 차량 폭을 30cm 넓혔다.
④ 승객의 안전한 승하차를 위해 출입문에 이중 장애물 감지 센서를 적용하였다.
⑤ 1편성당 1,000명 이상의 수송 능력을 지녔다.

03 다음 글의 흐름상 빈칸 ㉠에 들어갈 말로 가장 적절한 것은?

> 의사 결정 이론에는 의사 결정자의 선택이 있고, 그 후에는 불확실한 장래에 기대한 대로 일이 잘될 수도 있고 잘 안될 수도 있는 결과 발생이 있다. 그런데 의사 결정자의 선택은 의사 결정자의 결정에 달렸지만 장래의 일은 의사 결정자의 결정과는 전혀 무관하게 결정된다. 예컨대 오늘 비가 올 것에 대비해서 우산을 들고 출근하는 경우를 생각해 보자. 우산을 들고 갈 것인지 그냥 갈 것인지의 여부는 의사 결정자의 결정에 달린 선택이다. 그러나 그날 비가 올 것인지 안 올 것인지는 의사 결정자의 결정과는 무관하게 벌어지는 상태인 것이다. 그래서 의사 결정자가 내리는 선택을 행동(action)이라 하고 의사 결정자와는 관련 없이 벌어지는 상태를 사건(event)이라고 한다.
>
> 다른 예를 하나 생각해 보자. 자동차 생산 설비는 하루아침에 이루어질 수 없다. 1년이 걸리거나 2년이 걸릴 수도 있다. 그래서 1년 후 혹은 2년 후의 시장 상황을 예측해서 증설해야 한다. 그런데 이 자동차 회사에서 생산 라인을 3개 증설하는 계획과 10개 증설하는 계획을 검토하고 있다고 하자. 증설이 끝나 생산 개시까지 1년이 걸리는데, 1년 후의 전 세계 자동차 시장이 불황이 되면 생산 라인 10개를 증설하는 경우 손해가 매년 100억 원이 생기고, 3개를 증설하는 경우 10억 원의 이익이 난다. 또 호황이면 10개 증설하는 경우는 300억 원의 이익이 생기고, 3개 증설하는 경우는 40억 원의 이익만이 생긴다. 이때의 의사 결정은 그리 쉽지 않을 것이다. 그런데 생산 라인을 10개 증설했을 때 경기 침체가 온 경우 100억 원의 손실이 생기는 것이 아니라 10억 원의 이익이 발생한다고 가정을 수정한다면 이 자동차 회사가 내리게 되는 의사 결정은 쉬워진다. 왜냐하면 10개의 생산 라인을 증설하는 것이 (㉠)

① 가능한 한 더 많은 수의 생산 라인을 증설한다는 점에서 회사의 경영에 이익이 되기 때문이다.
② 1년 후의 시장 상황이 불황이더라도 3개 라인을 증설하는 경우보다 불리하지 않고, 호황일 경우에는 더 큰 이익을 얻게 하기 때문이다.
③ 위험 부담은 있을지 모르나 시장 상황이 매년 불황일 수만은 없으므로 결과적으로는 회사에 이익이기 때문이다.
④ 1년 후의 시장 상황이 불황일 경우에 손실이 발생할 수 있으나 호황일 경우에 얻을 이익을 크게 하는 것이기 때문이다.
⑤ 3개의 생산 라인을 증설하는 것과 10억 원의 이익을 얻는 점에서는 같을지라도 더 많은 생산 라인을 확보하는 이점이 있기 때문이다.

04 다음 글의 밑줄 친 ㉠에 부합하는 예로 가장 적절한 것은?

> 프랜차이즈 업체들이 한정 메뉴를 내놓는 마케팅 전략을 꾸준히 구사하고 있다. 이 전략은 소비자의 구매 심리를 자극하는 주요 판촉 방안으로 흔히 쓰여 왔지만 매번 많은 고객의 관심과 수요를 이끌어 내는 것으로 드러났다. 한정판(limited edition) 출시는 제품이나 서비스에 한정성, 희소성을 주요 특성으로 부각시키는 마케팅 전략의 일종이다.
> 상품이나 서비스를 공급하는 사업자들은 소비자들 사이에서 종종 나타나는 심리적 현상인 ㉠ 스놉 효과(snob effect)를 얻기 위해 한정 상품을 내놓는다. 스놉 효과는 특정 상품에 대한 소비가 증가하다가 상품 수요가 다시 줄어드는 현상을 의미한다. 여기에서 영단어 '스놉(snob)'은 우리말로 '속물'을 뜻한다. 스놉 효과가 나타나는 이유는 수요가 높아진 재화나 서비스 대신 희귀한 대상을 소비함으로써 돋보이고 싶은 소비자 니즈가 존재하기 때문이다.
> 한정 판매 상품이 출시 브랜드에 긍정적인 영향력을 미치는 점도 업체들이 눈독들이는 부분이다. 한 논문에 따르면 한정 판매 제품의 특별함은 브랜드에 대한 인지도, 고객 충성도, 취급상품 품질 등 자산의 가치를 더욱 높여 준다고 한다. 소비자들이 한정 판매 제품으로부터 특별함을 더욱 크게 체감할수록 브랜드를 더 잘 알고 관련 상품이나 서비스를 자주 이용하며 품질을 더 높게 인식한다는 의미이다.

① 인디음악계에서 소수의 마니아 팬층을 형성하고 있던 밴드가 유명해지자 기존의 팬들이 아쉬워했다.
② 영화의 주인공과 똑같은 브랜드의 구두를 신고 나니 마치 그 영화의 주인공이 된 듯한 느낌을 받았다.
③ 뉴스는 부정적인 일을 많이 보도하기 때문에 코카콜라는 '뉴스 후 광고 금지'라는 정책을 고수하고 있다.
④ 선거를 앞두고 실시한 사전 여론 조사에서 우세한 것으로 나타난 후보 쪽으로 유권자들의 표가 집중되었다.
⑤ 상품의 기존 가격을 아는 상태에서 할인된 가격으로 상품을 구입했더니 합리적인 소비를 했다는 생각이 들었다.

[05~06] 다음 글을 읽고 이어지는 물음에 답하시오.

소리는 진동으로 인해 발생한 파동이 전달되는 현상으로, 이때 전달되는 파동을 음파라고 한다. 음파는 일정한 방향으로 나아가려는 직진성이 있고, 물체에 부딪치면 반사되는 성질을 갖고 있다.

음파는 주파수의 크기에 따라 고주파와 저주파로 나뉜다. 고주파는 직진성이 강하고 작은 물체에도 반사파가 잘 생기며 물에 흡수되는 양이 많아 수중에서의 도달 거리가 짧다. 반면, 저주파는 직진성이 약하고 작은 물체에는 반사파가 잘 생기지 않으며 물에 흡수되는 양이 적어 수중에서의 도달 거리가 길다.

음파는 파동을 전달하는 물질의 밀도가 높을수록 속도가 빨라진다. 그래서 음파의 속도는 공기 중에 비해 물속에서 훨씬 빠르다. 또한 음파의 속도는 물의 온도나 압력에 따라 변화한다. 일반적으로 수온이나 수압이 높아질 경우 속도가 빨라지고, 수온이나 수압이 낮아지면 속도는 느려진다. 300m 이내의 수심에서 음파는 초당 약 1,500m의 속도로 나아간다.

한편 음파는 이러한 속성을 바탕으로 어업과 해양 탐사, 지구 환경 조사, 군사적 용도 등으로 폭넓게 사용된다. 음파를 활용하는 대표적인 예로는 물고기의 위치를 탐지하는 어군 탐지기와 지구 온난화와 관련된 실험을 들 수 있다.

어군 탐지기는 음파가 물체에 부딪쳐 반사되는 원리를 이용한 기기이다. 고깃배에서 발신한 음파가 물고기에 부딪쳐 반사되는 방향과 속도를 분석하여 물고기가 있는 위치를 알아낸다. 예를 들어 어군 탐지기가 특정 방향으로 발신한 음파가 0.1초 만에 반사되어 돌아왔다면, 목표물은 발신 방향으로 75m (1,500m/s×0.1s×0.5) 거리에 있음을 알 수 있다. 일반적으로 가까운 거리에 있는 물고기를 찾을 때에는 반사파가 잘 생기는 고주파를 사용한다. 이에 반해 먼 거리에 있는 물고기 떼를 찾을 때에는 도달 거리가 긴 저주파를 사용한다.

음파를 활용하면 지구 온난화 연구에 대한 기초 자료를 얻을 수도 있다. 미국의 한 연구팀은 미국 서부 해안의 특정 지점에서 발신한 음파가 호주 해안의 특정 지점에 도달하는 시간을 주기적으로 측정하였다. ㉠ 이를 통해 연구팀은 수온이 지속적으로 높아지고 있다는 결론을 내렸다. 연구팀은 이러한 결과가 지구 온난화를 입증할 수 있는 증거 중의 하나라고 주장하였다.

05 위 글의 내용과 일치하지 않는 것은?

① 공기보다 물의 밀도가 높다.
② 수온이나 수압에 따라 음파의 속도가 달라진다.
③ 어군 탐지기는 파동의 직진성을 이용한 기기이다.
④ 소리는 물질의 진동으로 인해 나타나는 현상이다.
⑤ 저주파는 물에 흡수되는 양이 적어 먼 거리에 있는 물고기 떼를 찾을 때 사용된다.

06 위 글의 밑줄 친 ⊙의 이유를 추론한 것으로 가장 적절한 것은?

① 음파의 속도가 점차 느려졌기 때문이다.
② 음파의 도달 거리가 점차 길어졌기 때문이다.
③ 음파의 주파수 크기가 점차 커졌기 때문이다.
④ 음파가 물에 흡수되는 양이 많아졌기 때문이다.
⑤ 음파가 도달하는 시간이 점차 짧아졌기 때문이다.

07 다음 글의 문단 배열 순서로 가장 적절한 것은?

> (가) 독일의 한 연구에 따르면 부모가 돈에 대한 개념이 없으면 아이들이 백만장자가 될 확률이 500분의 1인 것으로 나타났다. 반면 부모가 돈을 다룰 줄 알면 아이들이 백만장자로 성장할 확률이 5분의 1이나 된다. 특히 백만장자의 자녀들이 돈 한 푼 물려받지 않아도 백만장자가 될 확률이 일반인보다 훨씬 높다는 게 연구 결과의 요지다. 이는 돈의 개념을 이해하는 가정의 자녀들이 그렇지 않은 가정의 자녀들보다 백만장자가 될 확률이 100배 높다는 얘기다.
>
> (나) 산수만 가르치면 아이들이 돈의 중요성을 알게 될까? 돈의 가치를 어떻게 가르쳐야 아이들이 돈에 대하여 올바른 개념을 갖게 될까? 이러한 생각은 모든 부모의 공통된 고민일 것이다.
>
> (다) 아이들에게 돈의 개념을 가르치는 지름길은 용돈이다. 용돈을 받아 든 아이들은 돈에 대해 책임감을 느끼게 되고, 돈에 대한 결정을 스스로 내리기 시작한다. 그렇다면 언제부터, 얼마를 용돈으로 주는 것이 좋을까?
>
> (라) 하지만 돈에 대해서 부모가 결코 해서는 안 될 일들도 있다. 예컨대 벌을 주기 위해 용돈을 깎거나 포상(褒賞) 명목으로 용돈을 늘려 줘서는 안 된다. 아이들은 무의식적으로 잘못한 일을 돈으로 때울 수 있다고 생각하거나 사랑과 우정을 돈으로 살 수 있다고 생각하게 된다. 아이들은 우리의 미래다. 부모는 아이들이 돈에 대하여 정확한 개념과 가치관을 세울 수 있도록 좋은 본보기가 되어야 할 것이다. 그러한 노력만이 아이들의 미래를 아름답게 만들어 줄 것이다.
>
> (마) 연구 결과 만 7세부터 돈의 개념을 어렴풋이나마 짐작하게 되는 것으로 나타났다. 따라서 이때부터 아이들에게 약간의 용돈을 주는 것으로 돈에 대한 교육을 시작하면 좋다. 8세 때부터는 돈의 위력을 이해하기 시작한다. 소유가 뭘 의미하는지, 물물교환은 어떻게 하는지 등을 가르칠 수 있다. 아이들은 돈을 벌고자 하는 욕구를 느낀다. 이때부터 돈은 자연스러운 것이고, 건강한 것이고, 인생에서 필요한 것이라고 가르칠 필요가 있다.

① (나) – (가) – (다) – (마) – (라)
② (나) – (다) – (마) – (라) – (가)
③ (다) – (나) – (가) – (라) – (마)
④ (다) – (나) – (가) – (마) – (라)
⑤ (다) – (라) – (가) – (나) – (마)

[08~09] 다음 글을 읽고 이어지는 물음에 답하시오.

장미와 복숭아꽃은 갖춘꽃이고 소나무와 보리는 ㉠ 못갖춘꽃이다. 꽃을 이루는 기본 요소인 꽃잎과 꽃받침, 암술과 수술을 모두 갖고 있을 때 우리는 그 꽃을 갖추었다는 의미로 갖춘꽃이라고 부른다. 못갖춘꽃이라고 할 때는 대부분 암술과 수술만을 가지고 꽃잎이나 꽃받침은 없는 꽃을 말한다.

그런데 못갖춘꽃을 ㉡ 안갖춘꽃이라고도 한다. 안갖춘꽃이라는 말과 못갖춘꽃이라는 말은 별 차이가 없는 것 같지만, 여기에는 우리가 자연을 대하는 사고 방식의 차이가 담겨 있다.

안갖춘꽃이라는 말에는 꽃의 시각에서 본 당당함과 선택의 의미가 담겨 있지만, 못갖춘꽃이라고 할 때는 인간의 잣대를 들이댄 결핍과 미완의 의미가 드러난다. 못 갖춘 것이 아니라 안 갖춘 것이 많다는 것을 사람들은 얼마나 이해하고 있을까?

미안한 이야기지만, 식물은 인간의 기쁨을 위해 꽃을 피우지 않는다. 식물의 꽃은 죽음에 대한 생명의 답이다. 꽃을 피우는 일은 사치와 낭만이 아니라, 제한된 양분과 생명의 시간들을 할애하여 수고로움으로 진행하는 엄숙한 생명의 작업인 것이다. 지는 꽃을 추하다고 느끼거나 덧없는 것으로 느끼는 것은 사람의 잣대일 뿐이다. 꽃의 책임을 다했으며 이제는 열매를 키우기 위해 남은 힘을 모아 가는 모습이, 단지 겉으로 그렇게 보인다고 해서 허무하거나 덧없는 건 아니다. 안 갖추었느냐 못 갖추었느냐의 구분은 우리가 식물을 바라보고 이해하는 주관적 반영일 뿐 객관적 실재는 아니다. 여백은 모자람이 아니라 힘 있게 자신을 표현하는 당당한 무늬일 수 있다.

08 위 글과 다음 글을 통해 추론할 수 있는 내용으로 가장 적절한 것은?

> 사람들은 대부분 자신을 중심으로 세계를 인식한다. '이리저리 왔다갔다 하는 사람들'이라는 표현을 '저리이리 갔다왔다 하는 사람들'로 바꾸는 것은 꽤 어색하게 느껴지는데, 이러한 표현을 통해 나와 가까운 곳, 나에게 가까워지는 것을 우선적으로 인식하는 사고 방식이 반영되어 있음을 확인할 수 있다.

① 언어가 없으면 사고가 불가능하다.
② 언어가 의사소통의 필수적 도구이다.
③ 언어는 논리적 사고의 전개에 영향을 끼친다.
④ 언어의 차이는 문화의 다양성에서 기인한다.
⑤ 언어를 통하여 우리의 사고 경향을 살펴볼 수 있다.

09 위 글의 ㉠과 ㉡에 대한 설명으로 적절하지 않은 것은?

① ㉠과 ㉡은 '갖춘꽃'에 상대되는 말이다.
② ㉠과 ㉡은 같은 대상을 가리키는 말이다.
③ ㉠과 ㉡의 구분은 사람이 식물을 바라보고 이해하는 관점일 뿐이다.
④ ㉠에는 허무하고 덧없다는 사람의 인식이 담겨 있다.
⑤ ㉡에는 당당함과 선택의 의미가 담겨 있다.

10 S사의 매출액은 2022년에 65,000만 원이었고, 2023년에는 전년 대비 12% 증가했다. 매출액 중 A 판매액 비중은 2022년에 45%였고, 2023년에는 비중이 전년 대비 6%p 증가했다. 2023년 A 판매액은 얼마인가?

① 36,402만 원　　② 36,884만 원　　③ 37,128만 원
④ 37,856만 원　　⑤ 38,047만 원

[11~13] 다음은 고령자 고용 사업장 및 근로자에 관한 자료이다. 이 자료를 보고 물음에 답하시오.

[그림 1] 고령자 고용 사업장

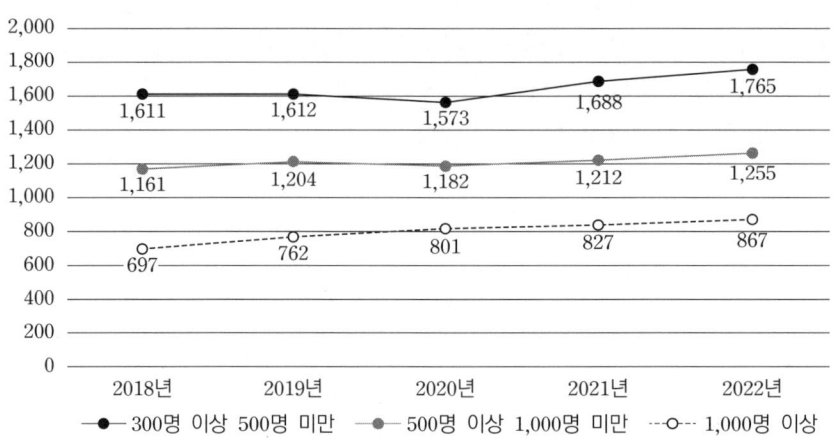

[그림 2] 고령자 고용 사업장 전체 근로자

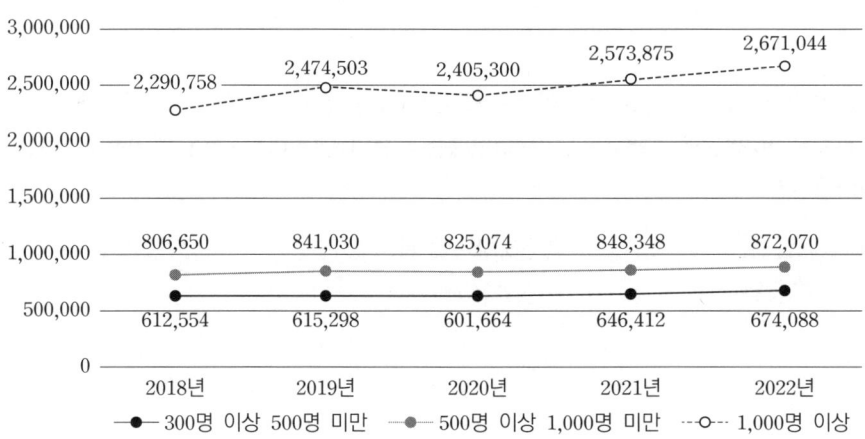

[그림 3] 고령자 고용 사업장 55세 이상 근로자

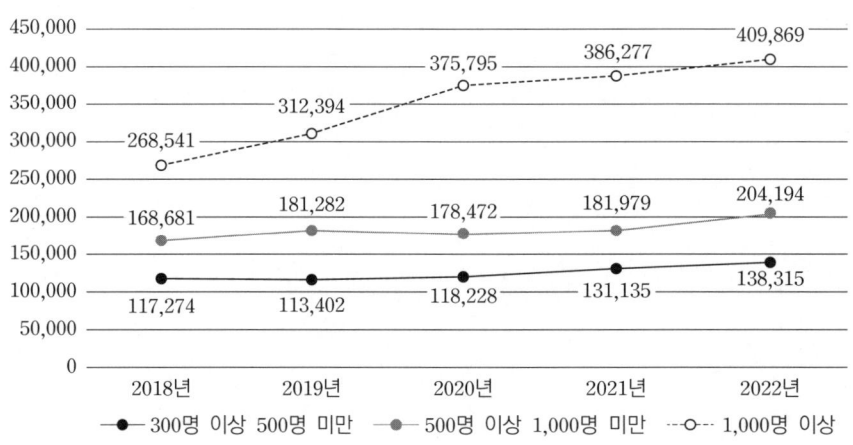

※ 고령자 고용률＝55세 이상 근로자/전체 근로자×100

11 위 자료에 대한 설명으로 옳은 것은?

① 2021년 고령자 고용률은 전년 대비 증가했다.
② 2022년 고령자 고용 사업장 중 300명 이상 500명 미만의 사업장의 비중은 50% 이상이다.
③ 조사기간 중 고령자 고용 사업장이 가장 많은 해에 고령자 고용 사업장 55세 이상 근로자 수도 가장 많다.
④ 2019년에 고령자 고용 사업장 전체 근로자 수가 전년 대비 가장 많이 증가한 사업장 규모는 500명 이상 1,000명 미만이다.
⑤ 2019~2022년 중 사업체 규모가 1,000명 이상인 고령자 고용 사업장의 전체 근로자 수가 가장 적은 해에 고령자 고용 사업장 55세 이상 근로자 수가 전년 대비 감소한 사업장 규모는 2개이다.

12 위 자료를 토대로 계산한 2019년 고령자 고용 사업장 1개당 전체 근로자의 전년 대비 증가량이 다음과 같을 때, B/A는 얼마인가? (단, 계산 시 소수점 첫째 자리에서 반올림한다)

[2019년 고령자 고용 사업장 1개당 전체 근로자의 전년 대비 증가량]

300명 이상 500명 미만	A
500명 이상 1,000명 미만	B
1,000명 이상	−40명

① 1 ② 2 ③ 3 ④ 4 ⑤ 5

13 위 자료를 토대로 다음과 같은 [그림]을 작성하였다. 이에 대한 설명으로 옳지 않은 것은? (단, 계산 시 소수점 둘째 자리에서 반올림한다)

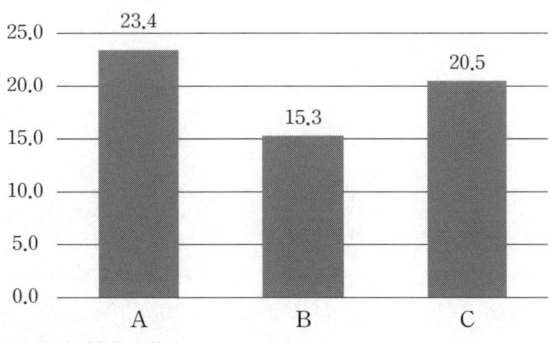

※ 2022년 근로자 수별 고령자 고용률에 대한 [그림]임

① A는 500명 이상 1,000명 미만이다.
② B는 1,000명 이상이다.
③ C는 300명 이상 500명 미만이다.
④ 2018년 A의 고령자 고용률은 25% 이상이다.
⑤ 2020년 C의 고령자 고용 사업장은 전년 대비 감소했다.

[14~15] 다음은 소득분위별 평균 가구소득에 관한 자료이다. 이 자료를 읽고 물음에 답하시오.

[표] 소득분위별 평균 가구소득

(단위: 만 원)

구분	2017년	2018년	2019년	2020년	2021년
전체	5,705	5,828	5,924	6,125	6,414
소득 1분위	1,057	1,104	1,155	1,294	1,323
소득 2분위	2,657	2,725	2,763	2,950	3,080
소득 3분위	4,464	4,577	4,671	4,844	5,036
소득 4분위	6,825	6,977	7,126	7,325	7,649
소득 5분위	13,520	13,754	13,903	14,208	14,973

14 위 자료에 대한 설명으로 옳지 않은 것은?

① 조사기간 내내 전체 평균 가구소득보다 평균 가구소득이 많은 소득분위는 2개이다.
② 2021년에 평균 가구소득의 전년 대비 증가율이 가장 높은 소득분위는 소득 5분위이다.
③ 2018~2020년 중 전체 평균 가구소득의 전년 대비 증가량이 가장 많은 해는 2020년이다.
④ 2018년에 소득 2분위 평균 가구소득은 소득 4분위의 40% 이상이다.
⑤ 조사기간 동안 소득 5분위의 평균 가구소득이 가장 많은 해에 소득 5분위의 평균 가구소득은 소득 3분위의 2배 이상이다.

15 다음은 소득분위별 평균 가구부채에 관한 자료이다. 위 자료와 다음 [표]에 대한 설명으로 옳지 않은 것은?

[표] 소득분위별 평균 가구부채

(단위: 만 원)

구분	2017년	2018년	2019년	2020년	2021년
전체	7,099	7,668	7,910	8,256	8,801
소득 1분위	1,514	1,613	1,610	1,752	1,755
소득 2분위	3,684	3,846	3,735	4,056	4,441
소득 3분위	6,097	6,618	6,653	6,851	7,189
소득 4분위	8,696	9,113	9,838	9,975	10,942
소득 5분위	15,503	17,146	17,712	18,645	19,679

① 2017년 대비 2021년에 평균 가구부채 증가량은 소득 4분위가 소득 1분위의 8배 이상이다.
② 조사기간 동안 각 소득분위의 평균 가구부채가 가장 많은 해는 2021년으로 동일하다.
③ 2020년에 소득 5분위의 평균 가구부채 대비 가구소득 비율은 75% 이상이다.
④ 조사기간 내내 전체 평균 가구부채보다 평균 가구부채가 많은 소득분위는 2개이다.
⑤ 조사기간 동안 전체 평균 가구부채와 전체 평균 가구소득 차이가 가장 큰 해는 2020년이다.

16 다음은 죄종별 외국인 범죄건수에 관한 자료이다. [표]에 대한 설명으로 옳은 것은?

[표] 죄종별 외국인 범죄건수
(단위: 건)

구분	2018년	2019년	2020년	2021년	2022년
계	33,905	32,313	36,400	35,390	29,450
살인	103	82	82	76	40
강도	63	51	70	66	51
강간	723	766	732	590	535
절도	2,898	2,916	3,158	2,756	2,342
폭력	8,952	8,549	8,769	7,917	6,250
지능	3,538	3,846	4,388	5,011	3,931
도박	460	420	434	500	327
교통	8,404	7,123	7,690	7,910	7,398
마약	578	549	1,027	1,383	1,564
기타	8,186	8,011	10,050	9,181	7,012

① 2021년에 외국인 범죄건수의 전년 대비 증가율이 가장 높은 죄종은 도박이다.
② 외국인 범죄건수 중 폭력범죄의 비중은 2018년 대비 2022년에 6%p 이상 감소했다.
③ 조사기간 동안 기타를 제외한 외국인 범죄건수에 따른 죄종별 순위는 매년 동일하다.
④ 조사기간 동안 외국인 절도범죄 건수와 마약범죄 건수의 차이는 2018년에 가장 크다.
⑤ 조사기간 중 외국인 교통범죄 건수가 가장 많은 해에 외국인 도박범죄 건수는 살인범죄 건수의 340% 이상이다.

17 다음은 박물관, 미술관 등록 현황에 관한 자료이다. [표]에 대한 설명으로 옳지 않은 것은?

[표 1] 박물관 등록 현황

(단위: 관, 명)

구분	2018년	2019년	2020년	2021년	2022년
계	853	873	881	897	900
국립	47	49	50	50	51
공립	341	349	366	380	386
사립	361	371	363	362	358
대학	104	104	102	105	105
1관당 인구	60,105	58,903	58,603	57,803	57,588

[표 2] 미술관 등록 현황

(단위: 관)

구분	2018년	2019년	2020년	2021년	2022년
계	229	251	258	267	271
국립	1	1	1	1	1
공립	56	67	71	72	76
사립	157	168	172	179	179
대학	15	15	14	15	15

① 등록 박물관 1관당 인구가 가장 적은 해에 총인구는 51,829,200명이다.
② 2021년 등록 미술관 1관당 인구는 2018년 대비 29,000명 이상 감소했다.
③ 2020년에 등록 박물관 수에 따른 항목별 순위가 전년 대비 바뀐 항목은 2개이다.
④ 조사기간 중 등록 미술관에서 대학 미술관이 차지하는 비중이 가장 높은 해는 2018년이다.
⑤ 조사기간 중 등록 사립 박물관 수와 등록 사립 미술관 수의 차이가 두 번째로 많은 해는 2018년이다.

[18~20] 다음은 [청년창업 지원매장 운영자 모집공고]에 관한 자료이다. 이를 읽고 물음에 답하시오.

○ 지원자격
- 공고일 기준 만 18세 이상 39세 이하
- 공고일 기준 사업자등록을 하지 않은 예비창업자 또는 창업 후 3년 이하인 소기업을 영위하는 자
- 계약 체결 후 7일 이내 일반과세 사업자등록이 가능하고 시설투자 가능자
- 프랜차이즈 미가맹 사업자로, 고유의 브랜드 및 레시피로 운영 가능한 자

○ 신청방법
- 신청방법: 반드시 본인이 직접 방문 접수 또는 우편접수
- 제출기한: 2023년 8월 21일

○ 지원사항
- 사업제안보증금 500만 원 면제
- 계약보증금 3,000만 원 면제
- 최대 영업기간(5년) 보장, 기간 연장 없음
- 영업기간 중 매월 전기/수도료 최대 50만 원 지원
- 필요시 전문컨설팅 지원

○ 선정절차
- 선정방법: 당사 평가위원회에서 평가하여 지원자 중 계량평가와 비계량평가가 가장 높은 지원자를 선정함(단, 동점자가 있는 경우 마케팅전략 점수가 높은 지원자를 선정함)
- 평가 시 지원자 본인이 반드시 참여해야 하며 불참 시 평가 제외
- 평가항목별 배점 기준

구분	평가항목	배점
계량평가(20점)	추정매출액	5점
	수수료액	15점
비계량평가(80점)	업종 적합성 및 아이템 참신성	20점
	사업 현실성	20점
	마케팅전략	20점
	사업계획 신뢰성	10점
	자금조달 계획	10점

※ 평가결과가 80점 이상인 지원자가 없는 경우 사업자 선정을 하지 않을 수 있음

○ 유의사항
- 청년창업자 부담으로 인테리어, 영업장비·시설 등을 설치하고 매장을 운영
- 당일 판매한 대금을 익일 오전에 당사에 입금하고 당월 판매금액에 대하여 계약서의 조건에 의거 종합원가를 지급받는 점포 형태(종합원가의 지급일이 공휴일, 국경일 해당 시 그 익일에 지급)
- 내·외부 인테리어와 매장 내 시설장비 완료 후 즉시 영업 개시함
- 매장은 특별한 사유가 없는 한 연중무휴 영업을 원칙으로 함
- 월 2회 정산하여 지급됨(당월 20일, 익월 15일)

18 위 자료에 관한 설명으로 옳지 않은 것은?

① 판매 대금은 주단위로 입금하며, 매주 월요일에 당사에 입금해야 한다.
② 내·외부 인테리어와 매장 내 시설장비 완료 후 즉시 영업 개시할 수 있다.
③ 최대 영업기간은 5년이며, 기간 연장은 불가능하다.
④ 평가결과가 80점 이상인 지원자가 없는 경우 사업자를 선정하지 않을 수 있다.
⑤ 특별한 사유를 제외하고 연중무휴로 영업한다.

19 다음 [대화]는 청년창업 지원매장 운영자 모집공고에 대한 질문과 답변이다. 답변 내용으로 옳지 않은 것은?

[대화]

- Q: 매월 정산은 몇 회 되며 언제 되나요?
- A: ㉠ 당월 20일, 익월 15일 총 2회됩니다.
- Q: 인테리어와 영업장비 및 시설 설치비는 지원해주나요?
- A: ㉡ 아니요. 운영자 본인 부담으로 인테리어, 영업장비 및 시설을 설치 후에 운영합니다.
- Q: 프랜차이즈 가맹 사업자입니다. 지원 대상에 해당하나요?
- A: ㉢ 아니요. 프랜차이즈 가맹 사업자는 지원 불가능합니다.
- Q: 방문 접수만 가능한가요?
- A: ㉣ 아니요. 방문 접수 또는 우편접수 가능하며, 대리인이 접수 시 위임장을 제출해야 합니다.
- Q: 전문컬설팅이 필요합니다. 혹지 지원 사항인가요?
- A: ㉤ 네, 전문컨설팅은 필요한 운영자에 한하여 지원하고 있습니다.

① ㉠ ② ㉡ ③ ㉢ ④ ㉣ ⑤ ㉤

20 위 자료에 따를 때 다음 [보기]의 A~E 중 운영자로 선정되는 사람은?

| 보기 |

구분	A	B	C	D	E
추정매출액	4점	3점	4점	5점	2점
수수료액	11점	12점	10점	13점	11점
업종 적합성 및 아이템 참신성	18점	16점	17점	14점	18점
사업 현실성	15점	17점	15점	15점	16점
마케팅전략	15점	14점	17점	16점	15점
사업계획 신뢰성	6점	7점	7점	6점	8점
자금조달 계획	5점	4점	5점	5점	4점

※ C는 평가 시 불참

① A ② B ③ C ④ D ⑤ E

[21~23] 다음은 기차 펜션 및 개미 펜션 이용 안내에 관한 자료이다. 이를 읽고 물음에 답하시오.

1. 기차 펜션 요금(1박 기준)

객실명	수용인원	구분	요금		
			평일	주말	성수기
통일호 1호	2명	양실	80,000원	100,000원	120,000원
통일호 2호	2명	양실	80,000원	100,000원	120,000원
무궁화 1호	2명	한실	80,000원	100,000원	120,000원
무궁화 2호	2명	양실	80,000원	100,000원	120,000원
무궁화 3호	2명	양실	80,000원	100,000원	120,000원
새마을 1호	4명	한실	100,000원	120,000원	150,000원
새마을 2호	4명	양실	100,000원	120,000원	150,000원
새마을 3호	4명	양실	100,000원	120,000원	150,000원
새마을 4호	4명	양실	100,000원	120,000원	150,000원

2. 개미 펜션 요금(1박 기준)

객실명	수용인원	구분	요금		
			평일	주말	성수기
개미 펜션(A)	8명	한실	200,000원	250,000원	300,000원
개미 펜션(B)	8명	한실	200,000원	250,000원	300,000원

3. 운영안내
   - 기차 펜션에서는 취사가 불가하며, 조리도구의 반입이 금지됨
   - 개미 펜션에서는 취사가 가능하며, BBQ 이용요금은 1박당 20,000원임(숯 비용, 가위, 집게, 토치 대여 요금 포함)
   - 기차 펜션과 개미 펜션의 입실 시간은 오후 2시 이후이며, 퇴실 시간은 익일 오전 11시임
   - 기차 펜션과 개미 펜션은 애완동물과 함께 입실 불가함
   - 한실 구비시설: 에어컨, TV, 수세식 변기, 냉장고, 샤워시설, 헤어드라이기, 식수대, 비누, 샴푸, 수건
   - 양실 구비시설: 침대, 에어컨, TV, 수세식 변기, 냉장고, 샤워시설, 헤어드라이기, 식수대, 비누, 샴푸, 수건

4. 펜션 환불 규정
   - 당일 접수 후 당일 취소할 경우 100% 환불
   - 이용일 7일 전 취소 시 20% 공제 후 환불
   - 이용일 3~6일 전 취소 시 30% 공제 후 환불
   - 이용일 2일 전 취소 시 50% 공제 후 환불
   - 이용일 1일 전 취소 시 70% 공제 후 환불
   - 이용일 당일 취소 시 100% 공제

21 위 자료에 관한 설명으로 옳지 않은 것은?

① 기차 펜션의 성수기와 평일 이용 요금 차이는 5만 원 이하이다.
② 개미 펜션은 애완동물 동반 출입이 불가하다.
③ 침대를 이용할 수 있는 객실은 6개 유형이다.
④ BBQ 이용이 가능한 펜션은 성수기가 아닌 주말 요금이 25만 원이다.
⑤ 펜션을 1박 예약한 고객이 오후 2시에 입실 시 최대 21시간 이용할 수 있다.

22 다음 [상황]의 A가 지불해야 하는 금액은 얼마인가?

[상황]

A는 친구 14명과 함께 총 15명이 성수기가 아닌 주말에 2박 3일 여행을 가려고 한다. A는 기차 펜션이나 개미 펜션을 이용하고자 한다. A와 친구들은 여행 내내 매일 BBQ를 이용하고자 한다.

① 102만 원　　　② 106만 원　　　③ 108만 원
④ 112만 원　　　⑤ 115만 원

23 다음 [상황]의 B가 돌려받을 수 있는 금액은?

[상황]

B는 11월 1일에 11월 15일 수요일에 1박 동안 이용할 펜션을 예약하였다. B는 본인을 포함한 12명의 동료와 이용할 계획이며, 요금이 가장 저렴한 방법으로 예약하였다. 하지만 일정이 취소되어 B는 11월 10일에 예약을 취소하였다.

① 15만 원　　　② 18만 원　　　③ 21만 원
④ 24만 원　　　⑤ 27만 원

[24~25] 다음은 자금 반환지원 절차에 관한 자료이다. 이를 읽고 물음에 답하시오.

1. 자금 반환지원 절차

```
반환지원 신청
    ↓
착오송금 수취인 정보 확인
    ↓
자진반환 권유
    ↓
미반환 시 지급명령 진행
    ↓
회수 시 잔액 반환
```

2. 자금 반환지원 절차 세부 내용

반환지원 신청	금융회사를 통한 사전반환 신청단계에서 착오송금 수취인이 자진반환 불응 시 착오송금인은 공사에 반환지원을 신청하고, 지원대상에 해당될 경우 공사는 착오송금인으로부터 부당이득반환채권을 매입
착오송금 수취인 정보 확인	공사는 금융회사, 통신사, 행정안전부 등을 통하여 착오송금 수취인의 연락처 및 주소를 확보
자진반환 권유	공사는 확보된 연락처, 주소 정보를 토대로 착오송금 수취인에게 자진반환을 권유하여 회수
미반환 시 지급명령 진행	만약 착오송금 수취인이 자진반환에 응하지 않는 경우 법원의 지급명령을 통하여 회수 진행
회수 시 잔액 반환	회수 완료 시 회수액에서 회수에 소요된 비용을 차감한 후 잔액을 착오송금인에게 반환

3. 유의사항
- 2021년 7월 6일부터 발생한 착오송금이 대상이며, 착오송금 신청일이 착오송금일로부터 1년 이내인 경우 지원 가능
- 자금이체 금융회사 등을 통해 반환신청을 하였으나 반환되지 않은 경우 지원 가능
- 착오송금액이 5만 원 이상 1,000만 원 이하인 경우 지원 가능
- 착오송금 수취인이 공사에 반환한 착오송금액에서 회수 관련 비용을 차감한 금액을 착오송금인에게 지급
- 착오송금자가 착오송금 이후 사망한 경우 반환지원 제외 대상에 해당함
- 착오송금 수취인이 실지명의를 확인할 수 없는 자, 사망 또는 국내에 주소가 없는 자, 휴업 또는 폐업한 법인, 파산절차가 진행된 경우 반환지원 제외 대상에 해당함

24 위 자료에 따를 때 자금 반환지원 절차에 관한 내용으로 옳지 않은 것은?

① 공사는 금융회사, 통신사를 통하여 착오송금 수취인의 연락처 및 주소를 확보한다.
② 착오송금액이 1,000만 원 이하인 경우 공사를 통해 지원 가능하다.
③ 착오송금 수취인의 주소가 국내에 없는 경우 제외 대상에 해당한다.
④ 금융회사를 통한 사전반환 신청단계에서 착오송금 수취인이 자진반환 불응 시에 공사를 통해 지원 가능하다.
⑤ 착오송금액 회수 시 회수에 소요된 비용을 차감한 후 착오송금인에게 반환한다.

25 다음 자료를 토대로 할 때 [상황] 다음에 진행되어야 할 절차는?

[상황]

2022년 11월 5일에 900만 원을 착오송금을 한 A는 공사를 통해 자금 반환지원 신청을 하였다. 공사는 금융회사와 통신사를 통해 착오송금 수취인의 연락처와 주소를 확보했다. 공사는 확보한 연락처를 토대로 수취인에게 자진반환을 권유하였고, 이에 자진반환에 응하기로 하였다.

① 반환지원 신청
② 착오송금 수취인 정보 확인
③ 자진반환 권유
④ 미반환 시 지급명령 진행
⑤ 회수 시 잔액 반환

MEMO

나만의 성장 엔진, 혼JOB | www.honjob.co.kr

MEMO

나만의 성장 엔진, 혼JOB | www.honjob.co.kr

훈JOB 코레일 한국철도공사 NCS 직업기초능력 봉투모의고사 OMR 답안지

나만의 성장 엔진
www.honjob.co.kr

자소서 / NCS·PSAT / 금융논술 / 전공필기 / 금융자격증 / 시사상식 / 면접

NCS 실전모의고사 6회

[직업기초능력평가(NCS)]

최신판

혼JOB 코레일 한국철도공사 NCS 직업기초능력 봉투모의고사

NCS 실전모의고사 6회
직업기초능력평가(NCS)

수험번호	
성명	

[시험 유의사항]

1. NCS 실전모의고사는 다음과 같이 정해진 시험 시간에 맞추어 풀어 보시기를 권장합니다.

과목	세부 영역	문항 수	시험 형식	권장 풀이 시간
직업기초능력평가 (NCS)	의사소통능력 수리능력 문제해결능력	25문항	객관식 5지선다	30분

2. 본 모의고사 풀이 시 맨 마지막 페이지의 OMR 카드를 활용하시어 실전 감각을 높이시기 바랍니다.

3. 시험지의 전 문항은 무단 전재 및 배포를 금합니다. 이를 위반할 경우 관련 규정에 따라 처벌을 받을 수 있습니다.

NCS 실전모의고사 6회

[01~02] 다음 글을 읽고 이어지는 물음에 답하시오.

(가) 유비 논증을 활용해 동물 실험의 유효성을 주장하는 쪽은 인간과 실험동물이 유사성을 보유하고 있기 때문에 신약이나 독성 물질에 대한 실험동물의 반응 결과를 인간에게 안전하게 적용할 수 있다고 추론한다. 이를 바탕으로 이들은 동물 실험이 인간에게 명백하고 중요한 이익을 준다고 주장한다.

(나) 유비 논증은 두 대상이 몇 가지 점에서 유사하다는 사실이 확인된 상태에서 어떤 대상이 추가적 특성을 갖고 있음이 알려졌을 때 다른 대상도 그 추가적 특성을 가지고 있다고 추론하는 논증이다. 유비 논증은 이미 알고 있는 전제에서 새로운 정보를 결론으로 도출하게 된다는 점에서 유익하기 때문에 일상생활과 과학에서 흔하게 쓰인다. 특히 의학적인 목적에서 포유류를 대상으로 행해지는 동물 실험이 유효하다는 주장과 그에 대한 비판은 유비 논증을 잘 이해할 수 있게 해 준다.

(다) 요컨대 첫째 비판은 동물 실험의 유효성을 주장하는 유비 논증의 개연성이 낮다고 지적하는 반면, 둘째 비판은 동물도 고통을 느낀다는 점에서 동물 실험의 윤리적 문제를 제기하는 것이다. 인간과 동물 모두 고통을 느끼는데 인간에게 고통을 끼치는 실험은 해서는 안 되고 동물에게 고통을 끼치는 실험은 해도 된다고 생각하는 것은 공평하지 않다고 생각하기 때문이다. 결국 윤리성의 문제도 일관되지 않게 쓰인 유비 논증에서 비롯된 것이다.

(라) 도출한 새로운 정보가 참일 가능성을 유비 논증의 개연성이라 한다. 개연성이 높기 위해서는 비교 대상 간의 유사성이 커야 하는데 이 유사성은 단순히 비슷하다는 점에서의 유사성이 아니고 새로운 정보와 관련 있는 유사성이어야 한다. 예를 들어 동물 실험의 유효성을 주장하는 쪽은 실험동물로 많이 쓰이는 포유류가 인간과 공유하는 유사성, 가령 비슷한 방식으로 피가 순환하며 허파로 호흡을 한다는 유사성은 실험 결과와 관련 있는 유사성으로 보기 때문에 자신들의 유비 논증은 개연성이 높다고 주장한다. 반면에 인간과 꼬리가 있는 실험동물은 꼬리의 유무에서 유사성을 갖지 않지만 그것은 실험과 관련이 없는 특성이므로 무시해도 된다고 본다.

(마) 그러나 동물 실험을 반대하는 쪽은 유효성을 주장하는 쪽을 유비 논증과 관련하여 두 가지 측면에서 비판한다. 첫째, 인간과 실험동물 사이에는 위와 같은 유사성이 있다고 말하지만 그것은 기능적 차원에서의 유사성일 뿐이라는 것이다. 인간과 실험동물의 기능이 유사하다고 해도 그 기능을 구현하는 인과적 메커니즘은 동물마다 차이가 있다는 과학적 근거가 있는데도 말이다. 둘째, 기능적 유사성에만 주목하면서도 막상 인간과 동물이 고통을 느낀다는 기능적 유사성에는 주목하지 않는다는 것이다. 인간은 자신의 고통과 달리 동물의 고통은 직접 느낄 수 없지만 무엇인가에 맞았을 때 신음소리를 내거나 몸을 움츠리는 동물의 행동이 인간과 기능적으로 유사하다는 것을 보고 유비 논증으로 동물이 고통을 느낀다는 것을 알 수 있는데도 말이다.

01 위 글의 문단 배열 순서로 가장 적절한 것은?

① (가) – (나) – (라) – (마) – (다)
② (나) – (가) – (라) – (마) – (다)
③ (나) – (라) – (가) – (다) – (마)
④ (라) – (가) – (나) – (다) – (마)
⑤ (라) – (나) – (가) – (마) – (다)

02 위 글을 바탕으로 다음 [상황]에 대해 설명한 내용으로 적절하지 않은 것은?

[상황]

사람은 포유류이고 잡식성이며 인슐린에 의해 혈당이 조절된다. 흰쥐는 ㉠ 포유류이고 ㉡ 잡식성이며 ㉢ 인슐린에 의해 혈당이 조절되고 ㉣ 꼬리가 있으며 ㉤ A라는 약이 흰쥐의 당뇨병에 효능이 있다. 따라서 ㉥ A라는 약은 사람의 당뇨병에도 효능이 있을 것이다.

① 동물 실험을 반대하는 쪽은 ㉠~㉢을 사람과 흰쥐의 유사성으로 보지 않는다.
② 동물 실험의 유효성을 주장하는 쪽은 ㉣이 ㉥에 대한 개연성과 관계가 없다고 본다.
③ ㉣은 흰쥐가 가지고 있는 추가적 특성에 해당한다.
④ ㉥은 ㉤을 사람에게 안전하게 적용할 수 있다고 추론한 결과이다.
⑤ 동물 실험을 반대하는 쪽은 [상황]과 같은 유비 논증의 개연성이 낮다고 주장한다.

03 다음 글의 문단 배열 순서로 가장 적절한 것은?

(가) 인간의 본성으로서의 정치적 자유가 외면화하게 되면 반드시 국가 권력의 권위와 충돌하게 되므로, 자유의 문제는 곧 자유와 권력의 문제가 된다. 어떻게 할 때 자유를 보장하는 권력이 가능하게 되는가, 다시 말하면 도대체 국가 권력의 근거가 무엇인가 하는 권력의 정당성 문제가 되는 것이다. 루소사상의 기본적 출발점은 이처럼 권력의 정당성 문제로 집약된다.

(나) 이처럼 국가 권력의 근거는 국가 구성원들의 자유로운 동의에 의한 사회계약이다. 그런데 그 국가 권력이 어떻게 구성되고 행사될 때 개인의 자유와 이익을 보장할 수 있는가 하는 문제가 제기된다. 그에 의하면, 사회계약에 의하여 성립된 국가 권력이 가장 상위에 위치한 일반 의지의 지도하에 행사될 때 비로소 개인의 자유와 이익을 보장하고 나아가 전체의 목적도 수행할 수 있다고 한다.

(다) 국가 권력의 근거에 관하여 루소는 독특한 정치 이론의 공식을 제시하고 있다. "국가는 동의에 의하여 성립된다.", 즉 우리가 복종할 의무가 있는 정당한 국가 권력은 국민들의 자유로운 의지에 의한 약속에 그 근거가 있다는 것이다. 그에 의하면, 인간 상호 간에 자연적·육체적 불평등이 있기는 하지만 인간은 본질적으로 평등하기 때문에 서로 평등한 조건 위에서 '공동의 힘으로 공동의 이익을 실현'할 것을 약속하게 되고, 이 약속으로부터 개개의 인간들 대신에 '정신적이고도 집합적인 하나의 단체'가 형성되는데, 이것이 곧 국가라는 것이다.

(라) 루소에게 있어서 인간의 자유는 인간의 본성이고 자격이며 인간으로서의 가치였다. 그것은 어떠한 일이 있더라도 양도되거나 포기될 수 없을 뿐만 아니라 결코 억압될 수 없는 존엄한 가치였다. 따라서 자유를 보장하는 문제는 루소의 가장 근본적인 문제였으며, 『사회계약론』제1편에서 "인간은 자유로운 존재로 태어났다."라고 한 것은 그의 모든 사상의 기본적인 전제를 표시한 것이었다.

(마) 그렇다면 일반 의지란 어떤 것인가? 이것이 바로 루소의 독창적이고도 핵심적인 개념이다. 우선 일반 의지는 국가 구성원들의 동질성을 전제로 하여 성립할 수 있다. 같은 사회계약론자인 존 로크나 토마스 홉스와는 달리, 루소는 사회 구성원들이 사회계약을 할 때, "구성원 각자는 자기가 가지고 있는 모든 권리와 함께 자기 자신을 공동체 전체에 대하여 전면적으로 양도한다."라고 하였다. 따라서 각자가 모든 것을 양도해 버리고 나면 각자의 조건은 평등하게 되고 이해관계가 일치되어 상호 간의 동질성이 형성된다는 것이다.

① (가) – (나) – (다) – (라) – (마)
② (가) – (라) – (다) – (나) – (마)
③ (나) – (가) – (라) – (마) – (다)
④ (라) – (가) – (다) – (나) – (마)
⑤ (라) – (나) – (다) – (가) – (마)

04 다음 글을 읽고 이해한 내용으로 옳은 것은?

> 줌바밍(Zoombombing)이란 화상 회의 플랫폼인 '줌(Zoom)'과 폭격을 뜻하는 '바밍(bombing)'의 합성어이다. 줌을 이용한 수업 혹은 회의 공간에 외부인이 접속해 방해하는 것을 뜻한다.
>
> 코로나19의 확산으로 전 세계에서 재택근무, 화상 회의와 원격 수업 등을 위해 줌을 이용하는 사람이 크게 늘었다. 그러나 재택근무와 온라인 개학 등으로 각광받은 줌은 최근 해킹 위협과 데이터 불법 판매 등 각종 보안 논란에 시달리고 있다. 그뿐만 아니라 외부인이 대화방에 무단 침입하는 사례까지 발생하면서 이와 같은 신조어가 등장한 것이다.
>
> 캐나다 토론토 대학교 연구센터는 줌의 데이터 일부가 중국 서버를 경유했다는 사실을 밝혔다. 미국 연방수사국(FBI)은 줌의 화상 회의 기능 이용 시 회의실을 비공개로 설정하거나 암호를 걸어 놓을 것을 당부했다. 줌바밍 피해 사례가 급증하면서 뉴욕주 법무부는 줌의 보안 시스템에 대한 조사에 착수했고, 정부에서 줌 이용 금지령을 내리고 있는 국가도 생겨나고 있다.
>
> 줌이 보안 논란을 겪는 사이 마이크로소프트(MS), 구글 등이 치고 나오기 시작했다. MS의 협업 솔루션 '팀즈'를 활용한 화상 회의는 3월 사용 시간이 전달보다 1,000% 급증했다. 구글의 화상 회의 서비스 '미트'도 매일 약 300만 명씩 이용자가 증가하고 있다. 네이버 자회사 웍스모바일도 국산 협업 툴 '라인웍스'로 화상 회의 시장을 공략하고 있다.

① 줌바밍으로 인해 줌 이용 금지령을 내린 국가가 그렇지 않은 국가에 비해 많다.
② 줌의 화상 회의 기능을 이용할 때 암호를 설정해 놓더라도 줌바밍이 줄어들지는 않는다.
③ 줌을 이용한 수업 대화방에 외부인이 들어와 음란물 사진을 게시했다면 이는 줌바밍에 해당한다.
④ 줌바밍 피해가 급증하면서 마이크로소프트와 구글이 내놓은 화상 회의 서비스도 이용량이 대폭 감소했다.
⑤ 구글은 네이버 자회사인 웍스모바일과 협업하여 화상 회의 시장을 공략하고 있다.

[05~06] 다음 글을 읽고 이어지는 물음에 답하시오.

　어떤 음식점에 가 보면 'A세트 정식'이니 혹은 'B세트 정식'이니 하는 이름으로 요리 몇 가지를 묶어 파는 것을 볼 수 있다. 이와 같이 여러 상품을 한꺼번에 묶어 파는 판매 전략을 '묶어 팔기(bundling)'라 한다.
　기업이 묶어 팔기를 하는 궁극적인 동기는 이윤 극대화에 있다. 그렇다면 여러 상품들을 따로 팔 때보다 묶어 팔 때 이윤이 더욱 커지는 이유는 무엇일까? 어느 도시에 하나밖에 없는 샌드위치 전문점과 이를 찾는 두 고객(민서, 동원)이 있다고 하자. 이 가게는 주스와 샌드위치를 팔고 있는데, 각 상품에 대해 두 사람이 최대한으로 지불할 용의가 있는 금액은 다음의 [표]와 같다.

[표]

구분	주스	샌드위치
민서	3,000원	5,000원
동원	2,000원	7,000원

※ 가격 결정 시 생산 원가는 매우 낮아 고려 대상에서 제외하고, 샌드위치 전문점은 수입(收入)을 가능한 한 크게 만들려고 한다고 가정함

(가) ┌ 만약 주스와 샌드위치를 묶어 팔지 않고 따로 판다면 주스는 2,000원, 샌드위치는 5,000원에 가격이 정해진다. 그래야 두 사람이 주스와 샌드위치를 모두 사 먹게 되기 때문인데, 이 경우 샌드위치 전문점의 수입은 1만 4,000원이 된다. 그런데 주스와 샌드위치를 묶어서 팔기로 한다면 민서의 경우 8,000원, 동원이의 경우 9,000원의 금액을 지불할 용의가 있다. 그러므로 8,000원의 가격에 이 둘을 묶어 두 사람 모두에게 팔 경우에는 수입이 1만 6,000원으로 증가한다.
　이 예에서 보는 것처럼 묶어 팔기를 할 때의 수입이 따로 팔 때의 수입보다 더 커지는 데에는 민서와 동원이의 상품에 대한 선호가 다르다는 사실이 중요한 역할을 한다. 따로 팔 때는 두 사람 모두에게 상품을 팔기 위해서 두 상품에 대한 지불용의 금액 중 낮은 금액이 각 상품의 가격으로 결정되지만, 묶어 팔기의 경우 두 상품에 대한 지불용의 금액의 합 중 낮은 금액으로 가격이 결정되기 때문이다. 만약 민서가 동원이보다 주스뿐 아니라 샌드위치에 대해서도 더 큰 금액을 낼 용의가 있다면, 따
└ 로 파는 경우와 묶어 파는 경우의 수입이 동일하다.
　묶어 팔기는 부정적인 측면과 긍정적인 측면을 모두 갖고 있다. 우선 가격 규제가 적용되는 상품과 그렇지 않은 상품을 묶어 판매하여 규제를 회피하는 수단으로 활용될 수 있다. 또한 묶어 파는 방식을 선택하여 특정 상품에 대해 경쟁기업 몰래 가격 할인을 함으로써 경쟁사를 시장에서 몰아내기도 한다. 이와 같은 판매 전략은 경쟁을 저해하고 공정한 거래질서를 해치는 결과를 가져오게 된다. 그러나 경우에 따라서는 묶어 팔기가 효율성을 제고하기도 한다. 여러 상품을 묶어 팔면 소비자는 여러 곳을 돌아다니면서 물건을 사지 않아도 되고, 생산자는 상품을 유통시키는 데 지불하는 비용을 절약할 수 있는 것이다.

05 위 글의 (가)와 관련지어 다음 [상황]을 이해했을 때, 적절하지 않은 것은?

[상황]

A는 ○○지역, B는 △△지역에 하나밖에 없는 문구점으로, A를 찾는 고객으로는 '갑'과 '을'만이 있고, B를 찾는 고객으로는 '병'과 '정'만이 있다. 두 문구점은 각각의 고객에게 샤프와 지우개 두 가지 모두를 판매하여 수입을 가능한 한 크게 만들고자 한다. 다음은 각 고객이 A와 B에서 판매하는 상품 한 단위에 대해 지불할 용의가 있는 최대 금액을 나타낸 것이다.

구분	갑	을	병	정
샤프	5,500원	5,000원	5,000원	10,000원
지우개	500원	800원	800원	1,000원

※ 샤프와 지우개의 생산 원가는 무척 낮아 고려 대상에서 제외함

① 갑과 을의 지우개에 대한 지불용의 금액이 서로 바뀐다면 A는 묶어 팔기 금액을 낮춰야 한다.
② A가 샤프를 5,000원, 지우개를 800원에 각각 판다면 샤프와 지우개를 묶어서 갑과 을 모두에게 팔았을 때보다 매출이 적을 것이다.
③ A가 갑과 을 모두에게 샤프와 지우개를 각각 1개씩 팔 때에 발생하는 매출은 샤프와 지우개를 묶어서 한 번씩 팔았을 때의 매출보다 적다.
④ 병과 정의 지불용의 금액이 다른 이유는 샤프와 지우개에 대한 선호도가 다르기 때문이다.
⑤ 묶어 팔기를 할 때의 매출이 따로 팔 때의 매출보다 커지므로 B는 이윤 극대화를 위해 반드시 묶어 팔기 전략을 취할 것이다.

06 위 글을 읽고 다음 [사례]에 대해 보인 반응으로 적절하지 않은 것은?

[사례]

- 운동기구 회사인 A사는 국내 운동기구 시장에서 독점력을 지니고 있다. 그런데 러닝머신을 생산하는 외국 회사 B사가 국내에 진출해 공격적 마케팅을 펼치자, A사는 다른 운동기구와 묶어 러닝머신을 최대 80%까지 할인해 주는 판촉 행사를 했다.
- 20년간 디지털 카메라를 생산하고 판매해 온 C사는 올해부터 메모리카드를 생산하며 국내에서 유일하게 디지털 카메라와 메모리카드를 묶어서 판매했다. 이때 C사는 개별 상품을 구매할 때보다 50% 저렴하도록 가격을 책정하여 판매했다. 이로 인해 C사의 매출은 급증했고, 디지털 카메라를 생산·판매하는 경쟁사 D와 메모리카드를 생산·판매하는 경쟁사 E사의 매출은 급감했다.

① A사의 판매 전략은 국내 운동기구 시장의 경쟁을 저해할 수 있겠군.
② A사는 B사와 몰래 담합하여 적정 가격을 유지하는 정도로만 할인했겠군.
③ C사의 판매 전략은 디지털 카메라와 메모리카드를 구매해야 하는 소비자의 효율성을 높여 주겠군.
④ C사는 이윤을 극대화하기 위해 새로운 상품을 생산하고 기존 상품과 묶어 팔기를 하는군.
⑤ C사의 판매 전략으로 D사와 E사가 결국 시장에서 사라지면 C사의 사례는 묶어 팔기의 부정적 측면의 예가 되겠군.

07 다음 글의 밑줄 친 ㉠에 제시되었을 내용으로 추론할 수 있는 것을 [보기]에서 모두 고르면?

국제표준화기구(ISO)가 주도하는 기업의 사회적 책임 표준화 작업이 진행되어 가는 가운데 사회적 차원에서 CSR(Corporate Social Responsibility, 기업 사회 책임) 운동을 전개해야 한다는 주장이 제기되고 있다.

A연구소는 지난주 발표한 ㉠ 보고서에서 기업의 사회적 책임이 국내법이나 국제 규범으로 제도화되고 있어 향후 그 파급 효과가 매우 클 것으로 예상됨에도 불구하고, 국내 기업들은 여전히 사회적 책임을 사회공헌 활동으로 축소 해석하거나 '지속 가능성 보고서' 발간을 기업의 이미지 제고의 수단으로 인식하는 경향이 강하다고 지적하였다. 그뿐만 아니라 사회 책임 경영의 핵심이 다양한 이해관계자와의 협력적 관계를 모색하는 것임에도 국내 기업들은 이해관계자들의 참여 부분을 배제하고 있음도 지적하였다. 보고서에서는 국내 기업이 지속적으로 성장하기 위해서는 환경 운동 단체를 비롯해 학계와 여러 시민 단체, 인권 단체, 노동 단체, 여성 단체, 소비자 단체들과 연대 협력하여 기업과 산업의 영역에서 '지속 가능한 경영과 투자'가 이루어지도록 다양한 운동을 전개할 필요가 있고, 궁극적으로는 '지속 가능한 사회'를 이루어 나가는 전략을 세워야 한다고 강조하였다.

이 보고서에서는 외국 기업의 성공 사례를 들면서 CSR 운동이 실천해야 할 구체적인 과제들을 제시했는데, 우선 기업의 경영 부문에서 기업의 사회적 책임을 규정한 가이드라인을 제정하여 기업들이 이를 준수하도록 사회적 협약을 체결해 나가야 한다고 했다. 더불어 자본과 투자 영역에서도 사회적 책임을 다하는 기업에 우선적으로 투자하는 사회 책임 투자(social responsible investing)를 촉진할 필요가 있으며, 기업에 대한 객관적이고 포괄적인 평가 자료를 바탕으로, 기존의 녹색 소비자 운동이 한층 더 강화되어야 함을 제시하였다. 또한 기업의 사회적 책임에 대하여 UN이 제시한 글로벌 컴팩트(global compact) 원칙이나, OECD의 다국적 기업에 관한 가이드라인은 기업의 사회적 책임을 견인할 수 있는 대표적 국제 규범이므로 우리 시민 사회에서도 이를 적극적으로 활용할 필요가 있다고 하였다.

| 보기 |

ㄱ. CSR 운동은 기업이 생태 효율을 높이면서 최대한의 이윤을 추구하는 것을 보장해야 한다.
ㄴ. 반환경적 기업이 시장에서 생존할 수 없도록 공익적 차원의 소비자 운동을 활성화해야 한다.
ㄷ. 기업 윤리 의식 고취를 목적으로 기업 경영자에게 기업의 사회적 책임에 대한 윤리 교육을 강화해야 한다.
ㄹ. 기업이 자신의 경영 전략을 재검토하도록 압력을 가하기 위해 사회 책임 투자를 촉진해야 한다.

① ㄱ
② ㄱ, ㄴ
③ ㄴ, ㄹ
④ ㄷ, ㄹ
⑤ ㄱ, ㄷ, ㄹ

[08~09] 다음 글을 읽고 이어지는 물음에 답하시오.

　자동차를 타고 고속도로나 자동차 전용 도로를 달리다 보면 과속 감지 카메라를 쉽게 볼 수 있다. 과속 감지 카메라는 이동식과 고정식의 두 가지 방식이 있다. 이동식 카메라는 경찰관들이 손에 들고 지나가는 차량을 향해 초음파를 발사하는 것으로, 요즘은 삼각대를 이용하거나 차량 위에 고정하기도 한다. 이와 달리 고정식 카메라는 도로 위에 차선이 내려다보이도록 방향을 ㉠맞추어 설치한 것이다. 그런데 이런 과속 감지 카메라는 빠른 속도로 움직이는 자동차의 속도를 어떻게 측정할까?
　이동식 카메라는 파동의 도플러 효과를 이용하여 속도를 측정한다. '도플러 효과'란 물체가 이동할 때 파동의 진동수가 다르게 관측되는 현상으로, 음파뿐만 아니라 모든 파동 현상에서 관측할 수 있다. 파동은 각기 다른 파장과 진동수를 갖고 있다. 파장이란 파동의 모습이 다시 돌아올 때까지의 거리이며, 진동수란 파동이 1초 동안 반복되는 횟수이다. 파동의 근원과 관측자 사이가 가까워지면 파장이 짧아지고, 멀어지면 파장이 길어진다.
　가령 이동식 카메라는 자동차의 속도를 측정할 때 다가오는 자동차를 향해 일정한 진동수의 초음파를 발사하고, 이것이 자동차에 반사된 후 카메라로 되돌아오게 한다. 이때 반사되어 돌아온 초음파는 도플러 효과로 인해 애초에 발사했던 초음파보다 파장이 짧아지고 진동수는 증가한다. 이러한 진동수의 변화는 자동차가 움직이는 속도에 의해 결정되는데, 이동식 카메라는 이때의 진동수 변화량을 속도로 환산하여 이를 계기판에 보여 준다.
　이에 비해 고정식 카메라는 도로 밑에 숨겨 놓은 자기장 감지 센서를 이용해 자동차의 속도를 측정한다. 일반적으로 고정식 카메라에서 30m 정도 떨어진 도로 밑에 첫 번째 센서를 설치하고, 그로부터 다시 30m 정도 떨어진 곳에 두 번째 센서를 묻는다. 그리고 자동차가 그 사이를 지나는 시간을 측정해 '속도=거리/시간'이라는 공식에 따라 속도를 환산한다. 그러므로 고정식 카메라 앞 30m 정도까지 과속을 했다면 이후 속도를 줄인다 해도 영락없이 플래시 세례를 받게 된다.
　이 같은 속도 측정 방식은 영국의 물리학자 패러데이가 발견한 '유도 전류의 원리'를 이용한 것이다. 즉, 도로 밑 센서에는 '유도 코일'이 있는데, 시간에 따라 흐르는 방향이 바뀌는 전류인 교류가 약하게 흐르면서 자기장이 만들어진다. 그 위를 금속 물체인 자동차가 지나가면 도로 밑에 있는 코일에 전류가 흐르고, 이를 측정하면 차량 속도를 계산할 수 있다.

08 위 글의 내용과 일치하는 것은?

① 자기장을 감지하는 센서는 도플러 효과를 활용한 장치이다.
② 모든 파동은 파장의 길이가 서로 다르고 진동수는 동일하다.
③ 고정식 카메라는 영국의 물리학자 패러데이가 제안한 것이다.
④ 이동식 카메라는 초음파의 진동수 변화량을 속도로 환산한다.
⑤ 파동의 근원과 관측자 사이가 가까워질수록 파장이 길어진다.

09 위 글의 밑줄 친 ⊙과 문맥상 의미가 가장 가까운 것은?

① 그는 일기 예보를 듣기 위해 라디오의 주파수를 맞추었다.
② 친구들과의 약속 시간을 맞추려면 지금 당장 출발해야 한다.
③ 그는 대학 선택을 점수보다는 자신의 적성에 맞추기로 했다.
④ 시험이 끝나고 모두들 서로 답을 맞추어 보느라고 정신이 없다.
⑤ 안경을 맞출 때는 미적인 요소와 함께 실용성을 고려해야 한다.

[10~11] 다음은 평생교육기관에 관한 자료이다. [표]를 보고 물음에 답하시오.

[표 1] 평생교육기관 수

(단위: 개)

구분	2017년	2018년	2019년	2020년	2021년	2022년
합계	4,032	4,169	4,295	4,541	4,493	4,869
초·중등학교부설	5	6	7	8	10	9
대학(원)부설	412	412	415	414	416	419
원격형태	949	1,012	1,041	1,048	1,042	1,204
사업장부설	424	420	415	413	393	389
시민사회단체부설	515	500	492	474	439	423
언론기관부설	707	741	842	1,098	1,134	1,343
지식·인력개발형태	579	586	595	594	561	564
시·도평생교육진흥원	17	17	17	17	17	17
평생학습관	424	475	471	475	481	501

[표 2] 평생교육기관 학생 수

(단위: 백 명)

구분	2017년	2018년	2019년	2020년	2021년	2022년
합계	118,968	163,442	163,484	243,968	206,772	204,377
초·중등학교부설	13	10	11	8	7	5
대학(원)부설	8,828	8,396	8,175	8,173	5,392	6,306
원격형태	80,130	124,927	121,114	201,171	184,576	178,430
사업장부설	11,607	11,277	11,855	12,039	4,943	5,544
시민사회단체부설	1,164	1,036	1,892	2,004	991	860
언론기관부설	1,517	1,784	2,719	2,959	2,126	3,324
지식·인력개발형태	6,308	6,291	6,230	5,952	3,332	3,341
시·도평생교육진흥원	285	347	435	467	394	358
평생학습관	9,116	9,374	11,053	11,195	5,011	6,209

10 위 자료에 대한 설명으로 옳지 않은 것은?

① 조사기간 중 평생교육기관 학생 수가 가장 많은 해에 평생교육기관 학생 수 중 평생학습관 학생 수 비중은 4% 이상이다.
② 2017~2020년에 평생교육기관 학생 수가 두 번째로 많은 평생교육기관 형태는 동일하다.
③ 조사기간 동안 매년 언론기관부설 평생교육기관 수는 시·도평생교육진흥원의 50배 이상이다.
④ 2018~2022년 동안 지식·인력개발형태 평생교육기관 수가 처음으로 전년 대비 감소한 해는 2020년이다.
⑤ 2018~2020년 중 원격형태의 평생교육기관 학생 수의 전년 대비 증가량이 가장 많은 해는 2020년이다.

11 조사기간 동안 평생교육기관 1개당 학생 수의 전년 대비 증가량이 가장 많은 해에 증가량은? (단, 계산 시 소수점 첫째 자리에서 반올림한다)

① 900명 ② 1,200명 ③ 1,400명
④ 1,600명 ⑤ 2,000명

[12~13] 다음은 2022년 하반기 관제탑 관제량 및 통과 비행량에 관한 자료이다. [표]를 보고 물음에 답하시오.

[표 1] 2022년 하반기 관제탑 관제량

(단위: 대)

구분	7월	8월	9월	10월	11월	12월
합계	62,226	64,711	55,851	62,445	65,546	61,162
인천	16,433	17,468	16,425	18,245	20,591	22,844
김포	14,268	13,886	13,171	13,884	12,504	11,550
양양	1,730	2,033	2,208	1,965	2,098	1,261
제주	15,446	15,615	14,182	15,614	14,906	13,747
여수	1,246	1,268	1,426	1,573	1,238	985
울산	1,342	1,350	1,036	915	1,300	1,172
무안	3,521	3,397	2,363	2,523	2,692	2,348
울진	8,240	9,694	5,040	7,726	10,217	7,255

[표 2] 2022년 하반기 통과 비행량

(단위: 대)

구분	7월	8월	9월	10월	11월	12월
전년도 통과 비행량	5,088	4,481	4,491	5,271	5,395	5,516
통과 비행량	6,332	6,333	6,247	6,363	6,666	6,400

12 위 자료에 대한 설명으로 옳은 것은?

① 2021년 하반기와 2022년 하반기에 통과 비행량이 가장 많은 월은 동일하다.
② 2022년 10월에 통과 비행량은 전년 동월 대비 24% 이상 증가했다.
③ 2022년 하반기에 통과 비행량의 전년 동월 대비 증가량이 가장 많은 월은 9월이다.
④ 2022년 하반기 관제탑 관제량 상위 3개 관제탑의 순위는 매월 동일하다.
⑤ 2022년 8~12월 동안 관제탑 관제량의 전월 대비 증감 추이가 무안과 동일한 관제탑은 1개이다.

13 위 자료를 토대로 다음과 같은 [그림]을 만들었을 때, 옳지 않은 것은? (단, 계산 시 소수점 둘째 자리에서 반올림한다)

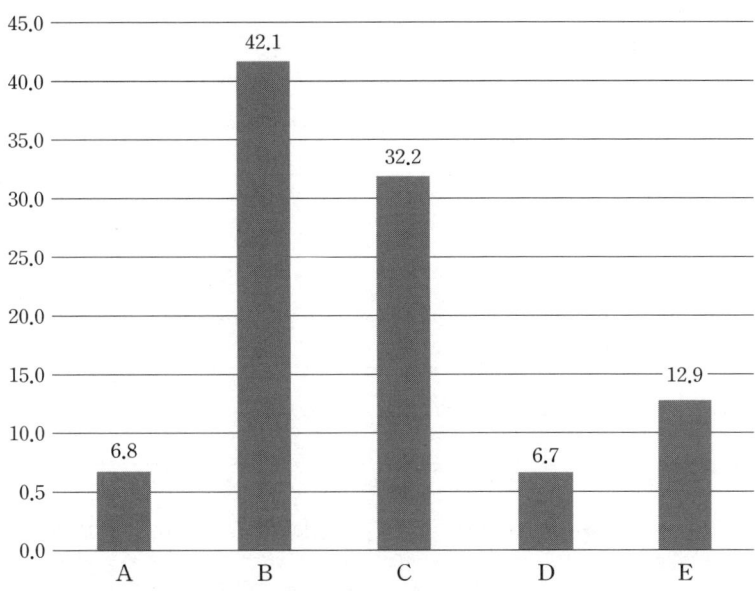

※ 2022년 11월 관제탑 관제량의 전월 대비 증가율에 대한 [그림]임

① [그림]에 표시되지 않은 공항은 김포, 제주, 여수이다.
② A는 양양이다.
③ D는 무안이다.
④ 7월 관제탑 관제량 중 B의 비중은 3% 이상이다.
⑤ 12월 C의 관제탑 관제량은 7월 대비 10% 이상 감소했다.

[14~15] 다음은 신규 가정위탁보호 아동 현황에 관한 자료이다. [그림]을 보고 물음에 답하시오.

[그림 1] 신규 가정위탁보호 세대수

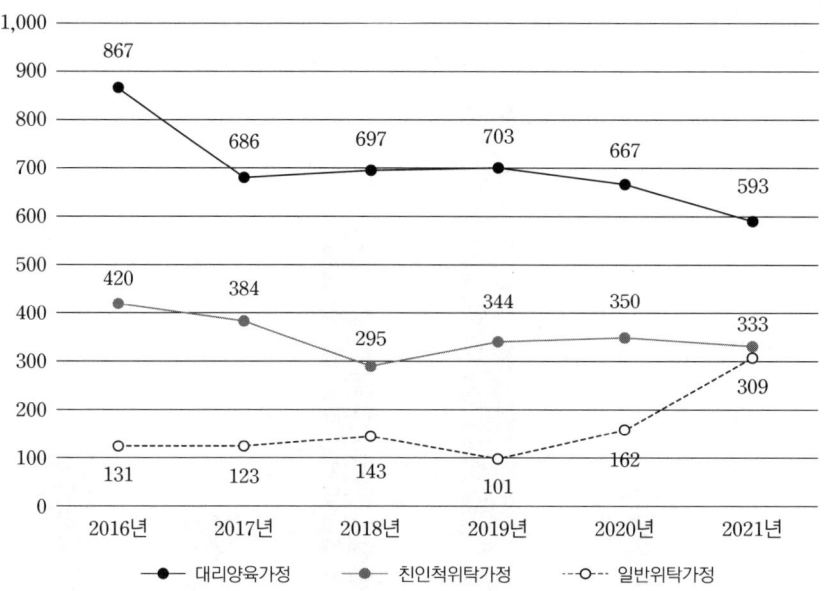

[그림 2] 신규 가정위탁보호 아동 수

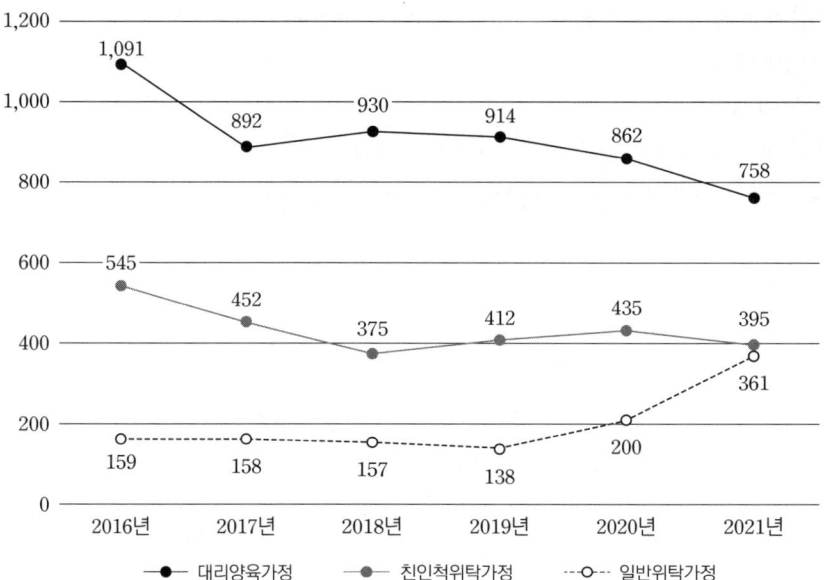

14 위 자료에 대한 설명으로 옳지 않은 것은?

① 2017~2021년 동안 신규 가정위탁보호 세대수와 아동 수의 전년 대비 증감 추이가 동일한 유형은 친인척위탁가정이다.
② 2021년에 신규 가정위탁보호 총 세대수는 2016년 대비 15% 이하 감소했다.
③ 조사기간 중 유형별 신규 가정위탁보호 아동 수가 가장 많은 해는 다르다.
④ 2019년에 신규 가정위탁보호 1세대당 아동 수는 1명 이상이다.
⑤ 조사기간 중 신규 대리양육가정 아동 수 대비 신규 친인척위탁가정 아동 수 비율이 두 번째로 높은 해는 2020년이다.

15 다음은 누적, 종결 가정위탁보호 아동 수에 관한 자료이다. [그림 2], [표]에 따를 때 [보고서]의 A, B에 들어갈 숫자는?

[표] 작년 말 누적, 종결 가정위탁보호 아동 수

(단위: 명)

구분		2016년	2017년	2018년	2019년	2020년	2021년
누적	대리양육가정	9,127	( )	7,950	7,426	6,905	6,542
	친인척위탁가정	3,556	3,348	3,100	2,801	2,572	2,447
	일반위탁가정	1,045	970	933	914	907	934
종결	대리양육가정	1,520	1,441	1,558	1,438	( )	1,121
	친인척위탁가정	700	660	623	711	( )	520
	일반위탁가정	195	233	194	157	( )	334

※ 누적 가정위탁보호 아동 = 전년 누적 가정위탁보호 아동 + 신규 가정위탁보호 아동 − 종결 가정위탁보호 아동

[보고서]

· 2021년에 누적 대리양육가정 아동 수는 2017년 대비 (A)% 감소했다.
· 2020년 종결 가정위탁보호 아동 수 중 일반위탁가정의 비중은 (B)%이다.

	A	B
①	23.7	8.8
②	23.7	9.2
③	23.7	10.3
④	24.5	8.8
⑤	24.5	9.2

[16~17] 다음 [그림]은 평일과 주말의 시간대별 봉사활동 횟수에 관한 자료이다. [그림]을 보고 물음에 답하시오.

[그림 1] 평일 시간대별 봉사활동 횟수

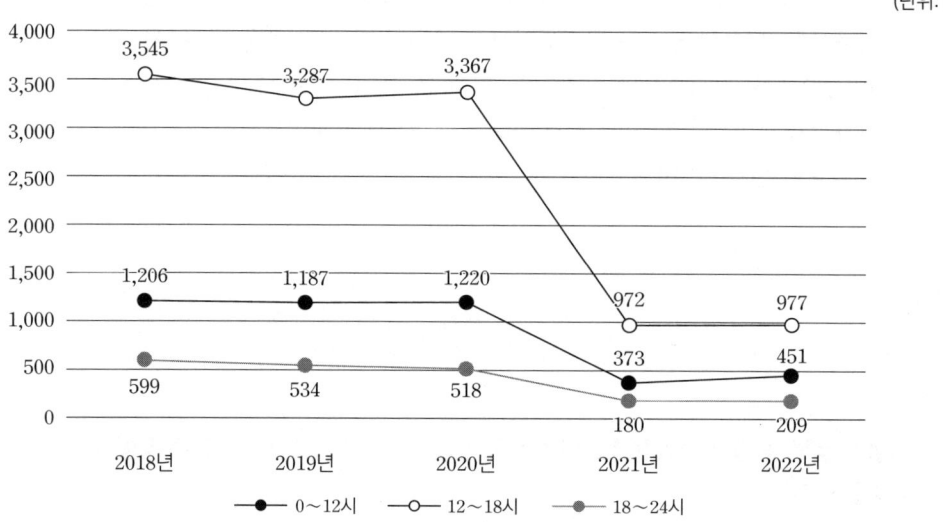

[그림 2] 주말 시간대별 봉사활동 횟수

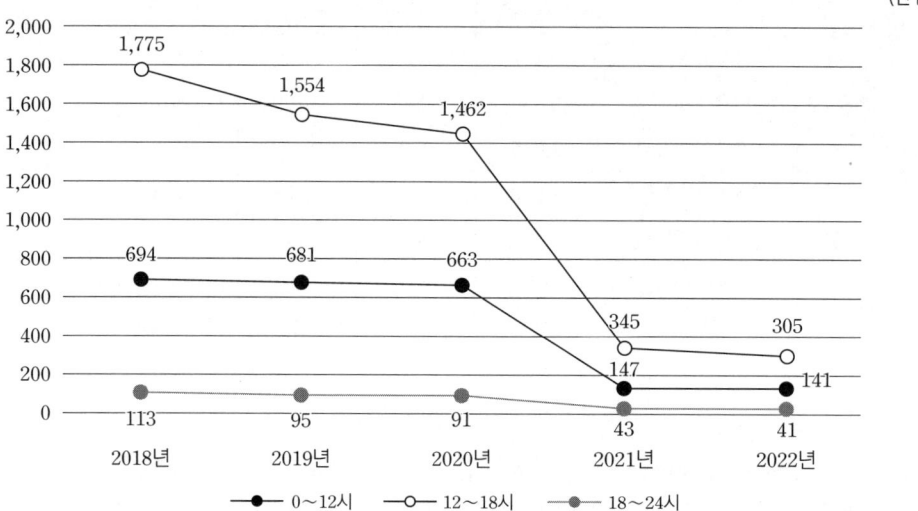

16 위 [그림]에 대한 설명으로 옳지 않은 것은?

① 조사기간 동안 평일 0~12시의 평균 봉사활동 횟수는 88만 회 이상이다.
② 2018년 대비 2022년 주말 12~18시의 봉사활동 횟수 감소율은 80% 이하이다.
③ 조사기간 동안 연도별로 봉사활동 횟수가 가장 많은 시간대는 평일과 주말이 서로 동일하다.
④ 2019~2021년 중 주말은 동일한 시간대에서 봉사활동 횟수가 전년 대비 증가한 시간대가 없다.
⑤ 조사기간 중 평일 18~24시의 봉사활동 횟수가 50만 회 이상인 해는 모두 평일 봉사활동 횟수가 주말의 2배 이상이다.

17 위 [그림]과 다음 [봉사활동 인원]에 따를 때 봉사활동 인원 1명당 봉사활동 횟수가 가장 많은 해는?

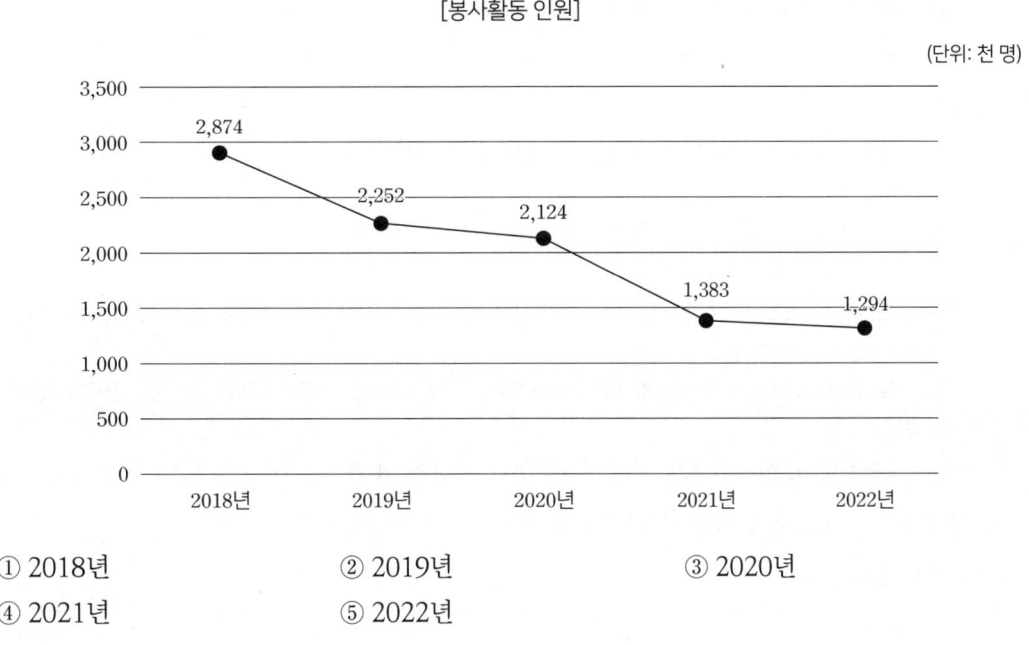

① 2018년　　② 2019년　　③ 2020년
④ 2021년　　⑤ 2022년

[18~19] 다음은 역사 내 상업시설 운영 계약자 모집공고에 관한 자료이다. 이를 읽고 물음에 답하시오.

□ 대상매장

업종	면적	월 매출액	월 수수료	이행 담보금	영업시간
편의점	36m²	5,218천 원	1,191천 원	10,000천 원	07:00~22:00

※ 월 매출액과 월 수수료는 월 추정치임

□ 지원자격: 신청일 기준 만 18세 이상 대한민국 국민으로 개인 사업자 등록이 가능하며 서비스 활동에 적합한 건강상태가 양호한 자

□ 자격 제한
- 공사에 현직 중인 임·직원(배우자 포함)과 그 직계혈족
- 퇴직 후 2년이 경과하지 않은 퇴직 임·직원(배우자 포함)
- 모집공고 시작일을 기준으로 현재 공사와 전문점 운영계약을 맺고 있는 자와 그 배우자 및 직계혈족
- 모집공고 시작일을 기준으로 현재 공사와 상업시설 운영 계약을 체결 중인 자(배우자 및 직계혈족 포함)로 계약체결일로부터 1년이 초과하지 않은 경우
- 공사와 상업시설 운영 계약과 관련하여 최초 계약(2년) 기간 중 식품위생법 위반 사항이 4회 이상 확인된 자로 계약종료일 이후 1년이 경과하지 않은 자
- 공사와 상업시설 운영 계약과 관련하여 최근 1년 이내에 회사나 행정당국으로부터 유통기한 경과 상품 취급 등 식품위생법 위반사항이 5회 이상 확인된 이력이 있는 자
- 공사와 상업시설 운영 계약과 관련하여 행정당국으로부터 식품위생법 위반사항이 반복적으로 확인된(1년 이내 2회) 후 1년이 경과하지 않은 경우

□ 전형방법: 서류(전화심사 포함)심사 및 직접면접에 의한 선정 심의

□ 지원서 접수
- 공고기간: 2023. 11. 07.(화)~2023. 11. 20.(월) 15:00까지
- 접수방법: 인터넷 홈페이지
- 공모보증금: 일금 100만 원을 현금 또는 입찰보증보험증권 납부

※ 현금 납부 시 본인 명의로 입금
※ 홈페이지 신청서 작성 시 입금증 또는 증권을 파일로 첨부하고 면접 시 제출, 증권의 경우 공고마감일로부터 60일간 보험이 유효한 것이어야함
※ 계약체결 대상으로 최종 선정 통보를 받은 후 정당한 이유 없이 계약을 체결하지 아니하는 경우 공모보증금은 반환하지 않음

- 필수제출서류: 주민등록등본, 가족관계증명서, 입금증, 통장사본, 공모보증금 반환요청서

□ 면접일시 및 장소: 추후 개별 통보(서류 및 전화심사 합격자에 한함)

□ 합격자 발표: 개별 통지

18 위 자료에 대한 설명으로 옳지 않은 것은?

① 월 수수료를 제외한 추정 월 매출액은 400만 원 이상이다.
② 공모보증금 100만 원을 현금 납부 시 본인 명의로 입금해야 한다.
③ 합격자는 개별 통보한다.
④ 전화심사 합격자에 한하여 면접을 실시한다.
⑤ 최종 선정 통보를 받은 자가 계약을 체결하지 않은 경우 무조건 공모보증금은 반환받지 못한다.

19 다음 [보기]의 A~E 중 역사 내 상업시설 운영 계약자로 선정될 수 있는 사람은? (단, 제시된 정보 외의 내용은 고려하지 않으며, 현재는 공고일 기준으로 한다)

| 보기 |
- 2005년 12월 17일 생인 A
- 공사에 직원으로 근무 중인 배우자가 있는 B
- 최근 1년 동안 공사와 상업시설 운영 계약과 관련하여 행정당국으로부터 유통기한 경과상품 취급 등 식품위생법 위반사항이 10회 확인된 이력이 있는 C
- 공사와 상업시설 운영 최초 계약 기간인 2년 동안 식품위생법 위반사항이 7회 확인되었고, 2020년에 계약이 종료된 D
- 현재 공사와 전문점 운영계약을 맺고 있는 직계혈족이 있는 E

① A
② B
③ C
④ D
⑤ E

[20~21] 다음은 A구 소상공인 상생 일자리 사업 모집에 관한 공고문이다. 이를 읽고 물음에 답하시오.

1. 응시 자격: 다음 요건을 모두 충족하는 자
    1) 만 18세 이상인 현장 근무에 적합한 신체 건강한 자
    2) 「지방공무원법」 제31조 규정에 따른 결격 사유가 없는 자
    3) 채용 예정일부터 업무 수행에 지장이 없는 자
2. 접수 방법: 현장 방문 접수(우편 및 팩스 접수 불가)
    1) 접수 장소: A구 일자리경제과
    2) 접수 시간: 2023. 1. 16.(월) 09:00 ~ 2023. 2. 10.(금) 18:00
    3) 채용 문의: A구 일자리경제과
    ※ 원서 접수 시 최초 지원자 및 최근 1년 이내 근무 경력이 없는 지원자의 경우 인성검사를 실시하여 검사 결과를 면접에 활용하며, 불응 시 면접 응시가 불가함
3. 신청 서류
    1) 필수 서류: 사업 참여 신청서, 자기소개서, 개인정보 수집·이용·제공 동의서, 구직등록 확인증
        ※ 사업 참여 신청서, 개인정보 수집·이용·제공 동의서 서명란은 모두 자필 서명 필수
    2) 선택 서류: 기타 취업취약계층 및 취업지원대상 관련 증빙 서류, 경력 증명서 및 자격증
4. 근로 조건
    1) 임금: 시간당 11,157원, 주휴수당·연차수당 별도 지급
    2) 계약 기간: 2023. 3. 13. ~ 2023. 12. 31.(10개월)
    3) 근로 시간: 1일 8시간, 주 5일 근무 원칙
        ※ 휴일 근로가 불가피한 경우 임금 지급 대신 대체 휴무로 갈음함
    4) 4대 보험 의무 가입
5. 합격자 발표
    1) 서류 심사 결과 발표: 2023. 3. 6.(월)
    2) 면접 심사: 2023. 3. 9.(목)
        ※ 시간 및 장소 개별 안내
    3) 최종 합격자 발표: 2023. 3. 10.(금)
        ※ A구청 홈페이지에 최종 합격자 공지
6. 합격자 선발 기준

구분	평가 항목		배점
서류 심사	재산상황 (과세표준액 합산)	1억 원 미만	10점
		1억 원 이상 3억 원 미만	5점
		3억 원 이상	3점
	취업취약계층 및 취업지원대상자	북한이탈주민, 결혼이주자, 여성세대주(단독세대 제외), 장애인, 취업지원대상자	10점

면접 심사	전문성	40점
	업무관심도	10점
	과제해결능력	10점
	의사표현능력	10점
	인성	10점

※ 서류 심사 평가 항목 중 '취업취약계층 및 취업지원대상자' 항목은 해당자에 한하여 배점하며, 중복 배점은 불가함
※ 서류 심사 점수와 면접 심사 점수의 합산 점수가 높은 사람을 선발함
※ 면접 심사 점수가 20점 미만인 경우 선발하지 아니함
※ 동점자의 경우 면접 심사 점수 중 전문성 점수가 높은 지원자를 우선 선발함

7. 기타 유의 사항
   1) 합격이 취소되거나 합격자가 채용을 포기할 경우 등 결원 발생에 대비하여 예비 합격자를 선발할 수 있음
   2) 응시자가 서류 심사 결과 발표일 이후 14일부터 180일간 제출한 채용 서류의 반환을 신청하는 경우에는 반환하며, 반환 청구 기간이 지나면 채용 서류는 즉시 파기함

20 위 공고문에 따를 때 A구 소상공인 상생 일자리 사업에 관한 설명으로 옳지 않은 것은?

① 휴일 근로가 불가피한 경우 대체 휴무를 제공한다.
② 주휴수당과 연차수당을 제외한 1일당 임금은 89,256원이다.
③ 최근 6개월 전까지 경력이 있는 지원자는 인성검사를 실시하지 않는다.
④ 사업 참여 신청서와 개인정보 수집·이용·제공 동의서 서명란에는 자필 서명을 해야 한다.
⑤ 응시자는 2023년 3월 24일부터 180일간 제출한 채용서류의 반환을 신청한 경우 반환받을 수 있다.

21 위 공고문에 따를 때 다음 [응시자 평가표]의 A~E 중 3명을 선발하는 경우 최종 합격자는?

[응시자 평가표]

구분		A	B	C	D	E
과세표준액 합산		3억 원	1억 원	8천만 원	2억 원	5억 원
면접 심사	전문성	33점	12점	28점	25점	30점
	업무관심도	6점	1점	5점	2점	4점
	과제해결능력	2점	2점	4점	4점	8점
	의사표현능력	1점	1점	5점	5점	6점
	인성	7점	3점	5점	6점	7점
비고		장애인, 취업지원대상자	—	단독세대의 여성세대주	취업지원대상자	—

① A, B, D ② A, C, E ③ B, C, D ④ B, D, E ⑤ C, D, E

[22~23] 다음은 에너지효율 향상을 위한 냉·난방기 지원사업에 관한 안내문이다. 이를 읽고 물음에 답하시오.

1. 사업 목적: 사회복지시설에 고효율 냉·난방기 설치를 지원함으로써 에너지효율 향상 및 온실가스 감축 도모
2. 지원 대상: 「노인복지법」, 「아동복지법」, 「장애인복지법」에 의거 설립된 사회복지시설
   ※ 제외 대상
   - 지자체 운영 시설(자체, 위탁)
   - 방문서비스 시설(방문요양, 방문목욕, 방문간호 등)
   - 복지용구 시설(판매, 대여 등)
   - 에너지효율시장조성사업 참여 시설
   - 에너지효율시장조성사업 외 타 기관 주관 지원사업 참여 시설(단, 타 기관 주관 지원사업의 지원금과 본 사업의 지원금 합계가 고효율 기기 가격의 100%를 초과하지 않는 경우 지원 가능하며, 이 경우 관련 증빙 자료 첨부 필수)
   - 한국전력공사로부터 전기를 공급받지 않는 시설
   - 지원사업 참여 승인일 이전 냉·난방기 설치 시설
   - 건설현장 등에서 한시적으로 사용하는 경우
   - 설치된 제품을 타 장소에 이전하여 설치하는 경우
3. 지원 범위 및 방법
   - 냉·난방기(히트펌프보일러 포함) 구매 및 기본 설치비(추가 설치비 미포함) 지원
   - 지원금은 냉·난방기 구매 및 기본 설치비의 50%, 지원 한도는 사회복지시설당 16,000천 원
     ※ 지원 한도는 매년 갱신되지 않으며, 과년도 지원금 포함임
   - 사업 참여 신청 후 승인된 시설이 냉·난방기를 구입 및 설치한 후 관련 서류를 제출하면 지원금을 지급해 주는 사후 지원 방식
4. 사업 예산 및 신청 방법
   - 사업 예산: 4,500백만 원
   - 사업 참여 신청 기간: 2022. 1. 3.(월) ~ 2023. 12. 15.(금) (예산 소진 시 조기 종료)
   - 신청 방법: 방문, 팩스, 우편 또는 홈페이지를 통해 신청
   - 지원금 신청: 사업 참여 신청서 접수 후 승인된 시설에 한하여 승인 후 3개월 이내에 최초 지원금 신청
     ※ 상기 기한 내 최초 지원금 신청이 없는 경우 사업 참여 승인은 취소 처리되며, 최초 지원금 신청 후 두 번째 지원금 신청부터는 기한에 제한이 없음
5. 제출 서류
   - 사업 참여 신청 시: 사업 참여 신청서, 사회복지시설 신고필증·사업자등록증 사본
   - 지원금 신청 시: 지원금 신청서, 구매 증빙 서류(구매계약서, 세금계산서, 영수증, 계좌이체확인증 중 1부), 설치 현장 사진(설치 전·후 전경, 기기 명판, 에너지소비효율 라벨 사진 모두 필요)
6. 유의 사항
   - 안내된 내용을 위반하여 부정하게 지원금을 지급받거나 사용한 경우 부정이익 환수 및 제재부가금 부과

유형	부정이익	제재부가금
무자격 시설의 지원금 청구	지급된 지원금 전체	부정이익×500%
지원금 과다 청구	과다 지급된 지원금	부정이익×300%
지원금 목적 외 사용	목적 외 사용된 지원금	부정이익×200%

- 제재부가금 부과를 2회 이상 받고 부정이익 가액이 3천만 원 이상인 경우 관계 법령에 따라 심의를 거쳐 부정수익자 명단 공표 가능
- 지원금은 해당 사회복지시설 명의의 계좌로만 지급
- 구매 증빙 서류 중 구매계약서는 직인 날인, 영수증은 정상 승인분만 인정

22 위 안내문에 따를 때 에너지효율 향상을 위한 냉·난방기 지원사업에 관한 설명으로 옳지 않은 것은?

① 지원금 신청 시 설치한 기기의 명판 사진을 제출해야 한다.
② 태양열과 지열로 자체적으로 생산한 전기만을 사용하는 시설은 지원을 받을 수 없다.
③ 사업 예산을 모두 소진한다고 할 경우 지원금을 받을 수 있는 시설의 수는 최소 280개다.
④ 무자격 시설에 600만 원의 지원금이 지급된 경우 환수되는 부정이익과 부과되는 제재부가금의 합은 3,600만 원이다.
⑤ 사업 참여 신청서 접수 후 2023년 2월에 승인을 받은 시설은 같은 해 6월에 처음으로 지원금 신청을 한 경우 지원을 받을 수 없다.

23 위 안내문에 따를 때 다음 [상황]의 시설 A가 2023년 냉방기 설치로 지급받게 되는 지원금은 얼마인가? (단, 제시된 내용 외에는 고려하지 않는다)

[상황]

에너지효율 향상을 위한 냉·난방기 지원사업의 제외 대상에 해당하지 않는 사회복지시설 A는 2022년 1월에 사업 참여 승인을 받고 같은 해 2월 초에 900만 원의 히트펌프보일러 2대를 설치하고, 기본 설치비로 총 200만 원, 추가 설치비로 100만 원을 지불하였다. 2주 뒤 A는 지원금 신청을 하여 지원금을 지급받았다. 2023년 6월이 되자 이번에는 냉방기가 부족하여 400만 원의 냉방기 6대를 설치하였는데, 설치비는 별도로 들지 않았다. A는 이에 대해서도 지원금을 신청한 상황이다.

① 600만 원 ② 1,000만 원 ③ 1,200만 원
④ 1,400만 원 ⑤ 1,600만 원

24 다음은 한부모가정 아동양육비 지원사업에 관한 자료이다. [보기]의 A~C가 지원받은 총 지원금은 얼마인가? (단, A~C는 지원대상자로 결정되었다)

한부모가정 아동양육비 지원사업: 저소득 한부모가족 및 조손가족이 가족의 기능을 유지하고 안정된 생활을 할 수 있도록 아동양육비를 지원하는 사업

1. 지원대상
   1) 아동양육비: 지원대상자로 결정된 저소득 한부모가구의 만 18세 미만의 아동
   2) 추가 아동양육비: 조손가족 및 만 35세 이상 미혼 한부모가족의 만 5세 이하 자녀 또는 만 25~34세 이하 청년 한부모가족의 만 18세 미만 자녀
   3) 학용품비: 한부모가족(조손가족 포함)의 중학생 및 고등학생 자녀
   4) 생활보조금: 한부모가족 복지시설에 입소한 저소득 한부모가족(조손가족 포함)
   ※ 1)~4)의 지원대상의 소득인정액 기준 중위소득 60% 이하만 해당함

2. 서비스 내용
   1) 아동양육비: 저소득 한부모가족의 만 18세 미만 자녀 1인당 월 20만 원
      ※ 생계급여를 지원받는 한부모가족의 만 18세 미만 자녀도 동일하게 지원
   2) 추가 아동양육비
      - 조손가족 및 만 35세 이상 미혼 한부모가족의 만 5세 이하 아동 1인당 월 5만 원
      - 만 25세 이상 34세 이하 청년 한부모가족의 만 5세 이하 아동 1인당 월 10만 원
      - 만 25세 이상 34세 이하 청년 한부모가족의 만 6세 이상 18세 미만 아동 1인당 월 5만 원
   3) 학용품비: 한부모가족(조손가족 포함)의 중학생 및 고등학생 자녀 1인당 연 9.3만 원
   4) 생활보조금: 한부모가족 복지시설에 입소한 저소득 한부모가족(조손가족 포함)에 대해 가구당 월 5만 원

3. 신청방법
   - 거주지 관할 주민센터에 방문 신청 또는 온라인 신청

| 보기 |

- 소득인정액 기준 중위소득 50%인 한부모가족 복지시설에 입소한 저소득 한부모가족인 A는 생활보조금을 10개월 지원받았다.
- 소득인정액 기준 중위소득 50%인 만 40세 B는 미혼 한부모가족으로 만 5세 자녀와 만 3세 자녀를 두고 있으며 6개월 동안 아동양육비와 추가 아동양육비를 지원받았다.
- 중학생 자녀가 있는 C는 조손가족으로 1년간 학용품비를 지원받았다.

① 209.3만 원 ② 249.3만 원 ③ 289.3만 원
④ 329.3만 원 ⑤ 359.3만 원

25 **다음은 레일쉽 패키지에 관한 자료이다. [상황]의 S가 이용권 반환 후 받는 금액은 얼마인가?**

레일쉽 패키지(목포): 목포항~제주항을 운행하는 크루즈의 출발 및 도착 시간에 맞춰 KTX를 연계하여 구성된 상품으로 시간에 쫓기지 않아 여유롭고, 합리적인 가격의 제주여행을 제공

1. 이용방법
   - 승차권 예약: 출발 4일 전까지 해당 역과 홈페이지에서 예약[단, 단체 예약(10명 이상) 시 오프라인(서울역, 용산역, 영등포역, 대전역, 천안아산역, 익산역, 광주송정역) 예약만 가능]
   - 승차권 결제: 예약한 당일까지 결제

2. 판매 가격

구분	일반실		1인실	
	원가	할인가	원가	할인가
용산출발(도착)	82,800원	58,600원	107,300원	75,900원
오산출발(도착)	64,500원	45,700원	89,000원	62,800원

※ 탑승역(하차역)에 따른 가격은 상이하며, 거리에 따라 차등 지불
※ 해당 금액은 성인의 크루즈 비용을 포함한 KTX 편도 금액으로 어린이의 경우 할인가에서 5,000원 추가 할인
※ 어린이는 1인실 이용 불가

3. 반환수수료

취소일	출발 3일 전	출발 2일 전	출발 1일 전	출발 당일(KTX 또는 크루즈 출발 전)	출발 당일(KTX 또는 크루즈 출발 후)
취소 수수료율	0%	10%	20%	30%	반환 불가

4. 필수 확인 사항
   - 예약 시 이름, 연락처, 생년월일, 성별을 정확히 입력해야 함(단, 기입 오류로 인한 발생 사항에 대해서는 책임을 지지 않음)
   - 결제 후 여행바우처를 반드시 출력하여 소지해야 함(출력한 여행바우처를 확인 후 크루즈의 좌석을 선착순으로 배치함)
   - 접이식 자전거 및 낚싯대를 소지할 수 있으나, 크루즈 이용 시 크루즈 내에서 추가금(3,000원)을 현금으로 지불해야 함(단, 자전거는 셔틀버스 선적 불가)
   - 천재지변이 발생한 경우 크루즈 지연확인증을 수령 후 제출해야만 KTX를 환불받을 수 있음

[상황]

성인인 S는 자신을 제외한 낚시 동호회 회원 13명, 회원의 자녀 3명 총 17명이 1월 15일에 용산에서 출발하여 제주도로 이동하는 일반실 이용권과 1월 17일에 제주도에서 출발하여 용산으로 이동하는 일반실 이용권을 예약하였다. 회원의 자녀를 제외한 모든 인원이 제주도에서 낚시를 하기 위하여 낚싯대를 소지할 예정이다. 개인사정으로 인하여 S와 인원들은 1월 15일에 KTX 출발 전 여행을 취소하게 되었고 이에 S는 이용권을 모두 반환하였다.

① 1,373,680원 ② 1,440,880원 ③ 1,569,920원 ④ 1,637,120원 ⑤ 1,653,920원

훈JOB 코레일 한국철도공사 NCS 직업기초능력 봉투모의고사 OMR 답안지

나만의 성장 엔진
www.honjob.co.kr

자소서 / NCS·PSAT / 금융논술 / 전공필기 / 금융자격증 / 시사상식 / 면접

최신판

혼JOB
코레일 한국철도공사
NCS 직업기초능력
봉투모의고사

NCS 대표유형 분석

나만의 성장 엔진, 혼JOB | www.honjob.co.kr

최신판
혼JOB 코레일 한국철도공사 NCS 직업기초능력 봉투모의고사

NCS 대표유형 분석

[NCS 대표유형 분석 안내]

1. NCS 각 영역에 대한 이해를 돕기 위해 의사소통능력 4개 유형, 수리능력 3개 유형, 문제해결능력 5개 유형으로 구분하여 면밀히 분석했습니다.

2. PSAT 대표 기출 문항을 선별하였습니다. PSAT는 공직자에게 필요한 이해력, 논리적·비판적 사고능력, 분석 및 정보추론 능력, 상황판단능력 등 종합적 사고력을 평가하는 시험입니다. 코레일 필기시험은 기출문제가 공개되지 않기 때문에 NCS 직업기초능력의 유형을 파악하기 위해 PSAT 기출 문항을 꼼꼼히 분석하고, 각 유형의 접근 Tip을 읽고 Speed Quiz를 풀어봄으로써 대표유형과 친숙해질 수 있도록 하였습니다.

3. PSAT의 언어논리 영역은 글의 이해, 표현, 추론, 비판과 논리적 사고 능력을 평가하므로 언어논리 학습은 NCS 의사소통능력 실력 향상에 도움이 되고, 자료해석 영역은 수치자료의 정리와 이해, 처리와 응용계산, 분석과 정보추출 능력을 평가하므로 NCS 수리능력과 관련이 깊습니다. 마지막으로 상황판단 영역은 상황의 이해, 추론과 분석, 문제해결, 판단과 의사결정 능력을 평가하므로 이에 대한 학습은 NCS 문제해결능력에 대한 이해를 도울 것입니다.

NCS 대표유형 분석
의사소통능력

✎ 유형 01 내용 부합

내용 부합은 선택지의 진술이 제시문의 내용과 일치하는지 여부를 확인하는 유형이다. 이때 질문지에서 묻고 있는 것이 제시문과 부합하는 것인지, 부합하지 않는 것인지를 체크하는 것이 무엇보다 중요하다. 제시문을 읽고 알 수 있는 내용인지 여부를 판단하는 문제 역시 이 유형에 속하는데, 여기서 '알 수 없는 것'에는 제시문의 내용만으로는 옳은지 옳지 않은지 파악할 수 없는 진술까지 포함된다. 한편, NCS의 경우 제시문으로 지원하는 기업·기관의 최근 이슈를 소재로 한 글이 제시될 가능성이 있으므로 평소에 관심 기업·기관과 관련된 기사를 읽어 두는 것이 좋다.

2020 입법고시 언어논리(가) 4번

'위챗(WeChat)'은 메신저 앱을 넘어 중국인들의 '생활 플랫폼'이 됐다. 금융·결제·쇼핑·예약·공과금 결제 등 거의 모든 생활 서비스를 하나의 앱으로 해결하는 '슈퍼 앱'으로 불린다. 이는 중국 내 알리페이 등 ICT 기업으로 확산되었고, 다른 나라로까지 퍼져 나가고 있다. 인공지능(AI)의 관점에서 슈퍼 앱이 파괴적인 이유는, 실생활의 행동 흐름을 데이터로 연결해 수평적 흐름을 만들어 내는 '데이터 쓰레드(Data Thread)'를 통해 인공지능이 스스로 소비자의 욕구를 읽고 행동을 예측할 수 있기 때문이다.

게다가 중국 인터넷 이용자는 약 8억 3,000만 명(전체 인구 대비 약 60%)으로, 미국의 3배에 가깝다. 중국은 이를 바탕으로 소비자 구매 행동의 정밀한 지도를 보유하게 됐다. 중국 기업은 데이터 쓰레드를 완성함으로써 데이터의 양적 측면뿐 아니라 질적인 측면에서도 자신만의 인공지능 색채를 내기 시작했다.

4차산업혁명 시대의 핵심동력인 인공지능이 미국 중심의 일극체계를 중국과 미국의 양극체계로 전환시켰고, 민족주의를 강화할 것이란 분석이 나왔다. 한국전자통신연구원(ETRI)은 그간 산업의 기술을 선도하는 것은 미국이었지만, 중국은 정부 주도로 풍부한 '데이터 가치사슬'을 창출하며 자신만의 인공지능 색채를 가진 새로운 길을 만들기 시작했다고 봤다. 인공지능 전략이 기술 경쟁을 넘어 강대국 간 패권 경쟁을 촉발하고 있다는 분석이다.

이와 관련해 '인공지능 민족주의'가 등장했다는 분석도 뒤따랐다. 인공지능과 관련한 자국의 데이터, 서비스 등을 보호하고 타국의 영향력을 줄이려는 새로운 국민주의가 나타나고 있다는 설명이다. 최근 인공지능 선도 기업과 서비스들은 무역 거래제한 조치, 조세 제도, 개인정보 보호법 등에 의해 국경을 넘는 데 어려움을 겪고 있다. 각종 보고서에서는 인공지능 기술이 정치 질서와 맞물리며 국가 간 과학 기술 격차는 물론 강력한 무기화 가능성을 지적한다.

접근 Tip

① 어떠한 제시문이든 글의 구조를 파악하는 것이 기본이지만, 내용 부합 유형의 문제에서는 이 부분이 특히 중요하다. 글의 구조를 파악하는 가장 일반적인 방법은 각 문단의 중심 내용을 정리해 보는 것이다. 시간 단축이 중요한 실전에서는 문단별 중심 내용을 따로 작성해 볼 필요까지 없고, 각 문단의 핵심 문장이나 핵심 용어에 밑줄, 동그라미 등으로 표시를 해 두면 된다. 여기에서는 문단별 핵심 문장을 요약해 보는 방식으로 중심 내용을 파악해 보자.

1문단	'데이터 쓰레드(Data Thread)'를 통해 인공지능이 소비자의 행동을 예측
2문단	중국 기업은 데이터 쓰레드를 완성함으로써 자신만의 인공지능 색채를 내기 시작
3문단	인공지능이 미국 중심의 일극체계를 중국과 미국의 양극체계로 전환시켰고, 민족주의를 강화할 것
4문단	• 인공지능 민족주의가 등장했다는 분석 • 인공지능 기술이 정치 질서와 맞물리며 강력한 무기화 가능성

② 위 중심 내용에 따를 때 자주 등장하는 용어는 '인공지능, 중국, 미국, 민족주의' 정도로 추릴 수 있다. 그리고 이 용어들을 연결해 봄으로써 "인공지능이 국가 간 민족주의를 강화한다."라는 글의 주제까지 도출할 수 있다.

③ 내용 부합 유형의 문제에서는 선택지의 진술이 제시문의 문장과 흡사한 경우가 많다. 결국 선택지의 진술과 유사한 문장이 제시문의 어디에 위치해 있는지 찾고, 서로 비교·대조해 보는 것이 관건이다. 대체로 선택지는 지엽적인 내용보다는 중요한 내용을 다루기 때문에 중심 내용이나 핵심 용어를 담고 있는 문장이 선택지에 등장할 가능성도 높다는 것을 염두에 두자.

Speed Quiz

1. 4차산업혁명 시대의 핵심동력인 인공지능은 미국 중심의 일극체계로부터 중국과 미국의 양극체계로 전환시켰다는 분석이 있다. ○ⅠX

2. 인공지능 기술은 정치 질서와 맞물려 국가 간 과학기술 격차는 물론 강력한 무기화의 가능성이 있다. ○ⅠX

3. 인공지능은 민족주의의 폐쇄성을 극복하고 지구촌의 하나의식, 즉 통합적 사고확립에 기여한다. ○ⅠX

정답 및 해설

1. [○] 3문단의 "4차산업혁명 시대의 핵심동력인 인공지능이 미국 중심의 일극체계를 중국과 미국의 양극체계로 전환시켰고, 민족주의를 강화할 것이란 분석이 나왔다."에 따를 때 옳은 내용이다.
2. [○] 4문단의 "각종 보고서에서는 인공지능 기술이 정치 질서와 맞물리며 국가 간 과학기술 격차는 물론 강력한 무기화 가능성을 지적한다."에 따를 때 옳은 내용이다.
3. [X] 3문단의 "4차산업혁명 시대의 핵심동력인 인공지능이~민족주의를 강화할 것이란 분석이 나왔다."와 4문단의 "이와 관련해 '인공지능 민족주의'가 등장했다는 분석도 뒤따랐다." 등에 따를 때 옳지 않은 내용이다.

유형 02 내용 추론·적용

내용 추론·적용은 단순히 제시문과 선택지의 일치 여부를 확인하는 수준을 넘어 제시문의 내용을 바탕으로 판단을 이끌어 내야 한다는 점에서, 내용 부합 유형에서 한 단계 확장된 유형이라고 볼 수 있다. 구체적으로는 제시문에 근거하여 추론할 수 있는 내용 찾기, 제시문의 내용을 사례에 적용해 보기, 제시문의 중심 내용 및 결론 도출하기 등을 들 수 있다. 이 유형에서는 제시문의 내용 중 문제 해결에 특히 더 중요한 부분을 파악하고 해당 부분에 집중을 하는 것이 효과적이다.

2018 입법고시 언어논리(가) 39번

　평등에 대한 요구는 한 가지를 위한 요구가 아니라 여러 가지를 요구하는 것이고, 사람들은 이 서로 다른 것들의 상대적 가치에 대하여 동의하지 않을 수도 있다. 평등이 안고 있는 이런 복잡성을 명료하게 하는 방법의 일환으로, 평등의 종류를 다섯 가지 범주로 구분할 수 있다. 즉 법적 평등, 정치적 평등, 사회적 평등, 경제적 평등, 그리고 도덕적 평등이다. 이 다섯 가지 분류법은 다소 논란이 있지만, 모두 근대 정치에서 표출된 바 있는 평등에 대한 요구들에 해당한다. 사회적 평등은 다시 두 가지로 나눌 수 있는데, 하나는 지위의 평등(status equality)이고, 다른 하나는 지배의 부재(absence of domination)로서의 평등이다.

　먼저, '지위의 평등'에서 지위란 한 개인이 공적 제도와 다른 개인들에 의해서 취급받는 방식을 통해서 드러나는 사회 내 개인의 기본적 위상이다. 지위의 불평등이 만연한 사회에서는 어떤 사람이 그의 가족, 사회계급 또는 젠더(gender)나 민족성에 의해서 타인에 비해 삶에서 우월한 위치를 점한다는 인식이 편만하다. 그런 사회는 어떤 사람들이 다른 사람들을 무시해도 되고, 그 다른 사람들은 자기보다 지위의 위계질서에서 높은 데에 있는 사람들에게 경의를 표해야 한다고 느낀다. 또한 그 사회는 사회적 지위에서 자신들보다 높거나 낮은 사람들이 섞이는 것을 불편해하는 사회이기도 하다. 이에 비해, 지위의 평등에 기반을 둔 사회는 사람들의 관계에서 속물적 우월의식이나 떠받드는 의식과 같은 태도가 깨끗하게 청산된 사회이다. 그것은 "사람들이 다른 사람을, 지위의 차이라는 차단효과 없이 개인적인 능력, 욕구, 성취 등과 같은 점을 고려하면서 서로를 단순히 개인으로 접촉하는 사회"이다.

　다음으로, 일상적 사회관계에서 사람들 사이에 존재하는 '지배의 부재로서의 평등' 개념도 사회적 평등을 지탱하는 주요 축이다. 여기서 지배란 어떤 사람이 다른 사람에게 명령을 내릴 수 있는 권력의 위치에 있는 상황을 말한다. 아내에 대한 상당한 권력을 남편에게 부여했던 전통사회의 혼인법처럼, 이러한 권력, 곧 명령할 수 있는 권력은 근대 이후의 사회에서도 다양한 형태로 나타날 수 있는데, 그 정도가 심할수록 사회적 평등 지수가 낮다고 할 수 있다. '지배의 부재로서의 평등'을 중시하는 사회는 비록 완벽하지는 않더라도 사람들이 그런 지배로부터 높은 수준의 안전을 누리는 사회이다. 거칠게 말하자면, 그것은 모두가 서로 다른 사람들에게 "참견하지 마."라고 말할 수 있는 효과적 자유를 갖춘 사회이다.

접근 Tip

① 제시문은 사회적 평등의 하위 개념인 '지위의 평등'과 '지배의 부재로서의 평등'에 관하여 설명하고 있는 글이다. 1문단에서는 평등을 범주에 따라 구분하고 있고, 2문단에서는 '지위의 평등'에 대해, 3문단에서는 '지배의 부재로서의 평등'에 대해 상세히 설명하고 있다. 1문단은 이 두 가지 평등을 화두로 끌어내기 위한 도입의 역할을 하고 있으므로 가볍게 읽어 나간 후, 2~3문단에 좀 더 집중을 하도록 한다.

② 이 제시문에서 중요한 것은 바로 '지위의 평등'과 '지배의 부재로서의 평등'을 구분하는 것이다. 이 구분을 위해서는 다음과 같이 '지위'와 '지배'의 의미를 파악하는 것이 필요하다.
- 지위: 한 개인이 공적 제도와 다른 개인들에 의해서 취급받는 방식을 통해서 드러나는 사회 내 개인의 기본적 위상
- 지배: 어떤 사람이 다른 사람에게 명령을 내릴 수 있는 권력의 위치에 있는 상황

③ 선택지는 이 같은 평등이 지켜진 경우보다 지켜지지 않은 경우에 초점을 맞출 가능성이 높다. 즉, 선택지는 특정 사례가 평등 개념에 부합하는지보다 평등 개념에 반하는지를 따져 보는 방식으로 구성될 것이다. 제시문의 내용을 사례에 적용할 때 유의할 점은 하나의 사례가 반드시 하나의 평등하고만 관련되는 것은 아니라는 점이다. 다시 말해, 특정 사례가 '지위의 평등'에 반할 수 있고, 동시에 '지배의 부재로서의 평등'에도 반할 수 있다는 것을 이해해야 한다.

Speed Quiz

1. 최근 한 회사에서 동일한 업무를 수행하는 정규직 근로자에 비해 비정규직 근로자에게만 부실한 식단을 제공한 행위는 지위의 평등이라는 사회적 평등 개념에 반한다. O | X

2. 최근 서비스업에 종사하는 종업원들은 고객의 '갑질' 때문에 정신적 스트레스에 시달리는데, 고객의 '갑질'은 고객이라는 지위를 이용한 일종의 명령행위이므로, 사회적 평등의 두 가지 유형 중 오직 지배의 부재로서의 평등 개념에만 반한다. O | X

정답 및 해설

1. [O] 정규직 근로자와 비정규직 근로자가 회사식단이라는 공적 제도에 의해 다르게 취급받고 있으므로, 지위의 평등에 반하는 사례이다.
2. [X] 고객은 종업원에게 명령을 내릴 수 있는 권력의 위치에 있다고 보기 어려우므로, 지배의 부재로서의 평등 개념에 반하는 사례라고 보기 어렵다. 오히려 취급받는 방식을 통해 드러나는 개인의 위상을 이용해 고객이 종업원을 무시하고 있으므로 지위의 평등 개념에 반하는 사례로 볼 수 있다.

유형 03 빈칸 추론

빈칸 추론은 제시문의 내용에 근거하여 하나 또는 여러 개의 빈칸에 들어갈 단어나 문장을 유추해 내는 유형이다. 빈칸에 들어갈 말은 글 전체나 각 문단의 핵심 개념일 수도 있고, 핵심 개념의 주된 성질일 수도 있다. 또한 글의 결론이나 결론을 도출하기 위한 추가 전제가 빈칸으로 주어지기도 하는데, 이 경우에는 글의 핵심 내용을 구조화해 보는 것이 무엇보다 중요하다.

2018 5급 공채 언어논리(나) 8번

신체의 운동이 뇌에 의해 통제되고 조절된다는 것은 당연하게 여겨지지만, 여전히 뇌의 어느 부위가 어떤 운동 기능을 담당하는지는 정확하게 이해되고 있지 않다. 이는 뇌의 여러 부분이 동시에 신체 운동에 관여하기 때문이다. 신체 운동에 관여하는 중요한 뇌의 부위에는 운동 피질, 소뇌, 기저핵이 있다. 대뇌에 있는 운동 피질은 의지에 따른 운동을 주로 조절한다. 소뇌와 기저핵은 숙달되어 생각하지 않아도 일어나는 운동들을 조절한다. 평균대 위에서 재주를 넘는 체조선수의 섬세한 몸동작은 반복된 훈련을 통하여 생각 없이 자동으로 이루어지는데 이러한 일은 주로 소뇌가 관여하여 일어난다. 기저핵의 두 부위인 선조체와 흑색질은 서로 대립적으로 신체 운동을 조절한다. 선조체는 신체 운동을 ⊙ 하고, 흑색질은 신체 운동을 ⊙ 하는 역할을 한다. 뇌의 이상으로 발생하는 운동 장애로 헌팅턴 무도병과 파킨슨병이 있다. 이 두 질병은 그 증세가 서로 대조적이다. 전자는 신체의 근육들이 제멋대로 움직여서 거칠고 통제할 수 없는 운동을 유발한다. 반면에 파킨슨병은 근육의 경직과 떨림으로 움직이려 하여도 근육이 제대로 움직여 주지 않는다. 이러한 대조적인 증세는 대립적으로 작용하는 기저핵의 두 부위에서 일어난 손상으로 인하여 발생한다. 선조체가 손상을 입으면 헌팅턴 무도병에 걸리고 흑색질에 손상을 입으면 파킨슨병에 걸린다. 따라서 ⓒ 의 기능을 향상시키는 약을 쓰면 파킨슨병의 증세가 완화되고 ⓔ 의 기능을 억제하는 약을 쓰면 헌팅턴 무도병의 증세가 완화된다.

접근 Tip

① 제시문은 한 문단으로 구성되어 있기는 하지만, 다음과 같이 내용상 두 영역으로 나누어 볼 수 있다.
- 영역 1: 처음 ~ "서로 대립적으로 신체 운동을 조절한다."
- 영역 2: "선조체는 신체 운동을" ~ 끝

먼저, 영역 1의 내용을 정리해 보면 다음과 같다.

② 영역 2에서는 위 그림 중 '기저핵'에서 일어나는 신체 운동 조절에 대해 상세히 설명하고 있다. 그 내용은 다음과 같이 정리할 수 있다.
- 선조체 이상: 헌팅턴 무도병 발생 → 근육이 제멋대로 움직임
- 흑색질 이상: 파킨슨병 발생 → 근육이 제대로 움직이지 않음

③ 이제 제시문의 빈칸 ㉠~㉣이 의미하는 바를 파악해 보자.
- ㉠ 선조체의 역할 → 헌팅턴 무도병의 증세와 반대
- ㉡ 흑색질의 역할 → 파킨슨병의 증세와 반대
- ㉢ 파킨슨병 증세의 완화와 정적인 관련이 있는 부위
- ㉣ 헌팅턴 무도병 증세의 완화와 부적인 관련이 있는 부위

Speed Quiz

1. ㉠에는 '억제', ㉡에는 '유발'이 들어가는 것이 적절하다.   O│X

2. ㉢에는 '흑색질', ㉣에는 '선조체'가 들어가는 것이 적절하다.   O│X

정답 및 해설

1. [O] 선조체에 이상이 생길 경우 근육이 제멋대로 움직이므로, 선조체는 신체 운동을 '억제'(㉠) 하는 역할을 한다. 흑색질에 이상이 생길 경우에는 근육이 제대로 움직이지 않으므로, 흑색질은 신체 운동을 '유발'(㉡)하는 역할을 한다.

2. [X] 파킨슨병의 증세가 완화되기 위해서는 신체 운동이 유발되어야 하므로, '흑색질'(㉢)의 기능을 향상시키는 약을 써야 한다. 헌팅턴 무도병의 증세가 완화되기 위해서는 신체 운동이 억제되어야 하므로, '흑색질'(㉣)의 기능을 억제하는 약을 써야 한다.

유형 04 문단 배열

문단 배열은 순서와 상관없이 열거된 각 문단을 글의 문맥에 맞게 배열해 보는 유형이다. 맨 처음에 위치하는 문단은 화두를 제시하는 역할을 하고, 맨 마지막에 위치하는 문단은 앞선 내용들을 종합하여 결론을 내리는 역할을 한다는 점을 알아 두면 좋다. 또한 각 문단 서두의 접속어를 통해 서로 다른 두 문단이 순접, 역접, 인과, 병렬, 보충, 예시 중 어떠한 관계에 있는지를 파악하는 것이 중요하다.

2018 민경채 언어논리(가) 12번

(가) 회전문의 축은 중심에 있다. 축을 중심으로 통상 네 짝의 문이 계속 돌게 되어 있다. 마치 계속 열려 있는 듯한 착각을 일으키지만, 사실은 네 짝의 문이 계속 안 또는 밖을 차단하도록 만든 것이다. 실질적으로는 열려 있는 순간 없이 계속 닫혀 있는 셈이다.

(나) 문은 열림과 닫힘을 위해 존재한다. 이 본연의 기능을 하지 못한다는 점에서 계속 닫혀 있는 문이 무의미하듯이, 계속 열려 있는 문 또한 그 존재 가치와 의미가 없다. 그런데 현대 사회의 문은 대부분의 경우 닫힌 구조로 사람들을 맞고 있다. 따라서 사람들을 환대하는 것이 아니라 박대하고 있다고 할 수 있다. 그 대표적인 예가 회전문이다. 가만히 회전문의 구조와 그 기능을 머릿속에 그려 보라. 그것이 어떤 식으로 열리고 닫히는지 알고는 놀랄 것이다.

(다) 회전문은 인간이 만들고 실용화한 문 가운데 가장 문명적이고 가장 발전된 형태로 보일지 모르지만, 사실상 열림을 가장한 닫힘의 연속이기 때문에 오히려 가장 야만적이며 가장 미개한 형태의 문이다.

(라) 또한 회전문을 이용하는 사람들은 회전문의 구조와 운동 메커니즘에 맞추어야 실수 없이 문을 통과해 안으로 들어가거나 밖으로 나올 수 있다. 어린아이, 허약한 사람, 또는 민첩하지 못한 노인은 쉽게 그것에 맞출 수 없다. 더구나 휠체어를 탄 사람이라면 더 말할 나위도 없다. 이들에게 회전문은 문이 아니다. 실질적으로 닫혀 있는 기능만 하는 문은 문이 아니기 때문이다.

접근 Tip

① 문단 배열 유형의 문제 풀이는 첫 문단을 찾는 것에서부터 시작한다. 제시문은 (가)~(라)의 네 문단으로 구성되어 있는데, (가), (다), (라)에서는 회전문에 대해서만 이야기하고 있는 반면, (나)에서는 문이 가지고 있는 본연의 기능과 현대 사회에서의 문의 모습을 이야기한 뒤 회전문을 그 예로 들고 있다. 즉, '회전문'이라는 구체적 하위 개념을 설명하기에 앞서 '문'이라는 상위 개념을 언급하면서 화두를 제시하고 있는 것이다.

② 실전에서는 선택지를 활용함으로써 첫 문단을 찾아내는 시간을 단축할 수 있다. 4~5개로 주어지는 선택지마다 열거된 문단 배열을 살펴보면, 처음에 위치하게 될 첫 문단의 후보는 보통 2개 정도로 추려진다. 그렇다면 이 2개 문단을 서로 대조해 본 후 첫 문단으로 오기에 적절한 문단을 선택하면 되는 것이다.

③ 첫 문단이 정해졌다면, 나머지 문단의 중심 내용을 파악하거나 핵심 표현을 추출하여 서로 연결해 보는 작업을 해야 한다. 여기서는 (가)~(라)의 중심 내용을 파악해 보도록 하자.
(가) 회전문의 기본적인 속성
(나) 현대 사회의 문의 특징과 그 대표적인 예인 회전문
(다) 회전문의 궁극적 의미
(라) 회전문을 이용하기 어려운 사람들

Speed Quiz

1. 맨 처음에 위치하는 문단은 (나)이다. O | X
2. 맨 마지막에 위치하는 문단은 (라)이다. O | X
3. (가)는 (다)보다 앞에 위치한다. O | X

정답 및 해설

제시문의 적절한 문단 배열은 (나) – (가) – (라) – (다)이다.
1. [O] 현대 사회의 문의 특성에 대해 언급한 뒤 그 대표적 예로 회전문을 제시하고 있는 (나)가 맨 처음에 위치한다.
2. [X] (나), (가), (라)의 내용을 토대로 회전문이 사실상 어떤 의미를 지니는지에 대해 결론을 내리고 있는 (다)가 맨 마지막에 위치한다.
3. [O] (가)는 (나)의 내용을 이어받아 회전문의 원리와 이에 따른 기본적인 속성을 설명하고 있으므로, 맨 마지막에 위치하는 (다)보다 앞에 위치한다.

NCS 대표유형 분석
수리능력

🖉 유형 05 자료 계산

자료 계산은 자료의 수치를 보고 사칙연산을 통해 차이값, 평균, 증감률 등을 구하거나 제시된 공식을 적용해 결론을 도출하는 유형이다. 사칙연산을 해야 하는 경우 소수점 이하의 수치까지 구해야 하므로 계산 실수를 하지 않도록 유의하자. 공식은 지문 내용 중간에 별도의 공식 상자를 통해 주어질 수도 있고, 자료 하단에 주석의 형태로 주어질 수도 있다. 공식이 여러 개가 주어질 경우에는 질문지에서 요구하는 내용을 해결하기 위해 필요한 공식이 무엇인지 빠르게 판단해야 한다.

2011 민경채 자료해석(경) 25번

[표] A회사의 2010년 월별 상품 판매고

(단위: 백만 원)

월	판매고	단순이동평균
1월	330	—
2월	410	—
3월	408	—
4월	514	—
5월	402	—
6월	343	—
7월	438	401.2
8월	419	( )
9월	374	( )
10월	415	( )
11월	451	( )
12월	333	( )

※ 단순이동평균은 해당 월 직전 6개월간 판매고의 평균을 말함. 예를 들어, 2010년 7월의 단순이동평균(401.2)은 2010년 1월부터 6월까지 판매고의 평균임

접근 Tip

1. [표]는 A회사의 2010년 월별 상품 판매고 자료로, 8~12월의 단순이동평균은 빈칸으로 되어 있는데, 주석의 내용을 통해 단순이동평균은 해당 월 직전 6개월간 판매고의 평균임을 알 수 있다.
2. 정확한 단순이동평균 수치를 구해야 하는 문제라면 추가된 판매고에 빠진 판매고를 뺀 수치를 6으로 나눈 값에 직전 월 단순이동평균을 더하면 된다.
3. 자료 계산 유형은 주어진 자료를 다른 형태의 자료로 변환하는 유형으로도 응용된다. 즉, 빈칸에 들어갈 정확한 값이 아닌 7~12월의 단순이동평균 그래프로 옳은 것을 묻기도 한다. 이 때에는 수치를 정확하게 계산하지 않아도 단순이동평균 계산에서 빠지는 월과 추가되는 월을 비교하면 그래프의 흐름이 파악된다는 점을 활용하면 된다.

Speed Quiz

1. A회사의 2010년 7월부터 12월까지의 단순이동평균 그래프는 다음과 같다. ○ | X

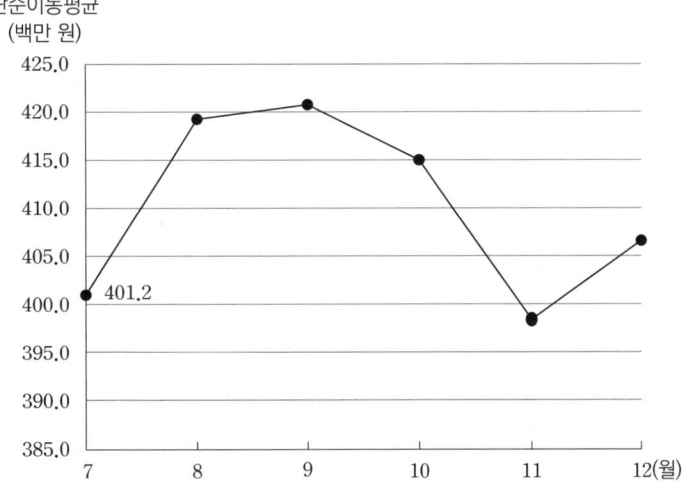

2. 8월의 단순이동평균은 398.0이다. ○ | X

정답 및 해설

1. [○] 각 월의 단순이동평균을 대략적으로 파악해 보면 다음과 같다.
   - 8월: 1월 판매고 330백만 원이 빠지고, 7월 판매고 438백만 원이 추가되므로 단순이동평균은 상승
   - 9월: 2월 판매고 410백만 원이 빠지고, 8월 판매고 419백만 원이 추가되므로 단순이동평균은 상승
   - 10월: 3월 판매고 408백만 원이 빠지고, 9월 판매고 374백만 원이 추가되므로 단순이동평균은 하락
   - 11월: 4월 판매고 514백만 원이 빠지고, 10월 판매고 415백만 원이 추가되므로 단순이동평균은 하락
   - 12월: 5월 판매고 402백만 원이 빠지고, 11월 판매고 451백만 원이 추가되므로 단순이동평균은 상승
2. [X] 8월의 단순이동평균은 $\{(438-330) \div 6\} + 401.2 = 419.2$이다.

유형 06 자료 읽기

자료 읽기는 제시된 자료에서 표면적으로 드러난 정보를 활용하여 특정 항목에 대한 진술 판단, 특정 항목 사이의 관계나 비교, 변화의 방향, 비중이나 변화율의 계산, 추세나 경향을 파악하는 유형이다. 주어진 자료의 분량이 많은 경우가 대부분이므로 선택지에서 지시하고 있는 항목에 집중하여 풀이를 해야 하며, 구체적인 수치를 계산하려 하기보다는 대략적인 계산을 통해 해결하는 것이 효과적이다.

2016 민경채 자료해석(5) 4번

[그림] 국가 A~H의 GDP와 에너지사용량

(단위: %)

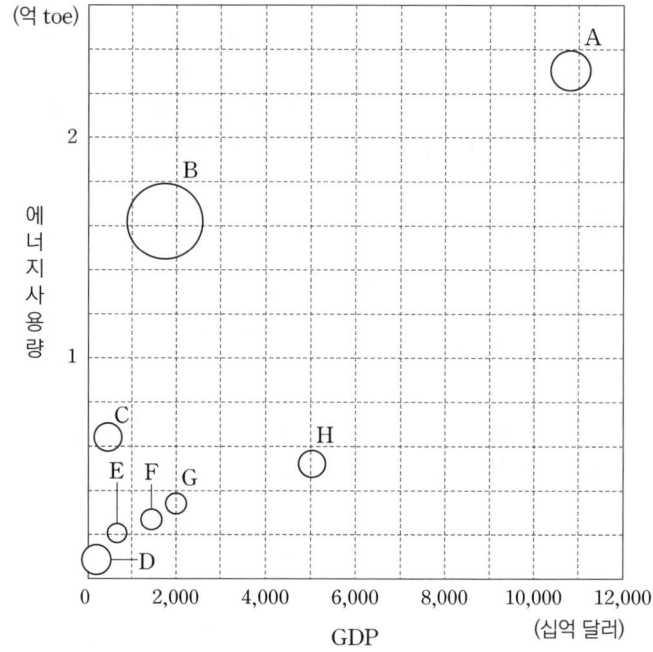

※ 1) 원의 면적은 각 국가 인구수에 정비례함
 2) 각 원의 중심좌표는 각 국가의 GDP와 에너지사용량을 나타냄

접근 Tip

1. [그림]은 GDP와 에너지사용량으로 각 국가를 나타낸 그래프로 구성되어 있다. 여기서 원의 면적은 각 국가 인구수에 정비례한다는 것을 파악해야 한다.

2. 통상의 $\frac{Y}{X}\left(=\frac{에너지사용량}{GDP}\right)$ 형태에서 기울기는 원점에서 해당 지점까지 선을 긋는다는 생각으로 접근하면 된다. 기울기의 크기를 묻는 경우에는 계산이 필요하나, 단순한 대소 관계를 파악할 때는 이 방법을 통해 시간을 줄일 수 있다.

3. 만약 국가 간 $\frac{X}{Y}\left(=\frac{GDP}{에너지사용량}\right)$의 대소 비교를 묻는다면, $\frac{에너지사용량}{GDP}$과 반대로 생각하면 된다. 즉, A와 C의 $\frac{에너지사용량}{GDP}$의 대소를 비교할 때에는 원점에서부터의 기울기가 더 큰 C가 더 크지만 $\frac{GDP}{에너지사용량}$의 대소를 비교할 때에는 원점에서부터의 기울기가 더 작은 A가 더 크다.

Speed Quiz

1. 1인당 에너지사용량은 C국이 D국보다 많다. O | X

2. 1인당 GDP는 H국이 B국보다 높다. O | X

3. 에너지사용량 대비 GDP는 A국이 B국보다 낮다. O | X

정답 및 해설

1. [O] C국의 에너지사용량은 약 0.6 이상으로 D국의 에너지사용량보다 3배 이상 높다는 것을 확인할 수 있다. 또한 각 국가의 인구수는 원의 면적과 비례하는데, C국과 D국은 면적이 거의 동일하기 때문에 결과적으로 C국의 1인당 에너지사용량이 D국보다 많다.

2. [O] H국이 B국보다 GDP가 높다는 건 [그림]에서 쉽게 확인할 수 있다. 반면 원의 면적은 H국이 B국보다 압도적으로 낮다. 이는 H국이 (B국보다) GDP는 높고 인구수는 적다는 뜻이므로 1인당 GDP 역시 H국이 더 높다.

3. [X] Y축과 X축의 기울기 즉, $\frac{Y}{X}$는 B국이 A국보다 높다. 하지만 이는 '$\frac{에너지사용량}{GDP}$'의 기울기를 의미한다. 따라서 반대인 '$\frac{GDP}{에너지사용량}$'의 기울기는 A국이 더 높다.

유형 07 자료의 통합적 해석

자료의 통합적 해석은 다수의 자료들 간 내용적 연관성을 이용하여 진술의 진위를 파악하거나 특정한 정보를 유추하는 유형이다. 제시된 자료들이 다수일 뿐, 자료 읽기와 같이 표면적으로 드러내고 있는 정보를 활용하여 특정 항목 간 비교, 간단한 사칙연산, 변화 방향 파악 등을 하는 경우도 있지만 선택지에서 자료에서 표면적으로 드러나지 않는 내용을 묻는다면 연관성에 초점을 두고 면밀히 자료를 살펴보아야 한다.

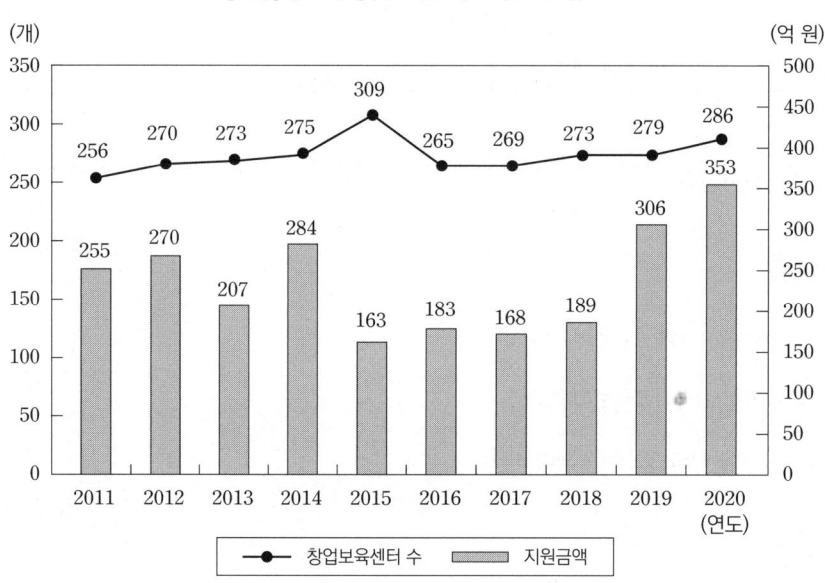

[그림] 연도별 창업보육센터 수 및 지원금액

[표] 연도별 창업보육센터당 입주업체 수 및 매출액

(단위: 개, 억 원)

구분 \ 연도	2008	2009	2010
창업보육센터당 입주업체 수	16.6	17.1	16.8
창업보육센터당 입주업체 매출액	85.0	91.0	86.7

※ 한 업체는 1개의 창업보육센터에만 입주함

접근 Tip

1. [그림]은 연도별 창업보육센터 수 및 지원금액을 시각적으로 표현한 그래프이다. 선택지에서 창업보육센터 수, 지원금액의 증감폭이 가장 큰 연도를 묻거나 연도별 창업보육센터당 지원금액 $\left(=\dfrac{\text{지원금액}}{\text{창업보육센터 수}}\right)$의 대소를 묻는다면 직접적인 계산 없이 시각적인 풀이도 가능함을 염두에 두도록 하자.
2. [그림]은 2001년부터 2010년까지의 연도별 창업보육센터 수 및 지원금액을, [표]는 2008년부터 2010년까지의 연도별 창업보육센터당 입주업체 수 및 매출액을 제시하고 있다. 두 자료에서 공통적으로 2008년부터 2010년까지 창업보육센터 관련 내용을 다루고 있음을 확인할 수 있다.
3. 두 자료를 연계하면 다음의 정보를 구할 수 있다.
   - 2008~2010년 창업보육센터 수 × 창업보육센터당 입주업체 수 = 2008~2010년 연도별 총 입주업체 수
   - 2008~2010년 창업보육센터 수 × 창업보육센터당 매출액 = 2008~2010년 연도별 입주업체 총 매출액

Speed Quiz

1. 2010년 창업보육센터의 전체 입주업체 수는 전년보다 적다.   O | X
2. 창업보육센터당 지원금액이 가장 적은 해는 2005년이며 가장 많은 해는 2010년이다.   O | X
3. 창업보육센터 입주업체의 전체 매출액은 2008년 이후 매년 증가하였다.   O | X

정답 및 해설

1. [X] • 2010년 창업보육센터 전체 입주업체 수: 16.8 × 286 = 4,804.8
   • 2009년 창업보육센터 전체 입주업체 수: 17.1 × 279 = 4,770.9
   따라서 2010년 창업보육센터 전체 입주업체 수는 전년대비 증가한다.
2. [O] 창업보육센터 수가 [그림]에서 위에 있고 지원금액은 [그림]에서 아래에 있을 때 창업보육센터당 지원금액이 가장 적다는 것을 파악할 수 있다. 또한 창업보육센터 수를 나타내는 그래프와 지원금액을 나타내는 그래프와의 간격이 가장 작은 연도가 창업보육센터당 지원금액이 가장 큼을 알 수 있다. 따라서 2005년이 창업보육센터당 지원금액이 가장 적은 해이고, 2010년이 가장 많은 해이다.
3. [X] • 2008년 창업보육센터 입주업체 전체 매출액: 85.0 × 273 = 23,205
   • 2009년 창업보육센터 입주업체 전체 매출액: 91.0 × 279 = 25,389
   • 2010년 창업보육센터 입주업체 전체 매출액: 86.7 × 286 = 24,796.2
   따라서 2010년의 입주업체 전체 매출액은 전년대비 감소함을 알 수 있다.

NCS 대표유형 분석
문제해결능력

✎ 유형 08 계산

   계산은 제시문에 나타난 방식에 근거하여 사례의 수치를 대입해 금액, 점수, 인원, 확률 등을 구하는 유형이다. 계산 방식은 공식으로 주어질 수도 있고, 줄글로 설명될 수도 있는데, 후자의 경우에는 제시된 내용을 공식으로 정리해 놓은 후 사례의 값을 대입하는 것이 좋다. 또한 추가 계산이 필요한 예외적인 상황이 있는지도 살펴야 하는데, 예를 들어 지불 금액을 계산할 때 할인, 추가 수수료 등이 적용되는지를 따져 보아야 한다는 것이다. 계산 자체는 주로 사칙연산을 응용하는 수준이므로, 수리능력이 부족하다고 지레 겁먹을 필요는 없다.

2017 5급 공채 상황판단(가) 11번

[휴양림 요금 규정]

○ 휴양림 입장료(1인당 1일 기준)

구분	요금(원)	입장료 면제
어른	1,000	• 동절기(12월~3월) • 다자녀 가정
청소년(만 13세 이상~19세 미만)	600	
어린이(만 13세 미만)	300	

※ '다자녀 가정'은 만 19세 미만의 자녀가 3인 이상 있는 가족을 말한다.

○ 야영시설 및 숙박시설(시설당 1일 기준)

구분		요금(원)		비고
		성수기(7~8월)	비수기(7~8월 외)	
야영시설(10인 이내)	황토데크(개)	10,000		휴양림 입장료 별도
	캐빈(동)	30,000		
숙박시설	3인용(실)	45,000	24,000	휴양림 입장료 면제
	5인용(실)	85,000	46,000	

※ 일행 중 '장애인'이 있거나 '다자녀 가정'인 경우 비수기에 한해 야영시설 및 숙박시설 요금의 50%를 할인한다.

[조건]

○ 총요금=(휴양림 입장료)+(야영시설 또는 숙박시설 요금)
○ 휴양림 입장료는 머문 일수만큼, 야영시설 및 숙박시설 요금은 숙박 일수만큼 계산함(예: 2박 3일의 경우 머문 일수는 3일, 숙박 일수는 2일)

접근 Tip

1. [조건]에 나타난 다음의 총요금 산출 공식을 먼저 살펴보는 것이 좋다.
   총요금＝(휴양림 입장료)＋(야영시설 또는 숙박시설 요금)
   위 공식에 따라 총요금을 구하기 위해 파악해야 하는 것은 '휴양림 입장료'와 '야영시설 및 숙박시설 요금'이라는 것을 알 수 있다. 이때 휴양림 입장료는 머문 일수만큼, 야영시설 및 숙박시설 요금은 숙박 일수만큼 계산한다는 점을 놓쳐서는 안 된다.
2. 먼저 휴양림 입장료를 살펴보면, 연령에 따라 요금이 다른데, 다음과 같이 입장료가 면제되는 예외의 경우도 있으니 이 조건에 해당되는지 여부를 따져 보는 것이 중요하다.
   • 동절기(12~3월)에 이용하는 경우
   • 다자녀 가정(만 19세 미만의 자녀가 3인 이상 있는 가족)인 경우
   • 숙박시설을 이용하는 경우
3. 다음으로 야영시설 및 숙박시설 요금을 살펴보면, 이용하는 세부 시설과 시기에 따라 요금이 다른데, 여기서는 다음과 같이 요금이 50% 할인되는 경우가 있으므로 이 점에 유의하도록 한다.
   • 장애인이 있는 일행이 비수기에 이용하는 경우
   • 다자녀 가정이 비수기에 이용하는 경우

Speed Quiz

1. 甲(만 45세)이 아내(만 45세), 자녀 3명(각각 만 17세, 15세, 10세)과 함께 7월 중 3박 4일간 휴양림에 머무르고 5인용 숙박시설 1실을 이용하였을 경우 총요금은 127,500원이다. O | X

2. 乙(만 25세)이 어머니(만 55세, 장애인), 아버지(만 58세)를 모시고 12월 중 6박 7일간 휴양림에 머무르고 캐빈 1동을 이용하였을 경우 총요금은 90,000원이다. O | X

정답 및 해설

1. [X] • 휴양림 입장료: 숙박시설을 이용하였으므로 면제
   • 야영시설 또는 숙박시설 요금: 성수기 5인용 85,000원×3박＝255,000원
   • 총요금: 0＋255,000＝255,000원
2. [O] • 휴양림 입장료: 동절기에 이용하였으므로 면제
   • 야영시설 또는 숙박시설 요금: 캐빈 30,000원×6박×장애인 할인 0.5＝90,000원
   • 총요금: 0＋90,000＝90,000원

유형 09 대안 비교

대안 비교는 선택할 수 있는 여러 대안의 비용, 편익, 선호도, 점수 등을 비교하여, 이 중 목표에 가장 부합하는 안을 고르는 유형이다. 이 유형은 크게 단일한 기준에 근거해 최적의 대안 1개를 선택하는 문항과 주어진 상황에 따라 최적의 대안이 바뀌는 문항으로 구분할 수 있다. 후자의 경우에는 선택지가 주로 '만약 ~라면 ~안을 선택해야 한다.'라는 형식으로 구성되어 있으므로, 대안뿐만 아니라 주어진 상황의 요점까지 정확하게 파악하는 것이 중요하다.

2018 5급 공채 상황판단(나) 32번

[상황]
○ 甲사무관은 빈곤과 저출산 문제를 해결하기 위한 대안을 분석 중이다.
○ 전체 1,500가구는 자녀 수에 따라 네 가지 유형으로 구분할 수 있는데, 그 구성은 무자녀 가구 300가구, 한 자녀 가구 600가구, 두 자녀 가구 500가구, 세 자녀 이상 가구 100가구이다.
○ 전체 가구의 월 평균 소득은 200만 원이다.
○ 각 가구 유형의 30%는 맞벌이 가구이다.
○ 각 가구 유형의 20%는 빈곤 가구이다.

[대안]
- A안: 모든 빈곤 가구에게 전체 가구 월 평균 소득의 25%에 해당하는 금액을 가구당 매월 지급한다.
- B안: 한 자녀 가구에는 10만 원, 두 자녀 가구에는 20만 원, 세 자녀 이상 가구에는 30만 원을 가구당 매월 지급한다.
- C안: 자녀가 있는 모든 맞벌이 가구에 자녀 1명당 30만 원을 매월 지급한다. 다만 세 자녀 이상의 맞벌이 가구에는 일률적으로 가구당 100만 원을 매월 지급한다.

접근 Tip

1. [상황]에 주어진 1,500가구를 각 유형에 따라 다음과 같이 표로 정리해 보도록 한다.

(단위: 가구)

구분	전체	맞벌이 가구	빈곤 가구
무자녀 가구	300	90	60
한 자녀 가구	600	180	120
두 자녀 가구	500	150	100
세 자녀 이상 가구	100	30	20
합계	1,500	450	300

2. 전체 가구는 여러 유형으로 구분될 수 있다. 자녀 수에 따라 '무자녀 가구, 한 자녀 가구, 두 자녀 가구, 세 자녀 이상 가구'로 구분할 수도 있고, '자녀가 없는 가구, 자녀가 있는 가구'로 분류할 수도 있다. 또한 '맞벌이 가구'나 '빈곤 가구'로 유형화할 수도 있는데, '자녀 수'와 '맞벌이/빈곤'의 교집합으로 '자녀가 없는 맞벌이 가구', '자녀가 한 명인 빈곤 가구' 등으로 좀 더 세분화할 수도 있다.
3. [대안]에는 A, B, C안의 지원금 지급 방법에 관해 설명하고 있다. 이때 지원의 기준이 '가구당'인지 '자녀 1인당'인지 확실하게 분간할 수 있어야 한다. 또한 이 문제에서는 세 가지 대안의 지급 주기가 '매월'로 모두 동일하지만, 비슷한 유형의 문제를 만났을 때 그 주기가 월 단위인지, 연 단위인지 등도 세심하게 체크해야 한다.

Speed Quiz

1. A안의 월 소요 예산 규모는 15,000만 원이다. ○ │ ×

2. B안의 월 소요 예산 규모는 19,000만 원이다. ○ │ ×

3. C안의 월 소요 예산 규모는 세 가지 대안 중 가장 작다. ○ │ ×

정답 및 해설

1. [○] A안의 월 소요 예산 규모는 300가구×200만 원×0.25=15,000만 원이다.
2. [○] B안의 월 소요 예산 규모는 (600가구×10만 원)+(500가구×20만 원)+(100가구×30만 원)=19,000만 원이다.
3. [×] C안의 월 소요 예산 규모는 (180가구×1명×30만 원)+(150가구×2명×30만 원)+(30가구×100만 원)=17,400만 원으로, A안보다는 크고, B안보다는 작다.

유형 10 적합자 선정

적합자 선정은 여러 후보 중에서 제시된 기준을 충족하는 가장 상위의 후보를 선정하는 유형이다. 구체적으로 계약업체 선정하기, 지원금 수혜자 선정하기, 운영할 프로그램 선정하기 등이 있다. 대개 후보들에 대한 정보를 토대로 조건에 부합하지 않는 후보를 소거하는 방식이나, 후보들에 대한 평가 내용을 바탕으로 합계점수를 계산하는 방식으로 선정자를 구할 수 있다. 이때 '점수와 상관없이 ~한 후보는 제외한다'는 내용에 주의해야 하며, 간혹 질문지에서 '두 번째로 점수가 높은' 후보를 묻는 경우도 있으니 이 부분도 반드시 체크해야 한다.

2017 민경채 상황판단(나) 10번

○ A청은 업무능력 평가를 통해 3개 부서(甲~丙) 중 평가항목별 최종점수의 합계가 높은 2개 부서를 포상한다.
○ 4명의 평가위원(가~라)은 문제인식, 실현가능성, 성장전략으로 구성된 평가항목을 5개 등급(최상, 상, 중, 하, 최하)으로 각각 평가하여 점수를 부여한다.
○ 각 평가항목의 등급별 점수는 다음과 같다.

구분	최상	상	중	하	최하
문제인식	30	24	18	12	6
실현가능성	30	24	18	12	6
성장전략	40	32	24	16	8

○ 평가항목별 최종점수는 아래의 식에 따라 산출한다. 단, 최고점수 또는 최저점수가 복수인 경우 각각 하나씩만 차감한다.

$$\frac{평가항목에 대한 점수 합계-(최고점수+최저점수)}{평가위원 수-2}$$

○ 평가결과는 다음과 같다.

구분	평가위원	점수		
		문제인식	실현가능성	성장전략
甲	가	30	24	24
	나	24	30	24
	다	30	18	40
	라	ⓐ	12	32
乙	가	6	24	32
	나	12	24	ⓑ
	다	24	18	16
	라	24	18	32
丙	가	12	30	ⓒ
	나	24	24	24
	다	18	12	40
	라	30	6	24

접근 Tip

1. 적합자 선정 문제에서는 어떠한 기준으로 누구를 선정하느냐를 파악하는 것이 우선이다. 이 문항에서는 甲, 乙, 丙 3개 부서 중 '문제인식, 실현가능성, 성장전략'의 3개 평가항목별 최종점수 합계가 높은 2개 부서에 포상을 한다고 나와 있다.
2. 甲, 乙, 丙의 평가항목별 최종점수 산출식은 다음과 같다.

$$평가항목별 \ 최종점수 = \frac{평가항목에 \ 대한 \ 점수 \ 합계 - (최고점수 + 최저점수)}{평가위원 \ 수 - 2}$$

위 공식에서 분자는 평가항목에 대한 점수 합계에서 최고점수와 최저점수를 뺀 것인데, 그럴 필요 없이 애초에 최고점수와 최저점수를 제외한 점수만 더하면 된다. 다음으로 분모는 평가위원 수에서 2를 뺀 것인데, 평가위원은 매 항목 4명으로 정해져 있으므로, 2로 고정이 된다. 따라서 부서 간 평가 항목 점수의 대소를 비교할 때, 분자의 크기만 비교해도 상관이 없다.
3. 마지막 항목에 제시된 평가결과 표를 보면 ⓐ, ⓑ, ⓒ가 빈칸으로 주어져 있으므로, 이 칸에 어떤 점수가 들어가느냐에 따라 평가항목별 최종점수, 더 나아가 포상을 받는 2개 부서가 달라질 수 있다는 점을 알아채야 한다. ⓐ는 문제인식 항목의 빈칸이고, ⓑ와 ⓒ는 성장전략 항목의 빈칸이므로, 평가항목 등급별 점수표에 따라 각 빈칸에 들어갈 수 있는 점수를 다음과 같이 정리할 수 있다.
   - ⓐ: 30, 24, 18, 12, 6
   - ⓑ, ⓒ: 40, 32, 24, 16, 8

Speed Quiz

1. ⓐ값에 관계없이 문제인식 평가항목의 최종점수는 甲이 제일 높다.   O | X
2. ⓐ=18, ⓑ=24, ⓒ=24일 때, 포상을 받게 되는 부서는 甲과 丙이다.   O | X

정답 및 해설

1. [O] ⓐ에 들어갈 수 있는 수는 30, 24, 18, 12, 6 중 하나이다. 다음과 같은 경우의 수에 따라 甲의 문제인식 최종점수는 달라진다.
   - ⓐ=30인 경우: (30+30)/2=60/2
   - ⓐ=24, 18, 12, 6 중 하나인 경우: (30+24)/2=54/2

   이때 乙의 문제인식 최종점수는 (12+24)/2=36/2이고, 丙의 문제인식 최종점수는 (24+18)/2=42/2이다. 따라서 甲의 문제인식 최종점수가 제일 높다.
2. [X] 포상을 받게 되는 부서는 甲과 乙이다.

구분	문제인식	실현가능성	성장전략	합계
甲	(30+24)/2=54/2	(24+18)/2=42/2	(24+32)/2=56/2	152/2
乙	(12+24)/2=36/2	(24+18)/2=42/2	(24+32)/2=56/2	134/2
丙	(24+18)/2=42/2	(24+12)/2=36/2	(24+24)/2=48/2	126/2

유형 11 규정 확인

규정 확인은 법조문, 지침, 계약서 등 특정 사항을 규정하는 형식의 글을 읽고, 규정 내용과 선택지를 비교·대조하여 그 정오를 판단하는 유형이다. 기본적인 사항이지만, 질문지에서 묻고 있는 것이 옳은 것인지 옳지 않은 것인지를 반드시 확인하는 것이 중요하다. 법조문과 같은 규정 형식의 글을 많이 접해 보지 않은 수험생들은 이 유형의 제시문이 다소 낯설게 느껴질 수 있는데, '조, 항, 호, 목'의 기본 체계를 이해하고 단서 조항에 유의한다면 그리 어렵지 않게 해결할 수 있다.

2018 민경채 상황판단(가) 12번

제○○조 ① 사업자는 소비자를 속이거나 소비자로 하여금 잘못 알게 할 우려가 있는 표시·광고 행위로서 공정한 거래질서를 해칠 우려가 있는 다음 각 호의 행위를 하거나 다른 사업자로 하여금 하게 하여서는 안 된다.
1. 거짓·과장의 표시·광고
2. 기만적인 표시·광고
3. 부당하게 비교하는 표시·광고
4. 비방적인 표시·광고
② 제1항을 위반하여 제1항 각 호의 행위를 하거나 다른 사업자로 하여금 하게 한 사업자는 2년 이하의 징역 또는 1억 5천만 원 이하의 벌금에 처한다.
제△△조 ① 공정거래위원회는 상품 등이나 거래 분야의 성질에 비추어 소비자 보호 또는 공정한 거래질서 유지를 위하여 필요한 경우에는 사업자가 표시·광고에 포함하여야 하는 사항(이하 '중요정보'라 한다)과 표시·광고의 방법을 고시할 수 있다.
② 공정거래위원회는 제1항에 따라 고시를 하려면 관계 행정기관의 장과 미리 협의하여야 한다. 이 경우 필요하다고 인정하면 공청회를 개최하여 사업자단체, 소비자단체, 그 밖의 이해관계인 등의 의견을 들을 수 있다.
③ 사업자가 표시·광고 행위를 하는 경우에는 제1항에 따라 고시된 중요정보를 표시·광고하여야 한다.
제□□조 ① 사업자가 제△△조 제3항을 위반하여 고시된 중요정보를 표시·광고하지 않은 경우에는 1억 원 이하의 과태료를 부과한다.
② 제1항에 따른 과태료는 공정거래위원회가 부과·징수한다.

접근 Tip

1. 법조문은 일반적으로 '조 > 항 > 호 > 목'의 체계로 구성된다.
   - 조: '제○○조, 제△△조, 제□□조'가 이에 해당한다. 쓰인 그대로 '제1조, 제2 조, 제3조…'라고 읽으면 된다.
   - 항: '①, ②, ③…'이 이에 해당한다. '제1항, 제2항, 제3항…'이라고 읽으면 된다.
   - 호: '1., 2., 3.…'이 이에 해당한다. '제1호, 제2호, 제3호…'라고 읽으면 된다.
   - 목: 본 제시문에는 나와 있지 않지만 보통 '가., 나., 다.…'라고 표기하며, '가 목, 나목, 다목…'이라고 읽으면 된다.
2. 법조문을 읽을 때에는 '~하여야 한다' 형식으로 기술된 부분과 '~할 수 있다' 형식으로 기술된 부분을 구분해야 있다. 본 제시문의 제△△조 제2항을 보면, 첫 번째 문장은 '협의하여야 한다'로, 두 번째 문장은 '들을 수 있다'로 끝을 맺고 있다. 전자를 '기속행위', 후자를 '재량행위'라고 부르는데, 용어 자체를 외울 필요는 없고, 전자는 반드시 해야 하는 행위이고, 후자는 재량에 따라 할 수 있는 행위로서 반드시 해야 하는 행위는 아니라는 점을 알아 두자.
3. 제시문의 제○○조 제2항에 등장하는 '징역'과 '벌금', 제□□조 제1항에 등장하는 '과태료'를 확실히 구분해 두자. 특히 벌금과 과태료는 둘 다 돈을 내야 한다는 점에서 혼동하기 쉬운 개념인데, 벌금은 사법상의 형벌이고, 과태료는 행정상의 처분이다. 또 이와 비슷하게 헷갈릴 수 있는 개념으로 '과료, 과징금, 범칙금' 등이 있다. 각 용어의 의미를 세세하게 알 필요까지는 없지만 제시문에 등장할 경우 유의해서 구분하도록 하자.

Speed Quiz

1. 공정거래위원회가 중요정보 고시 여부를 결정함에 있어 상품 등이나 거래 분야는 고려의 대상이 아니다. O | X

2. 사업자가 표시·광고 행위를 하면서 고시된 중요정보를 표시·광고하지 않은 경우, 공정거래위원회는 5천만 원의 과태료를 부과할 수 있다. O | X

3. 사업자 A가 다른 사업자 B로 하여금 공정한 거래질서를 해칠 우려가 있는 비방적인 표시·광고를 하게 한 경우, 공정거래위원회는 사업자 A에게 과태료를 부과한다. O | X

정답 및 해설

1. [X] 제△△조 제1항에 의해 상품 등이나 거래 분야는 고려의 대상이 된다.
2. [O] 제□□조 제1항과 제2항에 의해 고시된 중요정보를 표시·광고하지 않은 사업자에게 공정거래위원회는 1억 원 이하의 과태료를 부과하므로, 1억 원 이하인 5천만 원의 과태료를 부과할 수 있다.
3. [X] 제○○조 제1항 제4호와 제2항에 의해 사업자 A는 과태료가 아닌 2년 이하의 징역 또는 1억 5천만 원 이하의 벌금에 처해진다.

유형 12   규정 추론

규정 추론은 법조문, 지침, 계약서 등의 규정을 주어진 [상황]에 적용하여 결과를 추론해 보는 유형이다. 규정을 바탕으로 [상황]에 따른 비용, 횟수, 인원수 등을 구하는 계산 문제도 이 유형에 속한다. 규정 확인 유형과 마찬가지로 기본적으로 제시된 규정을 제대로 이해하는 것이 중요하며, [상황]에 나타난 등장인물, 대상 등을 규정에서 사용하고 있는 용어로 치환할 수 있는 능력이 추가로 요구된다.

2019 5급 공채 상황판단(가) 25번

△△법 제◇◇조(학점의 인정 등) ① 전문학사학위과정 또는 학사학위과정을 운영하는 대학(이하 '대학'이라 한다)은 학생이 다음 각 호의 어느 하나에 해당하는 경우에 학칙으로 정하는 바에 따라 이를 해당 대학에서 학점을 취득한 것으로 인정할 수 있다.
1. 국내외의 다른 전문학사학위과정 또는 학사학위과정에서 학점을 취득한 경우
2. 전문학사학위과정 또는 학사학위과정과 동등한 학력·학위가 인정되는 평생교육시설에서 학점을 취득한 경우
3. 「병역법」에 따른 입영 또는 복무로 인하여 휴학 중인 사람이 원격수업을 수강하여 학점을 취득한 경우

② 제1항에 따라 인정되는 학점의 범위와 기준은 다음 각 호와 같다.
1. 제1항 제1호에 해당하는 경우: 취득한 학점의 전부
2. 제1항 제2호에 해당하는 경우: 대학 졸업에 필요한 학점의 2분의 1 이내
3. 제1항 제3호에 해당하는 경우: 연(年) 12학점 이내

제□□조(편입학 등) 학사학위과정을 운영하는 대학은 다음 각 호에 해당하는 학생을 편입학 전형을 통해 선발할 수 있다.
1. 전문학사학위를 취득한 자
2. 학사학위과정의 제2학년을 수료한 자

[상황]
○ A대학은 학칙을 통해 학점인정의 범위를 △△법에서 허용하는 최대 수준으로 정하고 있다.
○ 졸업에 필요한 최소 취득학점은 A대학 120학점, B전문대학 63학점이다.
○ 甲은 B전문대학에서 졸업에 필요한 최소 취득학점만으로 전문학사학위를 취득하였다.
○ 甲은 B전문대학 졸업 후 A대학 3학년에 편입하였고 군복무로 인한 휴학 기간에 원격수업을 수강하여 총 6학점을 취득하였다.
○ 甲은 A대학에 복학한 이후 총 30학점을 취득하였고, 1년 동안 미국의 C대학에 교환학생으로 파견되어 총 12학점을 취득하였다.

접근 Tip

1. 제◇◇조 제1항 각 호에서는 해당 대학에서 학점을 취득한 것으로 인정되는 경우를 열거하고 있다. 이때 제1호의 '전문학사학위과정, 학사학위과정', 제2호의 '평생교육시설', 제3호의 '입영 또는 복무'에 표시를 해 두면 좀 더 명료하게 요점을 이해할 수 있다.
2. [상황]에는 총 5개의 항목이 제시되어 있는데, 각 항목의 내용에 따라 甲이 취득한 학점을 정리해 볼 수 있다. 이때 각 학점을 취득한 곳이 어디인지를 함께 체크해 놓으면 좋다.
    - 상황 2, 3: 63학점(B전문대학)
    - 상황 4: 6학점(군복무 원격수업)
    - 상황 5: 30학점(A대학), 12학점(C대학)
3. 이제 위에서 정리한 내용을 바탕으로 지금까지 甲이 취득한 학점 중 A대학을 졸업하는 데 인정되는 학점은 얼마인지를 계산해 보면 된다. 이때는 각 학점을 취득한 곳이 제◇◇조 제1항 각 호 중 어디에 해당하는지를 판단한 후, 동조 제2항 각 호에 따라 인정되는 학점이 얼마인지를 따져 보면 된다. 예를 들어, 甲이 B전문대학에서 취득한 63학점은 제◇◇조 제1항 제1호에 해당하고, 동조 제2항 제1호에 의해 63학점 전부가 인정된다는 식으로 해결해 나가면 된다.

Speed Quiz

1. 甲이 군복무 중 원격수업을 수강하여 취득한 6학점은 모두 A대학의 학점으로 인정된다. O | X
2. 甲이 미국의 C대학에 교환학생으로 파견되어 취득한 12학점은 모두 A대학의 학점으로 인정된다. O | X
3. 甲이 A대학을 졸업하기 위해 추가로 필요한 최소 취득학점은 9학점이다. O | X

정답 및 해설

1. [O] 甲이 군복무 중 원격수업을 수강하여 취득한 6학점은 제◇◇조 제1항 제3호에 해당하고, 동조 제2항 제3호에 의해 6학점(연 12학점 이내) 모두 인정된다.
2. [O] 甲이 미국의 C대학에 교환학생으로 파견되어 취득한 12학점은 제◇◇조 제1항 제1호에 해당하고, 동조 제2항 제1호에 의해 12학점 모두 인정된다.
3. [O] 甲이 취득한 111학점(63+6+30+12학점)은 모두 A대학의 학점으로 인정되므로, A대학의 졸업에 필요한 최소 취득학점인 120학점을 채우기 위해 추가로 필요한 학점은 9학점이다.

나만의 성장 엔진
www.honjob.co.kr

자소서 / NCS·PSAT / 금융논술 / 전공필기 / 금융자격증 / 시사상식 / 면접

NCS 실전모의고사

정답 및 해설

정답 및 해설
NCS 실전모의고사 1회

정답표

01	02	03	04	05	06	07	08	09	10
②	③	⑤	③	③	③	④	④	④	③
11	12	13	14	15	16	17	18	19	20
④	⑤	④	①	②	⑤	②	③	③	③
21	22	23	24	25					
④	①	⑤	②	③					

01　정답 ②

흔히 기사문에서 표제와 부제가 제시되는데, 표제는 글의 핵심 내용을 요약하는 제목이며 부제는 표제를 보충하는 제목이다. 제시문은 국토교통부가 개인형 이동장치(PM)를 고려한 도로설계지침을 포함한 「사람중심도로 설계지침」을 마련하였음을 밝히고, 「사람중심도로 설계지침」의 내용에 대해 설명하고 있다.

02　정답 ③

① (○) 「사람중심도로 설계지침」의 주요 내용의 첫 번째 항목에서 바퀴가 작고 회전반경이 크며 제동거리 소요 등 개인형 이동장치의 특성을 고려하여 횡단보도 경계 간 턱을 낮추고 도로 곡선 반경을 보다 크게 하고 최대 경사도 기준도 명시하는 등 도로 구조 시설기준을 규정하였음을 알 수 있다.
② (○) 「사람중심도로 설계지침」의 주요 내용의 세 번째 항목에서 지하철역 주변 등에는 보관 및 충전시설 등 부대시설 설치도 고려하도록 하였음을 알 수 있다.
③ (X) 「사람중심도로 설계지침」의 주요 내용의 두 번째 항목을 통해 기존 도로에 연석이나 분리대 등을 설치하여 개인형 이동장치 통행로를 물리적으로 분리하도록 한 것이 아니라, '신규도로 건설 시' 분리하도록 하였음을 알 수 있다.
④ (○) 「사람중심도로 설계지침」의 주요 내용의 세 번째 항목에서 조명시설, 시선유도시설, 자동차 진입 억제시설 설치 등 개인형 이동장치를 고려한 안전시설을 적용하도록 하였음을 알 수 있다.
⑤ (○) 「사람중심도로 설계지침」의 주요 내용의 두 번째 항목에서 보행자들과 개인형 이동장치 이용자 간의 상충을 최소화하기 위하여 개인형 이동장치를 고려한 도로 폭을 확대하도록 하였음을 알 수 있다.

03　정답 ⑤

① (○) 2문단에서 영국의 찰스 3세 국왕은 "유전자 변형은 인류가 신의 세계를 침범하는 것이다."라는 선언을 한 적이 있다고 언급했다.
② (○) 2문단에서 유전자 변형 식품의 반대론자들은 그것이 자연적이지 않다고 지적한다고 언급했다.
③ (○) 2문단에서 오늘날의 밀은 몇 차례에 걸쳐서 이루어진 교배의 산물이라고 언급했다.
④ (○) 3문단의 "수만 사하이는 유전자 변형 식품 논쟁이 식량이 삶과 죽음의 문제가 아닌 나라들의 놀음일 뿐이라고 말한다."라는 내용을 통해 알 수 있다.
⑤ (X) 1문단의 마지막 문장에서 "유전자 변형 식품 문제를 올바르게 풀기 위해서는 정치적이나 경제적인 입장에서가 아니라 과학적인 입장에 서야 할 필요가 있다."라고 언급했다. 유전자 변형 식물을 개발하는 다국적 기업들의 행동과 세계화에 초점을 맞추어 유전자 변형 식품의 논쟁을 해결해 나갈 필요가 있다는 내용은 과학적 입장이 아니라 경제적, 정치적 입장에 해당하므로 지문의 내용과 일치하지 않는다.

04　정답 ③

㉠은 토마토를 만드는 데에 쓰인 유전자 변형 기술에 대해 언급하면서, 과일의 성숙 시기를 늦추는 기술이 얼마나 유용한지 상상해 보라고 말하고 있다. 바로 다음에 이어지는 문장으로 보아, ㉠은 결국 유전자 변형 기술이나 유전자 변형 식품의 유용성을 강조한 내용이라고 할 수 있다.
그런데 ③의 '유전자 변형 토마토는 수익을 향상시키지만 환경 파괴를 가속화한다.'라는 내용은 유전자 변형 식품에 대한 부정적 입장이므로 ㉠의 의견과 부합하지 않는다.

05　정답 ③

제시문은 인간의 주체적 존재성을 강조하는 사르트르의 실존주의에 대해 설명한 글이다. 문맥의 흐름으로 볼 때, 실존과 본질의 개념에 대해 정의하고 있는 (다)가 첫 번째 문단이 되어야 하며, (다)의 뒤에는 사물과 달리 존재가 본질에 선행하는 인간의 특성을 예를 들어 설명하고 있는 (가)가 와야 한다. 그 뒤로는 존재를 의식의 유무를 기준으로 즉자존재와 대자존재로 구분한 (마), 이어서 타인의 시선으로 규정되는 인간의 모습을 대타존재로 설명한 (나)가 와야 하며, 인간이 참된 자아를 찾기 위해서는 타자의 시선을 두려워하거나 피하지 말고 자신의 행위를 선택하며 살아가야 한다고 한 (라)가 마지막에 와야 한다.

06
정답 ③

① (○) (가)에서 인간은 사물과 달리 그 본질이나 목적을 가지고 판단할 수 없다고 하였으므로 사물은 그 본질이나 목적을 가지고 판단할 수 있다고 할 수 있다.
② (○) (라)의 '사르트르는 나와 타자가 맺는 관계는 공존이 아니라 갈등과 투쟁으로 여겨서'를 통해 알 수 있다.
③ (X) (나)에서 사르트르는 인간의 자유로운 선택이 타자와 연관된다고 여겼음을 알 수 있다.
④ (○) (마)에서 사르트르는 인간을 대자존재로 명명하였다. 또한 (라)에서 서로가 서로를 대상으로 삼아 객체화하려 한다고 하였으므로, 타인에 의해 즉자존재처럼 파악될 수 있다.
⑤ (○) (마)에 따르면 사르트르는 인간이 매 순간 자유로운 선택을 통해 자신을 만들어 갈 수도 있다고 보면서도 그 선택에 따른 책임도 자기 스스로 져야 해서 진실한 인간은 책임감이라는 부담 때문에 번민할 수 있다고 보았다.

07
정답 ④

제시문은 나라별로 삶의 스피드를 비교하며 삶의 템포를 결정하는 요소들에 대해 서술하고 있다.
ㄱ. (○) 제시문의 기본 전제는 시간과 속도 간에 일정한 관계가 있다는 것이므로 적절한 판단이다.
ㄴ. (○) 2문단에서 아시아권에서 한국보다 삶의 속도가 빠른 나라로 일본, 홍콩, 대만, 싱가포르를 제시하고 있으므로 적절한 판단이다.
ㄷ. (○) 3문단에서 도시에 사는 사람들이 상대적으로 빨리 움직인다고 하였으므로 적절한 판단이다.
ㄹ. (○) 3문단에서 장소와 문화에 따라 삶의 템포가 다르다고 하였으므로 적절한 판단이다.
ㅁ. (X) 3문단에서 더운 지역에서의 삶이 더 느긋하다고 하였으므로 부적절한 판단이다.

08
정답 ④

① (○) 세 번째 문단에서 '조망과 피신' 이론은 그저 재미로 흘려듣는 이야기가 아니라, 잘 몰랐던 사실에 대한 구체적인 예측을 제공하는 과학 이론이라고 하였다.
② (○) '조망과 피신' 이론에 따르면, 인간은 남들에게 들키지 않고 바깥을 내다볼 수 있는 곳을 선호하게끔 진화하였다고 했는데, 풍수지리에서 뒤로 산이나 언덕을 등지고 앞에 강이나 개울을 바라보는 배산임수에 자리한 집을 높이 쳐 주는 것 또한 이와 같은 진화적 근거에 바탕을 준 것이라고 볼 수 있다.
③ (○) 사람들이 어떤 공간의 한복판보다 언저리를 선호하는 것은 언저리에서 그 공간 전체를 가장 잘 조망할 수 있기 때문이라고 하였다.
④ (X) 사람들은 조망과 피신이 모두 가능한 곳을 선호하게끔 진화했다고 하였다.
⑤ (○) 마지막 문단을 통해 인간이 오랜 세월 진화하면서 생존과 번식에 유리했던 특정한 환경을 아름답다고 느끼는 것임을 알 수 있다.

09
정답 ④

①, ②, ③, ⑤ (○) 모두 조망과 피신이 동시에 가능한 장소이므로 예시로 적절하다.
④ (X) '푸른 바다 앞의 하얀 백사장'은 조망은 가능하나 몸을 숨길 수 없는 장소이므로 적절하지 않다.

10
정답 ③

A, B, C가 제품 1개를 생산하는 데 각각 12시간, 24시간, 18시간이 걸린다고 하였으므로 1시간 동안 작업량은 A, B, C 각각 $\frac{1}{12}, \frac{1}{24}, \frac{1}{18}$ 이다. A~C 세 명이 같이 제품을 생산한 시간을 x시간이라고 하면 다음과 같은 식이 성립한다.
$\left(\frac{1}{24}+\frac{1}{18}\right)+\left(\frac{1}{12}+\frac{1}{24}+\frac{1}{18}\right)\times x=1$
$\therefore x=5$
따라서 제품 1개를 생산하는 데 소요된 시간은 총 $1+5=6$시간이다.

11
정답 ④

① (○) 2020년에 일반기타 중 톤거리가 전년 대비 증가한 항목은 갑종철도차량으로 1개이다.
② (○) 2022년에 광석 수송무게가 전년 대비 6% 증가했다면 2022년 광석 수송무게는 $1,193,169 \times 1.06 ≒ 1,264,759.1$ 톤이다.
③ (○) 2021년에 석탄 톤거리는 전년 대비 $|(263-295)|/295 \times 100 ≒ 10.8\%$ 감소했다.
④ (X) 2019년 철강 수송무게 중 냉연의 비중은 $962,726/2,516,045 \times 100 ≒ 38.3\%$이다.
⑤ (○) 조사기간 내내 일반기타 중 톤거리가 가장 큰 항목과 가장 작은 항목의 차이는 다음과 같다.

구분	톤거리가 가장 큰 항목과 가장 작은 항목의 차이
2019년	166−14=152백만 톤km
2020년	159−13=146백만 톤km
2021년	138−7=131백만 톤km

12 정답 ⑤

톤거리는 화물 수송무게에 수송거리를 곱한 것이라고 하였으므로 2021년 광석의 화물 수송거리는 252×1,000,000/1,193,169≒211.2km, 일반기타는 370×1,000,000/1,546,158≒239.3km이다. 따라서 ㉠과 ㉡의 차이는 239.3−211.2=28.1이다.

13 정답 ④

① (○) 2020년 광석 화물 수송무게의 전년 대비 감소량은 다음과 같다.

구분	2020년 광석 화물 수송무게의 전년 대비 감소량
석회석	|466,990−492,165|=25,175톤
백운석	|99,421−109,100|=9,679톤
철광석	|550,915−675,360|=124,445톤

따라서 제시된 그림은 2020년 광석 화물 수송무게의 전년 대비 감소량을 나타낸 그래프이다.
② (○) A는 백운석, B는 철광석, C는 석회석이다.
③ (○) 2020년에 A와 C의 톤거리 차이는 121−14=107백만 톤km이다.
④ (X) 2019년에 C의 수송거리는 128×1,000,000/492,165≒260.1km이다.
⑤ (○) 2021년에 광석 수송무게 중 B가 차지하는 비중은 503,773/1,193,169×100≒42.2%이다.

14 정답 ①

① (○) 금속제품은 1월에 비해 6월에 수입액이 감소하였으므로 우선 제외된다. 금속제품을 제외한 1월 대비 6월에 수입액의 증가율은 다음과 같다.
 • 일반기계: (3,667−3,347)/3,347×100≒9.6%
 • 전기기계: (2,512−2,276)/2,276×100≒10.4%
 • 정밀기계: (2,726−2,157)/2,157×100≒26.4%
 • 수송기계: (2,790−2,594)/2,594×100≒7.6%
참고로 정밀기계는 금속제품을 제외한 나머지 기계 산업 중 1월 수입액이 가장 적지만, 증가량이 가장 많으므로 증가율 역시 가장 높음을 알 수 있다.

② (X) 3월의 수출액 대비 수입액 비율은 다음과 같다.
 • 금속제품: 573/960×100≒59.7%
 • 일반기계: 3,912/5,001×100≒78.2%
 • 전기기계: 2,255/3,256×100≒69.3%
 • 정밀기계: 2,493/1,809×100≒137.8%
 • 수송기계: 2,486/7,943×100≒31.3%
③ (X) 일반기계는 매달 수입액은 가장 많지만, 수출액이 가장 많은 기계 산업은 수송기계이다.
④ (X) 5월에 기계산업 중 수송기계의 비중은 수출액이 8,426/18,682×100≒45.1%, 수입액이 2,875/12,440×100≒23.1%이므로, 45.1/23.1≒1.95배이다.
 참고로 좀 더 간단하게 계산해 보면, 18,682가 12,440의 약 1.5배이므로, 8,426이 2,875의 3배 이상이 되어야 수출액 비중이 수입액 비중의 2배 이상이 되는 것인데, 어림셈을 해보아도 8,426은 2,875의 3배 미만임을 쉽게 알 수 있다. 따라서 수출액 비중은 수입액 비중의 2배 이상이 될 수 없다.
⑤ (X) 전기기계의 수출액은 '3월, 4월, 5월, 1월, 6월, 2월'의 순으로 많고, 수입액은 '6월, 5월, 4월, 1월, 3월, 2월'으로 많다. 금액이 가장 많은 달부터 서로 다르기 때문에 옳지 않은 설명임을 쉽게 알 수 있다.

15 정답 ②

㉠ 2022년 1분기의 기계 산업 무역수지는 (17,139+17,000+18,969)−(10,969+10,266+11,719)=20,154백만 달러이고, 2분기의 무역수지는 (17,591+18,682+16,937)−(11,355+12,440+12,251)=17,164백만 달러이다. 따라서 1분기 대비 2분기의 무역수지 감소율은 (20,154−17,164)/20,154×100≒14.8%이다.
㉡ 2022년 1월의 금속제품 무역수지는 874−595=279백만 달러이고, 6월의 무역수지는 896−556=340백만 달러이다. 따라서 1월 대비 6월의 무역수지 증가율은 (340−279)/279×100≒21.9%이다.

16 정답 ⑤

① (○) 2023년 3월에 공동주택 세대수는 6개 지역 모두 2022년 12월 대비 증가했다.
② (○) 2023년 2월에 6개 지역 중 공동주택 단지 수가 가장 많은 지역과 가장 적은 지역의 차이는 2,571−489=2,082단지이다.
③ (○) 2023년 2월에 6개 지역 중 공동주택 단지 수의 전월 대비 증가한 지역은 서울, 부산, 인천, 광주이고, 증가량은 다음과 같다.

구분	공동주택 단지 수의 전월 대비 증가량
서울	2,571-2,548=23단지
부산	1,212-1,183=29단지
인천	918-910=8단지
광주	822-819=3단지

④ (○) 2022년 12월~2023년 3월의 부산의 공동주택 세대수의 평균은 (745,962+748,900+752,358+750,700)/4=749,480세대이다.

⑤ (×) 2022년 12월에 전국 공동주택 세대수 중 대구의 비중은 572,803/10,930,911×100≒5.2%이다.

17   정답 ②

2022년 12월과 2023년 1월 전국 공동주택 단지 수 중 6개 지역 비중은 다음과 같다.

구분	2023년 1월 전국 공동주택 단지 수 중 6개 지역 비중	2022년 12월 전국 공동주택 단지 수 중 6개 지역 비중
서울	2,548/18,200×100=14%	14-(-0.2)=14.2%
부산	1,183/18,200×100=6.5%	6.5-(-0.1)=6.6%
대구	1,001/18,200×100=5.5%	5.5-0.3=5.2%
인천	910/18,200×100=5%	5-0=5%
광주	819/18,200×100=4.5%	4.5-0.2=4.3%
대전	546/18,200×100=3%	3-0.3=2.7%

2023년 1월 전국 공동주택 단지 수는 전월 대비 200단지 증가했다고 하였으므로 2022년 12월 전국 공동주택 단지 수는 18,200-200=18,000단지이고, 2022년 12월에 공동주택 단지 수 비중이 5% 미만인 지역은 광주와 대전이다. 2022년 12월에 광주와 대전의 1단지당 세대수는 다음과 같다.
- 광주: 421,140/(18,000×0.043)≒544세대
- 대전: 350,231/(18,000×0.027)≒721세대

따라서 2022년 12월에 공동주택 단지 수 비중이 5% 미만인 지역의 1단지당 세대수의 합은 544+721=1,265세대이다.

18   정답 ③

① (○) '멤버십 등급별 혜택'에서 구매 시 1매의 쿠폰만 사용이 가능하다고 하였다.
② (○) '멤버십 등급별 조건'에서 슈퍼프리미엄 플러스 고객은 작년 한 해 동안 물품 구입 후 적립된 포인트가 8만 점 이상이라고 하였다. '멤버십 등급별 혜택'에서 포인트 적립은 쇼핑몰 구입 금액의 5%를 적립한다고 하였으므로 80,000/0.05=1,600,000원 이상이다.
③ (×) '멤버십 등급별 혜택'에서 적립된 포인트가 10,000점 이상인 경우 사용할 수 있다고 하였고 프렌즈 등급은 등급별 포인트 5,000점을 지급하므로 최초로 포인트를 사용하기 위해서는 5,000/50=100일 이상 로그인해야 한다.
④ (○) '멤버십 등급별 혜택'에서 슈퍼프리미엄 등급은 10% 할인 쿠폰 4매, 배송비 쿠폰 2매로 지급된 쿠폰이 가장 많다.
⑤ (○) '멤버십 등급별 혜택'에서 프레스티지 등급 고객의 로그인 포인트는 100점이라고 하였으므로 일주일 동안 매일 로그인한다면 700점을 적립할 수 있다.

19   정답 ③

'멤버십 등급별 혜택'에서 포인트 적립은 쇼핑몰 구입 금액의 5%를 적립하며, 쿠폰 및 사용한 포인트를 제외한 금액만을 적립한다고 하였다. A가 적립한 일별 포인트는 다음과 같다.
- 2022년 2월 4일: 150,000×0.9×0.05=6,750점
- 2022년 3월 9일: 180,000×0.05=9,000점
- 2022년 5월 10일: 400,000×0.9×0.05=18,000점
- 2022년 6월 8일: 30,000×0.05=1,500점
- 2022년 9월 6일: (500,000-15,000)×0.05=24,250점
- 2022년 10월 11일: 100,000×0.9×0.05=4,500점
- 2022년 12월 4일: 350,000×0.9×0.05=15,750점

A는 제품을 구매한 날에만 로그인했다고 하였으므로 7일 동안 로그인했고, 로그인 포인트를 60×7=420점 적립했다. '멤버십 등급별 조건'에서 작년 한 해 동안 물품 구입 후 적립된 포인트를 기준으로 멤버십 등급을 산정하므로 A가 물품 구입 후 적립한 포인트는 6,750+9,000+18,000+1,500+24,250+4,500+15,750=79,750점이므로 2023년에 A의 멤버십 등급은 슈퍼프리미엄이다.

20   정답 ③

B의 2023년에 멤버십 등급은 프레스티지이며, 멤버십 산정 후 15,000점과 20% 할인 쿠폰 5매를 지급받고, 1월과 2월에 총 22일 동안 로그인하였으므로 적립한 로그인 포인트는 22×100=2,200점이다. B가 제품을 구매하기 전 보유하고 있는 포인트는 105,000+750+15,000+2,200-50,000=72,950포인트이다. B는 프레스티지 등급이므로 20% 할인 쿠폰 5매를 보유하고 있다. 따라서 B가 지불해야 하는 금액은 최소 (180,000×4-72,950)×0.8=517,640원이다.

21
정답 ④

① (X) '2. 지원제외대상'에서 방과 후 자유수강권은 중복으로 보지 않는다고 하였다.
② (X) '4. 지원방법'에서 학부모의 학생보호가 소홀한 경우 학교로 납부해야 하는 교재비, 급식비, 학교운영 지원비, 수업료, 입학금은 학교로 고지금액을 직접 납부한다고 하였다.
③ (X) '5. 지원기간'은 요청일이 속하는 해당 분기분을 지원한다고 하였고, 3월 1일부터 5월 31일까지는 1분기라고 하였다.
④ (○) '3. 지원 기준'에서 고등학생의 지원금액은 214,000원이지만, 수업료와 입학금은 해당 학교장이 고지한 금액을 지원하며, 전액 지원한다고 하였으므로 214,000원 이상 지원받을 수 있다.
⑤ (X) '6. 추가연장'에서 주거지원을 받고 있는 경우는 최대 3회 추가 지원 가능하다고 하였으므로 최대 4회까지 지원받을 수 있다.

22
정답 ①

- '3. 지원 기준'에서 2023년 1월에 주거지원이 결정된 가구의 교육지원금은 2022년 지원기준으로 지급한다고 하였다. A씨의 자녀는 초등학생이므로 지급될 지원금은 124,100원이다.
- '2. 지원제외대상'에서 고교학비 지원을 받은 사람은 긴급복지 교육지원 사업 지원이 제외된다고 하였으므로 B씨에게 지급될 지원금은 0원이다.

따라서 A씨와 B씨에게 지급될 총 지원금은 124,100원이다.

23
정답 ⑤

① (○) '선하증권 원본 입수'에서 선하증권의 원본이 있어야만 물품을 인수할 수 있다고 하였다.
② (○) '선박 입항 및 하선'에서 입 화물을 직접 반출하는 경우, 해당 선박 입항 전 선사 또는 포워더에게 해당 화물을 하선 요청해야 한다고 하였다.
③ (○) '수입통관'에서 인보이스, 패킹 리스트, 선하증권이 필요하다고 하였다.
④ (○) '화물인도지시서 수령 및 화물인수'에서 화물인수 시 선사에 화물인도지시서를 제출해야 한다고 하였다.
⑤ (X) '화물도착 통보'에서 화주는 해당 선박이 도착하기 전 도착 화물을 인수하기 위해 선사로부터 화물도착통지서를 수령한다고 하였다.

24
정답 ②

- 수입국 선사는 수출국 선사로부터 컨테이너 선적 목록, 선하증권 목록, 선박 출항보고서를 접수했다고 하였으므로 '선적 정보 입수'단계이다.
- 수입업자는 수입대금을 완납한 뒤 선적서류를 입수했다고 하였으므로 '선하증권 원본 입수'단계이다.
- 화주는 해당 선박이 도착하기 전 선사로부터 화물도착통지서를 수령했다고 하였으므로 '화물도착 통보'단계이다.

따라서 다음에 진행되어야 할 절차는 '선박 입항 및 하선'단계이다.

25
정답 ③

입항일이 4월 15일이고 입항일에 하선신고를 하였다고 하였으므로 4월 22일 이내에 하선 장소에 컨테이너를 반입해야 한다. 하선 장소에 물품 반입 마감일 전날에 반입했다고 하였으므로 4월 21일에 반입했다. 반입일로부터 10일이 경과하였으나 해당 컨테이너는 다른 보세 구역으로 반입하기 곤란하므로 10일 경과일로부터 20일 범위 내에 세관장에게 장치 기간 연장을 신청해야 한다고 하였다. 반입일로부터 10일 경과한 5월 1일부터 20일 범위 내인 5월 21일 내에 장치 기간 연장을 신청해야 한다. A는 장치 기간 연장 마감일 5일 전에 기간 연장을 신청하였다고 하였으므로 A가 장치 기간 연장을 신청한 날은 5월 16일이다.

정답 및 해설
NCS 실전모의고사 2회

정답표

01	02	03	04	05	06	07	08	09	10
①	②	②	⑤	③	③	③	②	④	②
11	12	13	14	15	16	17	18	19	20
④	③	⑤	②	③	③	③	③	②	④
21	22	23	24	25					
②	④	③	③	①					

01
정답 ①

① (X) 제시문에는 평균 일교통량의 개념은 나타나 있지 않다. 평균 일교통량이란 전체 교통량 조사 대상 구간(고속국도, 일반국도, 국가지원지방도, 지방도) 중 임의의 지점에서 1일 교통량을 조사했을 때 예상되는 교통량을 의미한다.
② (O) 제주도는 전년 대비 평균 일교통량 감소율이 4.1%로 가장 높게 나타났다고 하였다.
③ (O) 평균 일교통량이 매년 꾸준한 상승 추세를 보이고 있는 것은 자동차 등록대수와 국내 총생산의 지속적 증가 등이 주요 원인인 것으로 분석된다고 하였다.
④ (O) 코로나19 영향으로 인한 2020년을 제외하고 평균 일교통량은 매년 꾸준한 상승 추세를 보이고 있다고 하였으므로 2020년은 평균 일교통량이 전년 대비 상승하지 못하였음을 알 수 있다.
⑤ (O) 버스의 평균 일교통량은 전년 대비 65대 증가해 27.8%의 상승률을 보였는데, 이는 코로나19 이후 단계적 일상회복에 따라 대중교통, 전세버스 등 단체 이동수단 이용이 증가했기 때문으로 분석된다고 하였다.

02
정답 ②

① (X) 다른 사람이나 동물의 뒤에서, 그가 가는 대로 같이 가다.
② (O) 어떤 경우, 사실이나 기준 따위에 의거하다.
③ (X) 남이 하는 대로 같이 하다.
④ (X) 관례, 유행이나 명령, 의견 따위를 그대로 실행하다.
⑤ (X) 어떤 일이 다른 일과 더불어 일어나다.

03
정답 ②

① (O) 5문단의 "사진 감상자들은 단순한 사물의 모습을 보기 위해서가 아니라 사진에 부여된 의미를 이해하고 사진가와 교감하기 위해 사진을 본다."라는 내용을 통해 알 수 있다.
② (X) 5문단에서 사진가의 의도와 무관한 외적 정보들이 부각되어 그 의도의 전달을 방해한다면 그 사진은 서툰 사진에 불과하다고 지적하면서, 사진가는 자신의 의도를 제대로 전달할 수 있도록 노력해야 한다고 언급하고 있다. 이러한 내용을 감안할 때, 다양한 의미가 부여된 사진일수록 걸작이 될 가능성이 높아진다는 진술은 이 글의 내용과 일치하지 않는다.
③ (O) 2문단의 "저널리스트라고 해도 흥미 있는 혹은 독점적인 사건이나 대상을 발견하여 이를 사진에 담아내는 작업만으로는 예술성을 획득할 수가 없다."라는 내용을 통해 알 수 있다.
④ (O) 3문단에서 사진은 현실 그대로의 형태를 유지하고 있기 때문에 사진 감상자 나름대로의 방식으로 영상을 해석할 여지를 갖게 되었다고 진술하고 있다.
⑤ (O) 5문단의 "사진가의 의도와 무관한 외적 정보들이 부각되어 그 의도의 전달을 방해한다면 그 사진은 서툰 사진에 불과하다."라는 내용을 통해 알 수 있다.

04
정답 ⑤

제시문을 통해 사진과 관련하여 본다는 행위는 단순히 육안이라는 감각을 통해 사물을 인지하는 차원을 넘어 그 의미를 규정하고 이해하는 차원까지 포함하는 것임을 알 수 있다. 따라서 ㉠에 들어갈 내용으로는 '피사체의 겉모습에 드러나지 않은 새로운 의미를 인식하게 된다.'가 가장 적절하다.

05
정답 ③

① (X) 순수한 의도가 있고 결과도 선하더라도 규범을 따르지 않은 행위는 도덕적 가치가 없다.
② (X) 자기의 이익에 따라 행동하였을 때 도덕적으로 정당하지 않다는 진술은 맞지만, '갑(甲)'의 행위는 자기의 이익이 아니라 연민과 동정이라는 감정에 따른 행동이기 때문에 도덕적으로 정당하지 못하다.
③ (O) 칸트는 인간이 마땅히 따라야 할 도덕 법칙이나 의무를 따르는 행위만을 도덕적이라고 보았다.
④ (X) 도덕적 가치를 판단하는 기준은 동정심이 아닌 이성에 바탕을 둔 '의무 동기'이어야 한다.
⑤ (X) 칸트는 인간에게는 마땅히 따라야 할 의무와 그 의무를 실천하려는 의지가 있다고 보았으며 그것이 도덕적으로 가장 중요하다고 생각했다.

06
정답 ③

① (○) 도덕적 가치를 판단하는 기준은 이성에 바탕을 둔 '의무 동기'이어야 한다고 하였다.
② (○) 칸트는 인간에게는 마땅히 따라야 할 의무와 그 의무를 실천하려는 의지가 있다고 보았으며 그것이 도덕적으로 가장 중요하다고 생각했다.
③ (X) 도덕적 규범과 의무에 따라 실천한 행위는 결과에 상관없이 도덕적 가치가 있다고 하였다.
④, ⑤ (○) 칸트의 견해는 인간의 감정을 배제하고 도덕적 의무만을 강조하였기 때문에 가혹하다고 비판받을 수 있다.

07
정답 ③

① (○) 2문단에서 심층학습 기술과 인공지능 기술의 이해를 위해서는 학습의 의미를 정확히 알 필요가 있다고 말하면서, 사과 영상을 데이터로 입력한 경우를 예로 들며 "출력계층에서 계산된 값과 사과에 해당하는 값의 차이를 최소화하는 방향으로 가중치를 재조정하는 과정을 반복하는 것"이 학습이라고 설명하고 있다.
② (○) 1문단의 맨 처음 문장에서 "현재의 인공지능 기술은 딥러닝이라고 불리는 심층학습 기술과 GPU를 기반으로 한 고속병렬처리 기술을 바탕으로 구축되어 있다."라고 설명하고 있다.
③ (X) 2문단에서 계층 간 가중치의 의미에 대해 "계층을 서로 연결한 선에 해당하는 값"이라고 설명하고 있지만, 일반적인 회로에서의 계층 간 가중치의 최솟값과 최댓값에 대한 내용은 나와 있지 않다.
④ (○) 3문단에서 심층학습에서는 대상의 일반적인 특징을 학습하여 대상의 다양한 변이를 극복할 수 있는 계층 간 추상화가 이루어진다고 설명하면서, 빨간 사과, 한입 베어 문 사과, 깎아 놓은 사과, 녹색 사과를 모두 '사과'라고 인식할 수 있다는 예를 들고 있다. 따라서 심층학습을 통해서 뭉게구름, 새털구름, 양떼구름을 모두 '구름'으로 인식하는 것 역시 가능하다는 점을 추론할 수 있다.
⑤ (○) 1문단에서 "최근 고속병렬처리 기술로 인해 학습 시간이 획기적으로 단축되었고, 이를 바탕으로 다양한 심층학습에 대한 연구가 활발히 진행되고 있다."라고 설명하고 있다.

08
정답 ②

인공지능 기술을 이용한 영상 및 음성인식에 관하여 설명하고 있는 4문단에 주목하여 각각의 특징을 분류해 보면 된다.
ㄱ. (영상) "영상인식 분야에서는 합성곱 신경망(Convolutional Neural Network: CNN) 구조를 이용한 객체인식, 장면인식, 시맨틱 영상 분할 연구를 활발히 진행하고 있다."를 통해 영상인식의 특성임을 확인할 수 있다.
ㄴ. (음성) "음성인식은 시간 축에서 정보 흐름을 학습해야 하기 때문에"를 통해 음성인식의 특성임을 확인할 수 있다.
ㄷ. (음성) "음성인식 분야에서는 반복신경망(Recurrent Neural Network: RNN) 구조의 한 종류인 LSTM(Long Short-Term Meomory) 기법을 이용한 방법이 널리 사용되고 있다."를 통해 음성인식의 특성임을 확인할 수 있다.
ㄹ. (영상) "영상인식은 입력 데이터의 크기가 기본적으로 크기 때문에 합성곱 연산을 통해 가중치를 공유함으로써 파라미터 수를 효과적으로 감소시킬 수 있다."를 통해 영상인식의 특성임을 확인할 수 있다.
ㅁ. (음성) "음성인식은~신경망 회로 내에 피드백 루프가 결합된 다소 복잡한 형태를 지니고 있다. 이를 통해 비교적 긴 시간의 데이터를 효과적으로 학습할 수 있어"를 통해 음성인식의 특성임을 확인할 수 있다.

09
정답 ④

① (○) C가 A와 B의 신상에 대해 모르고 있는 상황은 구매자인 C의 입장에서 판매자인 A와 B가 레몬인지 복숭아인지 알 수 없는 상황을 의미하므로 '정보의 비대칭'에 해당한다.
② (○) C가 A와 B에 대한 정확한 정보를 갖게 된다는 것은 구매자인 C가 판매자인 A와 B가 레몬인지, 복숭아인지 알 수 있다는 것이므로 이를 근거로 보험료를 다르게 책정한다면 손해를 볼 확률은 낮아지게 된다.
③ (○) 정보가 적은 사람이 필요한 정보를 얻기 위해 노력한 것에 해당하므로 일종의 '심사'라고 할 수 있다.
④ (X) 장기적으로 판매자인 레몬에 해당하는 A가 자신의 이익을 극대화하기 위한 행동을 하고, 이러한 상황이 지속된다면 구매자는 판매자를 신뢰할 수 없는 상황이 될 것이므로 시장은 그 기능을 완전히 상실하게 될 것이다.
⑤ (○) 제시문에서 복숭아는 품질이 우수한 제품을, 레몬은 결함이 있는 형편없는 제품을 가리킨다. 따라서 생명보험 회사의 입장에서 볼 때 툭하면 아픈 A는 손해를 초래할 가능성이 크다는 점에서 레몬에, 건강을 잘 유지해 온 B는 손해를 초래할 가능성이 적다는 점에서 복숭아에 해당한다고 볼 수 있다.

10
정답 ②

A가 시속 10km의 속력으로 이동할 때 소요시간은 $\frac{5}{10} = \frac{30}{60}$ =30분이고, 시속 25km의 속력으로 이동할 때 소요시간은

$\frac{5}{25}=\frac{12}{60}=12$분이다. 각 횡단보도에서는 최대 2분 동안 대기할 수 있으므로 A가 3개의 횡단보도에서 대기해야 하는 시간은 0~6분이다. A가 약속장소까지 이동하는 데 소요시간은 최소 12분, 최대 36분이므로 A가 약속장소에 도착하는 시각은 오후 2시 12분부터 오후 2시 36분까지이다.

11
정답 ④

① (○) 2020년에 전체 교통약자 수송인원 1명당 할인금액은 다음과 같다.

구분	2020년 전체 교통약자 수송인원 1명당 할인금액
KTX	71,833×1,000/8,183≒8,778.3천 원
SRT	33,882×1,000/14,590≒2,322.3천 원
새마을호	3,496×1,000/746≒4,686.3천 원
무궁화호	13,443×1,000/5,649≒2,379.7천 원
통근열차	5×1,000/10=500천 원

② (○) 2018년에 전체 교통약자 수송인원과 할인금액이 모두 전년 대비 증가한 열차종류는 KTX뿐이다.

③ (○) 장애인 수송인원은 매년 무궁화호가 가장 많으므로 조사기간 중 전체 교통약자 할인금액이 가장 많은 해에 장애인 수송인원이 가장 많은 열차종류는 무궁화호이다. 조사기간 중 전체 교통약자 할인금액이 가장 많은 해는 2018년이고, 이 해에 장애인 수송인원이 가장 많은 열차종류는 무궁화호이다.

④ (×) KTX와 SRT의 교통약자 할인금액은 2019년이 2018년보다 높고, 전체 교통약자 할인금액은 2019년이 2018년보다 낮으므로 2019년에 전체 교통약자 할인금액 중 고속철도의 비중은 전년 대비 증가했다. KTX와 SRT는 고속철도에 해당하므로 전체 교통약자 할인금액 중 고속철도의 비중은 2018년에 (145,744+47,349)/248,318×100≒77.8%, 2019년에 (149,982+53,627)/241,275×100≒84.4%이다.

⑤ (○) 조사기간 동안 KTX 장애인 할인금액의 무궁화호에 대한 배수는 다음과 같다.

구분	KTX 장애인 할인금액의 무궁화호에 대한 배수
2017년	198,317/88,410≒2.2배
2018년	205,611/83,492≒2.5배
2019년	204,819/81,473≒2.5배
2020년	118,281/46,153≒2.6배
2021년	130,490/42,969≒3.0배

12
정답 ③

전체 교통약자 수송인원과 장애인 수송인원이 모두 전년 대비 5% 증가했으므로 2016년과 2017년의 전체 교통약자 수송인원 중 장애인의 비중은 동일하므로 2017년의 비중을 계산하면 더 빠르게 계산할 수 있다. 2017년에 전체 교통약자 수송인원과 장애인 수송인원이 모두 전년 대비 5% 증가했다면 2016년 수송인원은 다음과 같다.
- 전체 교통약자: 51,540/1.05≒49,085.7천 명
- 장애인: 42,580/1.05≒40,552.4백 명

따라서 2016년 전체 교통약자 수송인원 중 장애인의 비중은 40,552.4/(49,085.7×10)×100≒8.3%이다.

13
정답 ⑤

2021년에 전체 교통약자 수송인원의 2018년 대비 감소율은 다음과 같다.

구분	2021년에 전체 교통약자 수송인원의 2018년 대비 감소율
KTX	|(7,615−17,249)|/17,249×100≒55.9%
SRT	|(16,711−18,430)|/18,430×100≒9.3%
새마을호	|(737−1,688)|/1,688×100≒56.3%
무궁화호	|(5,232−13,864)|/13,864×100≒62.3%
통근열차	|(13−229)|/229×100≒94.3%

따라서 A는 새마을호, B는 무궁화호, C는 통근열차, D는 SRT, E는 KTX이다.

① (○) 2019년 A(새마을호)의 전체 교통약자 할인금액은 7,865백만 원이다.
② (○) B는 무궁화호이다.
③ (○) 2021년 C(통근열차)의 장애인 할인금액은 2017년 대비 \|19−24\|=5십만 원 감소했다.
④ (○) D는 SRT이다.
⑤ (×) 2018년 E(KTX)의 전체 교통약자 수송인원 1명당 할인금액은 145,744×1,000/17,249≒8,449.4천 원이다.

14
정답 ②

① (○) 일주일 동안 고속도로 통행료 수입이 가장 많은 일은 1종이 12월 4일, 2종이 12월 7일, 3종이 12월 3일, 4종이 12월 7일, 5종이 12월 7일이다.
② (×) 12월 4일에 5종의 고속도로 통행료 수입은 고속도로 이용차량의 약 2배이고, 나머지는 2배 이하이므로 고속도로

이용차량 1대당 통행료 수입이 가장 큰 차종은 5종임을 알 수 있다. 12월 4일에 고속도로 이용차량 1대당 통행료 수입은 다음과 같다.

구분	12월 4일에 고속도로 이용차량 1대당 통행료 수입
1종	115,087/78,476≒1.5천 원
2종	1,673/1,327≒1.3천 원
3종	3,352/2,058≒1.6천 원
4종	2,984/1,693≒1.8천 원
5종	5,556/2,781≒2.0천 원

③ (O) 일주일 동안 매일 고속도로 통행료 수입이 가장 많은 차종은 1종이고, 가장 적은 차종은 2종이므로 일주일 동안 고속도로 통행료 수입 합이 가장 많은 차종은 1종이고, 가장 적은 차종은 2종이다. 일주일 동안 고속도로 통행료 수입 합은 1종이 78,514+81,879+99,650+115,087+110,592+86,121+80,228=652,071십만 원, 2종이 3,379+3,418+3,338+1,673+815+3,169+3,419=19,211십만 원이므로 차이는 652,071-19,211=632,860십만 원이다.
④ (O) 일주일 동안 1종을 제외한 차종별 고속도로 이용차량이 가장 적은 일은 12월 5일로 동일하다.
⑤ (O) 일주일 동안 4종의 고속도로 평균 이용차량은 (3,651+3,711+3,631+1,693+737+3,272+3,815)/7=2,930백 대이므로 4종의 고속도로 이용차량이 일주일 동안 4종의 고속도로 평균 이용차량 보다 적었던 날은 12월 4일, 12월 5일로 2일이다.

15   정답 ③

① (O) 12월 4일 1종 고속도로 이용차량 중 경부선의 비중은 12,706/78,476×100≒16.2%이다.
② (O) 12월 7일에 12월 1일 대비 경부선 고속도로 이용차량이 증가한 차종은 3종, 4종, 5종이고 증가량은 다음과 같다.

구분	12월 7일에 12월 1일 대비 경부선 고속도로 이용차량의 증가량
3종	711-700=11백 대
4종	628-611=17백 대
5종	773-748=25백 대

③ (X) 조사기간 동안 경부선 고속도로 이용차량이 가장 많은 일은 1종은 12월 3일, 2종은 12월 1일, 3종은 12월 3일, 4종은 12월 7일, 5종은 12월 7일이다.
④ (O) 12월 2~7일 동안 경부선 고속도로 이용차량의 증감 추이는 다음과 같다.

구분	12월 2~7일 동안 경부선 고속도로 이용차량의 증감 추이
1종	증가 - 증가 - 감소 - 감소 - 증가 - 감소
2종	감소 - 감소 - 감소 - 감소 - 증가 - 증가
3종	감소 - 증가 - 감소 - 증가 - 증가 - 증가
4종	증가 - 감소 - 감소 - 감소 - 증가 - 증가
5종	증가 - 감소 - 감소 - 감소 - 증가 - 증가

⑤ (O) 경부선 고속도로 총 이용차량은 12월 2일에 11,611+474+699+613+770=14,167백 대, 12월 6일에 11,799+443+680+537+699=14,158백 대로 |14,158-14,167|=9대 더 적다.

16   정답 ③

① (O) 조사기간 동안 기타를 제외하고 등록선박 수가 가장 많은 선박은 부선이고 가장 적은 선박은 여객선으로 동일하다.
② (O) 2022년 7월 등록선박 톤수가 가장 큰 선박은 화물선이고, 유조선의 3배 이상이다. 화물선 등록선박은 유조선보다 적으므로 등록선박 1척당 톤수가 화물선이 가장 크다. 2022년 7월에 등록선박 1척당 톤수는 다음과 같다.

구분	2022년 7월에 등록선박 1척당 톤수
여객선	187×1,000/320≒584.4톤
화물선	9,997×1,000/667≒14,988.0톤
유조선	3,215×1,000/719≒4,471.5톤
예선	143×1,000/1,126≒127.0톤
부선	1,884×1,000/1,653≒1,139.7톤
기타	209×1,000/3,897≒53.6톤

③ (X) 2022년 11월과 12월에 등록선박 톤수가 작년 동월 대비 5% 증가했다면, 2021년 등록선박 톤수는 다음과 같다.
 • 11월: 16,411/1.05≒15,629.5천 톤
 • 12월: 16,869/1.05≒16,065.7천 톤
2021년 12월 등록선박 톤수는 전월 대비 (16,065.7-15,629.5)/15,629.5×100≒2.8% 증가했다.
④ (O) 2022년 9월에 등록선박 수가 전월 대비 감소한 선박은 기타를 제외하고 예선뿐이다.
⑤ (O) 2022년 10월에 등록선박 중 유조선의 등록선박 톤수 비중은 3,229/15,730×100≒20.5%이다.

17   정답 ③

① (O) 2022년 9월 용도별 등록선박 톤수는 여객선이 173천 톤, 화물선이 10,071천 톤, 유조선이 3,222천 톤, 예선이

143천 톤, 부선이 1,877천 톤이므로 [그림 1]은 2022년 9월 용도별 등록선박 톤수를 나타낸 그래프이다.
② (O) 2022년 11월 용도별 등록선박은 여객선이 323척, 화물선이 674척, 유조선이 719척, 예선이 1,124척, 부선이 1,645척이므로 [그림 2]는 2022년 11월 용도별 등록선박을 나타낸 그래프이다.
③ (X) A는 화물선이고, J는 부선이다.
④ (O) B와 G는 예선이다.
⑤ (O) D와 H는 여객선이다.

18 정답 ③

① (O) '신청접수'에서 접수기간은 2023년 10월 23일부터 2023년 11월 10일까지라고 하였으므로 접수기간은 총 19일이다.
② (O) '제출 서류'에서 제출 서류는 역명부기 사용신청서, 역과의 거리 및 연계교통 조사결과, 사용기관 정보, 가격제안서라고 하였으므로 제출 서류는 총 4종이다.
③ (X) '사용료'에서 설치비용 및 이행보증금이 추가 발생하며, 이는 사용기관에서 부담해야 한다고 하였다.
④ (O) '사용료'에서 사용료는 일시납부해야 한다고 하였다.
⑤ (O) '계약기간'에서 1년 단위로 계약하며 계약기간은 3년 이내라고 하였다.

19 정답 ②

A~E의 점수는 다음과 같다.

구분	A	B	C	D	E
접근성	15점	15점	20점	10점	15점
공공성	25점	20점	15점	20점	15점
선호도	15점	15점	20점	20점	15점
가격평가	10점	25점	15점	20점	30점
합계	65점	75점	70점	70점	75점

B와 E가 합계가 75점으로 가장 높지만 B와 E 중 공공성이 높은 기관인 B가 선정된다.

20 정답 ④

① (O) '3. 보관 불가 물품의 3)'에서 현금화할 수 있는 물품은 보관 불가하다고 하였다.
② (O) '4. 유의사항'에서 사전에 고지한 수량과 다른 경우 위탁이 거절될 수 있다고 하였다.

③ (O) '1. 이용방법의 2) 계약'에서 직접 방문하여 계약서 작성한 후 보관료를 선납해야 한다고 하였다.
④ (X) '1. 이용방법의 4) 출고'에서 영업시간 내에 직접 방문하여 수시로 출고 가능하다고 하였다.
⑤ (O) '4. 유의사항'에서 주방용품은 세척 후 에어캡으로 포장 후 보관해야 한다고 하였다.

21 정답 ②

A와 B가 지불해야 하는 요금은 다음과 같다.
- A: $66,000 \times 12 \times (1-0.4) \times 2 = 950,400$원
- B: $176,000 \times 6 \times (1-0.5) + 330,000 \times 6 \times (1-0.5) = 1,518,000$원

따라서 A와 B가 지불해야 하는 요금의 차이는 $1,518,000 - 950,400 = 567,600$원이다.

22 정답 ④

① (O) '3. 서비스 가격 및 제공횟수의 2) 제공횟수'에서 서비스 제공횟수는 월 4회, 12개월 동안 지원한다고 하였으므로 최대 $12 \times 4 = 48$회이다.
② (O) '6. 선정자 발표'에서 선정자에게 문자 안내 및 통지서 등기우편을 발송한다고 하였다.
③ (O) '5. 서비스 신청 방법의 3) 제출서류'에서 제출해야 하는 서류는 사회보장급여(사회서비스이용권) 신청(변경)서, 사회서비스 이용자 준수사항 안내 확인 동의서, 개인정보 수집·이용 및 제3자 제공 동의서, 건강보험료 자격확인서나 건강보험증 사본 중 1부, 건강보험료 납부확인서, 의사 진단서, 소견서, 처방전 중 1부라고 하였으므로 제출해야 하는 서류는 총 6종류이다.
④ (X) '3. 서비스 가격 및 제공횟수의 1) 서비스 가격'에서 서비스 가격은 월 168,000원이고, 본인부담은 10%라고 하였으므로 지불해야 하는 본인부담금은 최대 $12 \times 168,000 \times 0.1 = 201,600$원이다.
⑤ (O) '1. 서비스 대상의 3) 우선순위'에서 1순위는 희귀난치병질환자, 2순위는 장애의 정도가 심한 장애인, 3순위는 고령자이고, '4. 사업추진 일정'에서 우선순위에 근거하여 예산 범위에서 대상자 선정한다고 하였다.

23 정답 ③

① (O) '1. 서비스 대상의 1) 지원 대상과 2) 소득 및 연령 기준'에서 뇌병변 등록 장애인 중 만 65세 미만인 자는 기준중위소득 140% 이하인 경우에 이용자로 선발될 수 있다고 하였다.

② (○) '1. 서비스 대상의 1) 지원 대상과 2) 소득 및 연령 기준'에서 근골격계·신경계·순환계 질환이 있는 만 60세 이상 만 65세 미만인 자는 기준중위소득 140% 이하인 경우에 이용자로 선발될 수 있다고 하였다.
③ (×) '1. 서비스 대상의 1) 지원 대상과 2) 소득 및 연령 기준'에서 국가유공자 중 근골격계·신경계순환계 질환이 있는 만 65세 미만인 자는 기준중위소득 140% 이하인 경우에 이용자로 선발될 수 있다고 하였다.
④ (○) '1. 서비스 대상의 1) 지원 대상과 2) 소득 및 연령 기준'에서 근골격계·신경계·순환계 질환이 있는 만 65세 이상인 자는 기준중위소득 140% 이하이면서 기초연금수급자 또는 기초생활수급자인 경우에 이용자로 선발될 수 있다고 하였다.
⑤ (○) '1. 서비스 대상의 1) 지원 대상'에서 기존 시각장애인 안마서비스 이용자의 경우 희귀난치병질환자에 한하여 1회 연장된다고 하였으므로 이용자로 선발된다.

24
정답 ③

① (○) '이용방법'에서 선택한 열차와 하위열차 포함한 열차를 입석 또는 자유석으로 이용 가능하다고 하였으며, ITX-새마을은 KTX의 하위열차이므로 이용 가능하다.
② (○) '부가운임 징수'에서 정기승차권의 위·변조 사용으로 부정사용한 경우 해당 구간의 기준운임 및 그 30배 이내에 해당하는 금액을 부가운임으로 수수한다고 하였다.
③ (×) '이용방법'에서 정기승차권을 소지하지 않은 경우 출발역에서 승차할 열차의 5분 전까지 공공기관에서 발행한 신분증을 제시하고 정기승차권 발급확인서를 청구할 수 있다고 하였다.
④ (○) '이용방법'에서 이용 시작 5일 전부터 구매할 수 있다고 하였다.
⑤ (○) '부가운임 징수'에서 분실확인서로 부정사용한 경우 부가운임을 수수한다고 하였다.

25
정답 ①

A는 정기승차권을 이용하여 토요일, 일요일, 공휴일에도 KTX를 이용하고자 하므로 토요일, 일요일, 공휴일도 이용 가능한 자유형 정기승차권을 구매한다. A가 이용하는 일자는 총 13일이므로 할인율은 45%이다. A가 구매하는 정기승차권 금액은 13×59,800×0.55=427,570원이다.

정답 및 해설
NCS 실전모의고사 3회

정답표

01	02	03	04	05	06	07	08	09	10
②	⑤	③	④	④	①	②	④	③	①
11	12	13	14	15	16	17	18	19	20
②	⑤	⑤	④	①	③	②	②	④	③
21	22	23	24	25					
②	③	⑤	③	①					

01
정답 ②

제시문은 철도연에서 개발에 성공한 '시멘트 제로 콘크리트 철도 침목'에 대한 글로, 대표적인 탄소배출 건설 자재인 시멘트를 전혀 사용하지 않음으로써 탄소중립 실현에 크게 기여할 것으로 기대된다는 내용이다.

02
정답 ⑤

① (○) 둘 사이의 관계를 순조롭지 못하게 가로막는 장애물
② (○) 일을 해 나가는 데에 걸리거나 막히는 장애물을 비유적으로 이르는 말
③ (○) 거추장스럽게 걸리거나 막히는 것을 비유적으로 이르는 말
④ (○) 가로막아서 거치적거리게 하는 사물
⑤ (×) 첫 번째 문단에서 시멘트는 대표적인 탄소배출 건설 자재라고 하였다. 따라서 ㉠에는 시멘트가 탄소중립 실현에 방해가 된다는 내용을 나타내는 말이 들어가야 한다. '주춧돌'은 '기둥 밑에 기초로 받쳐 놓은 돌'이라는 의미므로 ㉠에 들어갈 말로 적절하지 않다. '주춧돌'과 비슷한 말로는 '초석(礎石)'이 있다.

03
정답 ③

① (○) 2문단에서 표층은 태양 에너지가 파도나 해류로 인해 섞이기 때문에 온도 변화가 거의 없고, 표층에서는 수심이 깊어질수록 높은 음속을 보인다고 설명하였다.
② (○) 2문단의 "그러나 그 아래의 층에서는 태양 에너지가 도달하기 어려워~더 깊은 심층에서는 수온 변화가 거의 없다."를 통해 알 수 있다.
③ (×) 1문단에서 물속에서의 음속은 공기에서보다 4~5배 빠

르다고 하였고, 5문단에서 음속이 최소가 되는 음파통로에 서는 음속이 낮은 대신 소리의 전달은 매우 효과적이라고 하였다. 이렇듯 지문에서 '물속에서의 음속'에 대해서는 언급했지만, 물 밖에 있을 때보다 물속에 있을 때 물 밖의 소리가 더 잘 들린다고 추론할 만한 내용은 제시되지 않았다.
④ (○) 6문단의 "음영대를 이용해 잠수함이 음파탐지기로부터 회피하여 숨을 장소로 이동하거나"를 통해 알 수 있는 내용이다.
⑤ (○) 5문단에 따르면 음속이 최소가 되는 층을 음파통로라고 하는데, 마지막 문단에서 "음파통로를 이용해 인도양에서 음파를 일으켜 대서양을 돌아 태평양으로 퍼져 나가게 한 후 온난화 등의 기후변화를 관찰하는 데 이용되기도 한다."라고 한 부분을 통해 짐작할 수 있는 내용이다.

04 정답 ④

① (×) '발송(發送)하다'는 '물건, 편지, 서류 따위를 우편이나 운송 수단을 이용하여 보내다.'의 의미를 가지고 있는 말이다.
② (×) '발행(發行)하다'는 '출판물이나 인쇄물을 찍어서 세상에 펴내다. 화폐, 증권, 증명서 따위를 만들어 세상에 내놓아 널리 쓰도록 하다.' 또는 '길을 떠나다.'의 의미를 가지고 있는 말이다.
③ (×) '발족(發足)하다'는 '어떤 조직체가 새로 만들어져서 일이 시작되다. 또는 그렇게 일을 시작하다.'의 의미를 가지고 있는 말이다.
④ (○) 문맥상 ㉠의 '일어나다'는 '자연이나 인간 따위에게 어떤 현상이 발생하다.'의 의미로 사용되었다. 따라서 ㉠의 '일어난다'는 '발생(發生)한다'와 바꿔 쓸 수 있다.
⑤ (×) '발호(發號)하다'는 '호령(號令)을 내리다. 또는 내리게 하다.'의 의미를 가지고 있는 말이다.

05 정답 ④

① (○) 첫 번째 문단에서 콩나물과 시금치의 예를 들어 가격에 따른 수요량의 변화에 대해 설명하였다.
② (○) 두 번째 문단에서 스마트폰 가격에 변동이 없음에도 불구하고 소득이 증가하면 스마트폰에 대한 수요량이 증가한다는 예를 통해 소득 변화와 수요량의 관계에 대해 설명하였다.
③ (○) 두 번째 문단에서 소득의 증가에 따라 수요량이 증가하는 재화를 '정상재', 소득이 증가하면 오히려 수요량이 감소하는 재화를 '열등재'라고 하였다.
④ (×) 제시문에 사치재와 필수재의 예는 나타나 있지 않다.

⑤ (○) 마지막 문단에서 수요의 소득탄력성이 양수인 재화를 '정상재', 수요의 소득탄력성이 음수인 재화를 '열등재', 정상재이면서 소득탄력성이 1보다 큰 재화를 '사치재', 정상재이면서 소득탄력성이 1보다 작은 재화를 '필수재'라고 하였다.

06 정답 ①

① (×) A는 수요의 가격탄력성이 음수인 열등재로, 소득이 증가하면 수요량이 오히려 감소한다.
② (○) 수요의 소득탄력성은 $\frac{수요량의 변화율}{소득의 변화율}$로, B와 같이 소득의 증가비율보다 수요량의 증가비율이 더 작으면 수요의 소득탄력성이 0보다 크고 1보다 작게 나타난다. 이와 같은 재화를 필수재라 하는데, 일반적으로 필수재는 소득의 높고 낮음에 관계없이 반드시 얼마만큼은 소비하여야 하며, 동시에 어느 수준 이상은 소비할 필요가 없는 재화이다.
③ (○) 수요의 소득탄력성이 1보다 크다는 것은 소득의 증가비율보다 수요량의 증가비율이 더 크다는 뜻이므로, C는 소득 변화에 민감하게 반응하는 재화라고 할 수 있다.
④, ⑤ (○) B는 필수재, C는 사치재로 모두 정상재에 해당한다.

07 정답 ②

㉠ 뒤에 이어지는 분류를 통해 '카리스마적 지배'나 '합법적 지배'가 아님을 유추할 수 있다.
㉡ '가장제'와 '봉건제'가 앞에서 거론되었으므로 '가산제'가 들어가야 함을 알 수 있다.
㉢ 이것이 '실질적 가치의 추구'와 갈등 관계를 빚고 있다는 진술을 통해 '형식합리성'임을 유추할 수 있으며, 다시 마지막 문장에서 확인할 수 있다.

08 정답 ④

① (○) 첫 번째 문단에서 초임계유체란 온도와 압력이 임계점을 넘어 액체와 기체를 구분할 수 없는 상태가 된 물질을 뜻한다는 것을 알 수 있다.
② (○) 첫 번째 문단을 통해 기체와 액체의 성질을 동시에 띠고 있어서 기체처럼 가벼워 확산이 잘 되고, 또 액체처럼 다른 물질을 잘 녹여 낸다는 초임계유체의 성질에 대해 알 수 있다.
③ (○) 마지막 문단에서 초임계유체는 특정 성분을 뽑아내는 일 외에도 건축 단열재, 폐수 정화 시설 등 활용 범위가 넓다고 하였다.

④ (✗) 마지막 문단에서 '물질을 초임계상태로 만들기 위해 임계압력까지 압력을 올리는 과정은 장비가 복잡'하다고 언급하고 있으나 물질을 초임계상태로 만들기 위해 필요한 장비가 무엇인지는 알 수 없다.
⑤ (○) 두 번째 문단의 '임계온도가 31℃, 임계압력이 73.8기압(bar)인 초임계상태 이산화탄소를 만들어'를 통해 알 수 있다.

09 정답 ③

① (○) '가열(加熱)하다'는 '어떤 물질에 열을 가하다.'의 의미이다.
② (○) '용해(溶解)하다'는 '물질이 액체 속에서 균일하게 녹아 용액이 만들어지다. 또는 용액을 만들다.'의 의미이다.
③ (✗) '액체 따위가 스며들어 배다.'라는 의미의 '침투(浸透)하다'가 적절하다. '침범(侵犯)하다'는 '남의 영토나 권리, 재산, 신분 따위를 침노하여 범하거나 해를 끼치다.'의 의미이다.
④ (○) '추출(抽出)하다'는 '고체 또는 액체의 혼합물에 용매(溶媒)를 가하여 혼합물 속의 어떤 물질을 용매에 녹여 뽑아내다.'의 의미이다.
⑤ (○) '정립(定立)하다'는 '정하여 세우다.'의 의미이다.

10 정답 ①

2022년 A사 남자 직원을 X명, 여자 직원을 Y명이라고 하면 다음과 같은 식이 성립한다.
X+Y=540
1.08X+Y+58=618
∴ X=250, Y=290
따라서 2022년 A사 남자 직원은 250명이다.

11 정답 ②

① (○) 2022년 가구원 수가 3명인 농가의 가구원 1명당 평균 농가소득은 67,427/3≒22,475.7천 원이다.
② (✗) 조사기간 중 가구원 수가 2명인 가구의 평균 농가소득이 가장 많은 해는 2021년이고, 2021년에 가구원 수가 2명인 가구의 평균 농가소득과 평균 농가순소득 차이는 41,459−23,985=17,474천 원=1,747.4만 원이다.
③ (○) 조사기간 동안 평균 농가소득이 가장 많은 가구원 수는 6명 이상이다.
④ (○) 2022년 가구원 수가 5명인 가구의 평균 농가순소득의 전년 대비 감소율은 |(53,620−60,093)|/60,093×100≒10.8%이다.

⑤ 2019~2022년 동안 가구원 수별 평균 농가순소득의 전년 대비 증감 추이는 다음과 같다.

1명	감소 - 감소 - 증가 - 감소
2명	감소 - 증가 - 증가 - 감소
3명	감소 - 증가 - 증가 - 증가
4명	증가 - 감소 - 증가 - 감소
5명	증가 - 감소 - 증가 - 감소
6명 이상	증가 - 감소 - 증가 - 증가

12 정답 ⑤

2020년 평균 순수익률은 다음과 같다.

| 1명 | 5,766 / 16,039 × 100 ≒ 36% |
| 4명 | 58,080 / 72,187 × 100 ≒ 80% |

㉠과 ㉡의 차는 80−36=44이다.

13 정답 ⑤

2021년 가구원 수별 평균 농가순소득의 전년 대비 증가율은 다음과 같다.

1명	(8,164−5,766) / 5,766 × 100 ≒ 41.6%
2명	(23,985−22,105) / 22,105 × 100 ≒ 8.5%
3명	(45,709−42,336) / 42,336 × 100 ≒ 8.0%
4명	(66,733−58,080) / 58,080 × 100 ≒ 14.9%
5명	(60,093−59,791) / 59,791 × 100 ≒ 0.5%
6명 이상	(69,567−68,287) / 68,287 × 100 ≒ 1.9%

따라서 A는 3명, B는 4명, C는 5명, D는 6명 이상, E는 2명이다.
① (○) [그림]에 표시되지 않은 가구원 수는 1명이다.
② (○) A는 가구원 수가 3명이다.
③ (○) C는 가구원 수가 5명이고, D는 가구원 수가 6명 이상이다.
④ (○) E는 가구원 수가 2명이다.
⑤ (✗) B는 2019년에 평균 농가소득이 세 번째로 많다.

14 정답 ④

① (○) 2023년 상반기에 국내 수요의 철구조물 총수주액은 19,134+17,937+24,913+18,959+34,928+25,978=141,849천만 원이다.

② (○) 2023년 상반기 내내 국내 수요의 총수주액이 가장 많은 기종은 특수산업용 기계로 매월 동일하다.
③ (○) 도로주행차량 총수주액 대비 일반산업용 기계의 총수주액 비율은 다음과 같다.

구분	도로주행차량 총수주액 대비 일반산업용 기계의 총수주액 비율
1월	35,789 / 62,733 × 100 ≒ 57.0%
2월	28,749 / 72,390 × 100 ≒ 39.7%
3월	49,831 / 67,777 × 100 ≒ 73.5%
4월	44,768 / 65,927 × 100 ≒ 67.9%
5월	30,771 / 82,003 × 100 ≒ 37.5%
6월	44,507 / 65,444 × 100 ≒ 68.0%

④ (×) 2023년 2분기에 국내 수요의 총수주액은 전분기 대비 {(438,494＋429,614＋374,148)－(385,191＋354,032＋431,743)} / (385,191＋354,032＋431,743) × 100 ≒ 6.1% 이다.
⑤ (○) 2~6월 중 국내 수요의 총수주액이 모든 기종에서 전월 대비 증가한 달은 없다.

15 정답 ①

- 2023년 상반기 해외 수요의 총수주액은 829,157＋579,724＋960,031＋764,624＋485,020＋1,122,358＝4,740,914천만 원, 국내 수요의 총수주액은 385,191＋354,032＋431,743＋438,494＋429,614＋374,148＝2,413,222천만 원이다. 2023년 상반기 해외 수요의 총수주액 대비 국내 수요의 총수주액 비율은 2,413,222/4,740,914 × 100 ≒ 50.9%이다.
- 2023년 6월 해외 수요의 총수주액 중 상위 3개 기종의 비중은 (848,847＋91,081＋43,057)/1,122,358 × 100 ≒ 87.6%이다.
- 2023년 3월에 해외 수요의 총수주액의 전월 대비 증가율은 (960,031－579,724)/579,724 × 100 ≒ 65.6%, 국내 수요의 총수주액은 (431,743－354,032)/354,032 × 100 ≒ 22.0%이므로 증가율 차이는 65.6－22.0＝43.6%p이다.

16 정답 ③

① (○) 2020년에 정거장 면적의 전년 대비 증가율은 (3,340,123－3,022,135)/3,022,135 × 100 ≒ 10.5%이다.
② (○) 2017~2019년 동안 사무소는 운전용보다 매년 면적이 더 넓다.
③ (×) 2021년에 전체 건물 동수 중 공장의 비중은 1,762/6,007 × 100 ≒ 29.3%이다.
④ (○) 2017~2021년 동안 건물 동수가 매년 증가하는 건물 종은 정거장과 공장으로 2개이다.
⑤ (○) 조사기간 내내 전체 건물 면적 비중이 가장 큰 건물 종은 매년 면적이 가장 넓은 정거장이다.

17 정답 ②

2020년 정거장 1동당 면적은 3,340,123/2,731 ≒ 1,223m^2이고, 주택 1동당 면적은 157,091/317 ≒ 496m^2이므로 A와 B의 합은 1,223＋496＝1,719이다.

18 정답 ②

① (○) '주차요금 정산 방법'에서 현금을 이용하여 결제할 수 있는 수단은 모바일앱을 제외하고 유인 부스 이용뿐이다.
② (×) '차량 구분 기준'에서 최대 적재량이 1톤 이하의 화물차는 소형에 해당한다고 하였고, '일반요금'에서 화물터미널 주차장의 1일 주차요금은 소형 자동차의 경우 10,000원이라고 하였다.
③ (○) '일반요금'에서 높이 2.8m 이상의 대형차량은 예약주차장 이용이 불가하다고 하였다.
④ (○) '요금감면'에서 국가유공자의 경우 현장감면 시 본인 탑승 필수라고 하였다.
⑤ (○) '주차요금 정산 방법'에서 무인 부스 이용 시 출구 무인 정산기에 표시된 요금을 지불해야 한다고 하였다.

19 정답 ④

'일반요금'에서 예약주차장은 실제 입출차 시간을 기준으로 요금이 부과된다고 하였다. A가 실제로 입차 시각은 6월 15일 오전 5시이고, 출차 시각은 6월 20일 오전 1시이고, '일반요금'에서 일 주차는 입차시각부터 24시간이 아닌 0시부터 24시까지라고 하였으므로 A가 지불해야 하는 주차요금은 6월 15~19일까지 5일에 해당하는 9,000×5＝45,000원과 6월 20일 오전 12시 45분까지의 주차요금인 1,000원, 총 46,000원이다.

20 정답 ③

'차량 구분 기준'에서 16인승 이상 버스는 대형에 해당한다고 하였으며, B는 장기주차장을 이용하였다고 하였고 서류 미비로 인하여 B는 일반요금으로 정산하였다고 하였으므로 B가 지불한 주차요금은 12,000×2＋1,200×7＝32,400원이다. B는 다자녀가구에 해당하며, '요금감면'에서 다자녀가구의 감면율은 50%라고 하였으므로 B가 환불받을 수 있는 주차요금은 32,400×0.5=16,200원이다.

21
정답 ②

① (X) '5. 이용방법'에서 대여 장난감은 직접 방문 반납 가능하다고 하였다.
② (O) '4. 택배비용'에서 일반 가정은 대여 시 착불, 반납 시 선불로 택배 비용 이용자가 부담해야 한다고 하였다.
③ (X) '4. 택배비용'에서 일부 장난감은 택배 서비스 대여 불가하다고 하였다.
④ (X) '6. 연체'에서 연체일수만큼 연체료가 부과된다고 하였으며, 회원명 또는 회원번호로 입금해야 한다고 하였다.
⑤ (X) '7. 대여 물품 파손 및 분실'에서 반납 포장 미흡으로 인한 파손 시에는 이용회원에게 책임을 부과한다고 하였다.

22
정답 ③

'7. 대여 물품 파손 및 분실'에서 장난감 대여 시 파손 및 분실이 3회 이상인 경우에는 정회원은 준회원으로 자격 전환된다고 하였다. J는 2월에 대여한 장난감을 파손하여 현재까지 총 3회 파손하였으므로 J는 준회원으로 자격 전환된다. '5. 이용방법'에서 화~목요일에 신청 시 익일에 택배 접수하고, 택배 접수 후 익일에 배송된다고 하였다. J는 3월 21일에 택배 서비스로 대여 신청하였고, K업체에서 22일에 A장난감 택배 접수, 23일에 J가 A장난감을 수령한다. '4. 대여 기간'에서 준회원의 대여 기간은 기존 대여일 10일, 10일(1회 자동 연장) 총 20일이므로 4월 11일까지이다. J는 대여 기간 마지막 날 반납 택배를 접수하였다고 하였으므로 4월 11일에 A장난감 반납 택배를 접수하였고, K업체는 4월 12일에 A장난감을 수령한다. J는 A장난감 반납 접수 3일 전 B장난감을 대여 신청하였다고 하였으므로 4월 8일에 B장난감을 택배 서비스로 대여 신청하였다. '5. 이용방법'에서 토요일 신청 건은 익주 화요일 택배 접수한다고 하였지만 '5. 이용방법'에서 이전 대여한 장난감 반납 전에 다른 장난감을 예약한 경우, 업체에서 이전 대여 장난감을 수령한 날에 다음 예약한 장난감을 택배 접수한다고 하였으므로 4월 12일에 K업체는 B장난감을 택배 접수하였고, 택배 접수 후 익일 배송된다고 하였으므로 J는 4월 13일에 B장난감을 수령한다.

23
정답 ⑤

① (O) '회원 등급별 혜택'에서 ACE 등급과 SILVER 등급의 포인트 적립 비율은 0.1%라고 하였다.
② (O) 'K마트 회원 등급 산정기준'에서 매월 1일에 등급을 산정한다고 하였다.
③ (O) '회원 등급별 혜택'에서 GOLD 회원이 지급받는 쿠폰은 8,000원 쿠폰 1장(6만 원 이상 구매 시), 6,000원 쿠폰 1장(5만 원 이상 구매 시), 4,000원 쿠폰 1장(4만 원 이상 구매 시)이라고 하였다.
④ (O) '회원 등급별 혜택'에서 회원 등급 산정 시 오프라인 매장에서 구매한 상품권은 구매실적에서 제외한다고 하였다.
⑤ (X) '회원 등급별 혜택'에서 온라인 매장의 구매로만 등급 산정을 하는 경우 개인정보 제공에 동의한 회원에 한하여 등급을 산정한다고 하였다.

24
정답 ④

'회원 등급별 혜택'에서 결제금액은 직전 월에 온/오프라인 매장의 결제 후 배송이 완료된 건에 한하여 산정된다고 하였으므로 7월 2일 배송 예정인 6월 30일 구매 건은 7월 등급 산정 시 제외된다. 또한 결제금액은 취소 및 반품 금액 제외, 쿠폰 사용 금액, 포인트 사용 금액, 주류 구매금액은 제외된다고 하였으므로 O의 6월 결제금액은 (50,000-5,000)+70,000+(60,000-20,000)=155,000원이다. 따라서 O의 7월 회원 등급은 VIP이다.

25
정답 ②

J가 6월에 구매한 제품 금액은 총 10+9+7=26만 원이지만, J는 지급받은 쿠폰을 모두 사용하였다고 하였으므로 J의 6월 결제금액은 260,000-(5,000+4,000+3,000)=248,000원이고, 적립된 포인트는 248,000×0.001=248포인트이다. J의 7월 회원 등급은 MVG이고, 7월 1일에 총 7만 원의 제품을 구매한다고 하였으므로 J는 10,000원 쿠폰과 248포인트를 사용할 경우 가장 저렴하게 구매할 수 있다. J가 지불해야 하는 최소 금액은 70,000-10,000-248=59,752원이다.

정답 및 해설
NCS 실전모의고사 4회

정답표

01	02	03	04	05	06	07	08	09	10
②	①	③	②	②	④	④	②	③	③
11	12	13	14	15	16	17	18	19	20
①	④	④	④	⑤	③	①	⑤	⑤	④
21	22	23	24	25					
④	④	②	④	⑤					

01 정답 ②

① (O) 세 번째 문단의 '언론사는 삭제나 폐기를 요구받을 만한 민감한 기사를 보도하는 데 조심스러워질 수밖에 없어 표현의 자유가 제한될 수 있다.'를 통해 알 수 있다.
② (X) 사생활과 자기 결정권 보호는 '잊힐 권리' 법제화 찬성의 근거이다.
③ (O) 세 번째 문단에서 '반대 측은 현실적인 측면에서도 문제가 있다고 본다. 인터넷에 광범위하게 퍼져 있는 개인의 정보를 찾아 지우는 것은 기술적으로 대단히 어렵다. 게다가 잊힐 권리를 현실에 적용할 때 투입되는 비용 문제 역시 기업에는 큰 부담이 될 수 있다.'라고 한 부분을 통해 알 수 있다.
④ (O) 마지막 문단의 '잊힐 권리가 악용되는 일'이 있어서는 안 된다는 내용과, 세 번째 문단의 '기사나 자료가 과도하게 삭제될 경우 정부나 기업, 특정인과 관련된 정보에 대한 국민의 알 권리가 침해될 수 있다.'는 내용을 종합할 때 '잊힐 권리'가 부나 권력 등에 의해 악용될 소지가 있다고 판단할 수 있으며, 이는 법제화 반대의 근거가 될 수 있다.
⑤ (O) 세 번째 문단에서 '기사나 자료가 과도하게 삭제될 경우 정부나 기업, 특정인과 관련된 정보에 대한 국민의 알 권리가 침해될 수 있다.'고 하였다.

02 정답 ①

① (O) 첫 번째 문단을 통해 인터넷의 정보를 삭제할 수 있는 권한은 특정 기업에 있음을 알 수 있다.
②~⑤ (X) 제시문에서 구체적인 답을 찾을 수 없는 질문들이다.

03 정답 ③

① (O) 1문단에서 표현주의는 내면에 잠재된 강렬한 감정과 욕구를 소재로 한다고 언급하였다.
② (O) 4문단에서 표현주의는 나치 정권으로부터 퇴폐 예술로 규정되어 탄압을 받았다고 서술하였다.
③ (X) 제시문에서 표현주의 미술에 영향을 준 미술 사조가 무엇인지에 대해서는 언급되지 않았기 때문에 제시문을 통해 확인할 수 있는 질문이 아니다.
④ (O) 1문단을 통해 표현주의는 독일 사회가 19세기 후반 전쟁의 후유증과 급속한 산업화로 인해 매우 혼란스러운 상황에서 발생했음을 알 수 있다.
⑤ (O) 3문단에서 "표현주의 작품을 감상할 때에는 과장되거나 왜곡되어 나타나는 형태와 색채를 통해서 현실 세계를 바라보는 작가의 감각과 감정 상태를 읽어 내는 것이 중요하다."라고 설명하였다.

04 정답 ②

1문단에서 표현주의는 내면에 잠재된 강렬한 감정과 욕구를 소재로 하여 이를 자유롭게 표현하고자 했던 미술운동이라고 설명하였고, 2문단에서 기존의 회화가 외적 세계의 모방에 초점을 두었다면, 표현주의는 눈에 보이지 않는 내면의 감정 표현을 중요하게 생각하여 이를 표현하기 위해 형태를 단순화하고 색채의 수를 최소한으로 사용하였으며 대상의 형태를 과장하거나 왜곡하여 표현하였고, 즉흥적인 느낌을 주는 듯한 거친 붓놀림과 선에 의해 단순화된 형태와 과장된 색채를 선호하였다고 서술하였다. 이러한 내용을 토대로 표현주의의 실험 정신으로 인해 현대 회화에서 개성적 가치가 중요한 미학적 개념으로 자리잡게 되었다고 할 때, '개성적 가치'는 대상을 바라보며 느낀 점을 자신만의 방식으로 표현하는 것이 중요하다는 의미라고 볼 수 있다.

05 정답 ②

(나)의 내용은 제조업에 관한 구조 속물주의의 주장을 간단히 소개한 뒤, 과거 19세기에도 구조 속물주의가 나타났는데 그것은 농업 부문의 쇠퇴와 공업(제조업) 부문의 팽창을 우려했기 때문임을 밝혀서, 구조 속물주의의 주장을 반박하는 것이다. 따라서 단순하게 '제조업에 관한 구조 속물주의'의 주장만을 요약하고 있는 선택지 ②의 내용은 (나)의 내용을 포괄하지 못한다. 오히려 "구조 속물주의는 과거에는 다른 모습으로 존재했었다."가 (나)의 중심 내용에 더 가깝다.

06 정답 ④

[그림]의 A는 도입기, B는 성장기, C는 성장 후기, D는 성숙기, E는 쇠퇴기이다.

① (O) 2문단에서 도입기에는 판매 이익보다 생산원가와 유통비가 높고, 판매 촉진 비용이 많이 들어서 기업은 이익이 거의 없거나 오히려 손실이 날 수 있다고 했다. [그림]의 A구간을 보면 갑은 이익이 0을 초과하고 있는 것으로 보아 도입기임에도 불구하고 꾸준히 이익이 있었고, 을은 이익이 0 미만인 것으로 보아 손실이 있었다. 2문단을 바탕으로 볼 때 갑은 판매 이익이 생산원가와 유통비보다 높았기 때문에 이익이 있었고, 을은 판매 이익보다 생산원가와 유통비가 높고 판매 촉진 비용이 많이 들어서 손실이 났다고 볼 수 있다.
② (O) 3문단을 통해 성장기에는 판매 촉진 비용과 제조 단가가 줄어듦을 알 수 있고, 기업은 매출 확대를 위한 가격 인하 등을 통해 이익을 더 높이고자 함을 알 수 있다.
③ (O) 3문단 마지막 문장에 따르면 기업은 성장 후기를 신제품 개발의 출발점으로 삼아야 한다. 따라서 C구간에서 갑과 을은 모두 신제품 개발에 투자해야 한다.
④ (X) 4문단에서 성숙기에는 다양한 서비스의 추가나 디자인 개선 등의 심리적 차별화를 강조하는 전략을 세워야 한다고 했다. 갑이 취한 전략은 성숙기에 적합하지만 을이 취한 전략은 5문단 마지막 문장으로 미루어 볼 때 쇠퇴기인 E구간에서 이루어질 전략이다.
⑤ (O) 5문단 마지막 문장에 따르면 쇠퇴기에는 제품이 시장성을 잃어 감에 따라 기업은 수익성이 떨어지는 제품을 낮은 가격에 팔거나 종류를 단순화하여 이익을 유지함을 알 수 있다.

07
정답 ④

① (O) 3문단을 통해 구매자가 늘면 대량생산을 하여 제조 단가가 낮아짐을 알 수 있다.
② (O) 2문단을 통해 제품에 대한 수요자의 인지도가 낮을 때에는 기업이 잠재 고객을 위한 판매 촉진 행사를 늘림을 알 수 있다.
③ (O) 4문단을 통해 디자인 개선이 심리적 차별화를 강조하는 전략임을 알 수 있다.
④ (X) 3문단을 통해 유통망 보충은 장기적인 시장을 확보하기 위한 전략임을 알 수 있다.
⑤ (O) 5문단을 통해 수익성이 떨어지는 제품을 낮은 가격에 팔아 시장에서 완전히 철수해 버리는 이유가 다른 분야에 투자하기 위한 방안임을 알 수 있다.

08
정답 ②

① (O) 쿤은 정상 과학의 시기에는 패러다임이라는 인식의 틀 안에서 퍼즐을 맞추는 활동을 수행하는 것일 뿐 새로운 과학 지식을 만들어내지 못한다고 하였다.
② (X) 과학혁명은 기존의 패러다임으로 변칙 사례를 설명할 수 없을 때 새로운 패러다임으로 급격하게 대체되는 것을 의미한다. 이때 쿤은 옛 패러다임과 새로운 패러다임 중 어느 것이 더 우월할 것인지 평가할 논리적 기준이 없다고 하였다.
③ (O) 새로운 패러다임 안에서 변칙 사례가 발견된다면 이를 설명할 수 있는 또 다른 패러다임이 등장하게 될 것이다.
④ (O) 하나의 이론 체계를 받아들인다는 것은 그것의 개념, 법칙, 가정을 포함한 패러다임 전체를 믿는 행위라고 하였으므로, 기존 패러다임으로 설명할 수 없는 변칙 사례가 등장하면 이러한 믿음이 흔들리게 될 것이다.
⑤ (O) 쿤의 과학혁명 가설은 고정된 틀 속에서 문제를 해결하려 한 정상 과학을 반성적으로 바라볼 수 있게 하였다.

09
정답 ③

① (X) 바꿀 수 있거나 바뀔 수 있는
② (X) 서로 도움을 주고받는
③ (O) 쿤은 과학혁명 가설을 통해, 기존의 과학 이론들이 축적되어 점진적으로 과학이 진보하는 것이 아니라는 것을 주장하고 있다. 따라서 '포개어 여러 번 쌓거나, 포개져 여러 번 쌓이는 것'이라는 뜻의 '누적적'이 들어가야 한다.
④ (X) 단계나 순서를 차례대로 밟지 않고 껑충 뛴
⑤ (X) 그렇게 될 수밖에 없는

10
정답 ③

① (O) 2022년 하반기에 전국의 노동자 현원은 직전 반기 대비 $(17,280,505 - 16,998,689)/16,998,689 \times 100 ≒ 1.7\%$ 증가했다.
② (O) 2021년 하반기~2022년 하반기 동안 서울의 구인인원이 직전 반기 대비 증가한 반기는 2021년 하반기, 2022년 상반기로 2개 반기이다.
③ (X) 2021년 하반기에 서울의 부족인원은 채용계획인원의 $139,590/142,980 \times 100 ≒ 97.6\%$ 이다.
④ (O) 2022년 상반기와 하반기에 서울의 미충원인원의 합은 $44,278 + 47,828 = 92,106$명이다.
⑤ (O) 2022년 상반기에 전국 상반기 채용인원 중 서울 비중은 $298,279/1,105,116 \times 100 ≒ 27.0\%$ 이다.

11
정답 ①

서울의 미충원률은 다음과 같다.

2021년 상반기	$(275,249-247,683)/275,249\times100≒10.0\%$
2021년 하반기	$(301,779-261,171)/301,779\times100≒13.5\%$
2022년 상반기	$(342,557-298,279)/342,557\times100≒12.9\%$
2022년 하반기	$(323,607-275,779)/323,607\times100≒14.8\%$

조사기간 중 서울의 미충원률이 가장 높은 반기는 2022년 하반기이고, 2022년 하반기의 전국의 부족률은 $604,611/(604,611+17,280,505)\times100≒3.4\%$이다.

12

정답 ④

① (X) 12월에 전체 입국자의 9월 대비 증가율은 $(539,273-337,638)/337,638\times100≒59.7\%$이다.
② (X) 8월에 전체 입국자 중 유학연수 목적 입국자의 비중은 $44,854/310,945\times100≒14.4\%$, 아시아계 입국자 중 유학연수 목적 입국자의 비중은 $34,413/187,714\times100≒18.3\%$이다.
③ (X) 8~12월 동안의 아시아계 입국자의 전월 대비 증감 추이는 다음과 같다.

관광	증가 - 증가 - 증가 - 증가 - 증가
상용	감소 - 증가 - 증가 - 증가 - 감소
공용	감소 - 증가 - 증가 - 증가 - 감소
유학연수	증가 - 감소 - 감소 - 증가 - 증가
기타	증가 - 감소 - 증가 - 증가 - 감소

④ (○) 조사기간 동안 관광 목적 전체 입국자가 가장 많은 월은 12월이고, 12월에 상용 목적 아시아계 입국자는 공용 목적 아시아계 입국자의 $5,848/1,121≒5.2$배이다.
⑤ (X) 조사기간 동안 기타 목적 입국자를 제외한 전체 입국자가 가장 많은 목적은 관광으로 동일하다.

13

정답 ④

11월 입국목적별 전체 입국자 수 중 아시아계 비중은 다음과 같다.

관광	$235,921/341,686\times100≒69.0\%$
상용	$8,302/9,855\times100≒84.2\%$
공용	$2,164/4,750\times100≒45.6\%$
유학연수	$4,876/6,313\times100≒77.2\%$
기타	$61,867/97,302\times100≒63.6\%$

따라서 A는 관광, B는 유학연수, C는 기타, D는 공용, E는 상용이다.

① (○) A는 관광이다.
② (○) C는 기타이고, 9월 기타 목적 아시아계 입국자 수는 전월 대비 감소했다.
③ (○) B는 유학연수이다.
④ (X) E는 상용이고, 11월 상용 목적 전체 입국자 수의 전월 대비 증가율은 $(9,855-9,314)/9,314\times100≒5.8\%$이다.
⑤ (○) D는 공용이다.

14

정답 ④

① (○) 2019년에 버스의 일반국도 총 통행량은 전년 대비 $|(238\times365)-(247\times365)|=|(238-247)|\times365=3,285$대 감소했다.
② (○) 2017~2022년 동안의 고속국도 일평균 통행량의 전년 대비 증감 추이는 다음과 같다.
- 승용차: 감소 - 감소 - 증가 - 감소 - 증가 - 증가
- 버스: 감소 - 증가 - 감소 - 감소 - 증가 - 증가
- 트럭: 증가 - 감소 - 증가 - 증가 - 증가 - 감소
③ (○) 2017~2022년 중 세 차종 모두 지방도 일평균 통행량이 전년 대비 증가한 해는 없다.
④ (X) 2016년에 고속국도 일평균 통행량 대비 지방도 일평균 통행량 비율은 다음과 같다.
- 승용차: $4,145/35,312\times100≒11.7\%$
- 버스: $171/1,575\times100≒10.9\%$
- 트럭: $1,628/13,211\times100≒12.3\%$
⑤ (○) 2021년에 승용차의 일반국도 일평균 통행량의 2017년 대비 증가율은 $(10,149-9,772)/9,772\times100≒3.9\%$이다.

15

정답 ⑤

2022년에 일평균 통행량 중 승용차 비중은 다음과 같다.

구분	2022년에 일평균 통행량 중 승용차 비중
고속국도	$36,217/(36,217+1,068+14,831)\times100≒69.5\%$
일반국도	$10,248/(10,248+189+2,825)\times100≒77.3\%$
지방도	$4,431/(4,431+132+1,430)\times100≒73.9\%$

따라서 A는 일반국도, B는 고속국도, C는 지방도이다.
① (○) A는 일반국도이다.
② (○) B는 고속국도이다.
③ (○) C는 지방도이다.
④ (○) 2019년 지방도의 일평균 통행량 중 버스의 비중은 $165/(4,403+165+1,556)\times100≒2.7\%$이다.
⑤ (X) 2017년에 트럭의 일평균 통행량의 고속국도와 일반국도의 차이는 $13,643-2,871=10,772$대이다.

16 정답 ③

① (X) 여성 실업률은 1월에 585/12,043×100≒4.9%, 6월에 405/12,775×100≒3.2%이므로 |3.2-4.9|=1.7%p 감소했다.
② (X) 조사기간 중 여성 경제활동인구가 가장 많은 달은 5월이고, 여성 비경제활동인구가 가장 많은 달은 1월이다.
③ (O) 1월에 여성 고용률은 11,458/22,952×100≒49.9%이므로 여성과 남성의 고용률 차이는 59.6-49.9=9.7%p이다.
④ (X) 남성 15세 이상 인구 중 비경제활동인구의 비중은 3월에 16,592/45,219×100≒36.7%, 5월에 15,871/45,245×100≒35.1%이다.
⑤ (X) 2~6월 동안의 전월 대비 증감 추이는 여성 실업자가 '감소-감소-증가-증가-감소', 여성 취업자가 '증가-증가-증가-증가-감소'이다.

17 정답 ①

① (X) 15세 이상 인구는 '경제활동인구+비경제활동인구'이므로 1월 남성 경제활동인구는 45,200-17,104=28,096천 명이다. 경제활동인구는 '취업자+실업자'이므로 1월 남성 취업자는 28,096-1,143=26,953천 명이다.
② (O) 2월 남성 비경제활동인구는 45,213-(27,402+954)=16,857천 명이다.
③ (O) 3월 남성 실업자는 28,627-27,754=873천 명이다.
④ (O) 고용률은 '취업자/15세 이상 인구×100'이므로 5월 남성 고용률은 (29,374-889)/45,245×100≒63.0%이다.
⑤ (O) 6월 남성 15세 이상 인구는 28,478+888+15,882=45,248천 명이다.

18 정답 ⑤

① (O) '기타사항'에서 일요일은 휴무라고 하였고, '추가 보관요금'에서 휴무일에는 보관요금을 부가하지 않는다고 하였다.
② (O) '기타사항'에서 이용 시간 40분 전에 물품을 접수해야 한다고 하였다.
③ (O) '기본요금-호남선'에서 광명에서 익산으로 보내는 특송 기본요금은 7,600원이라고 하였다.
④ (O) '기타사항'에서 300만 원 초과 물품은 취급 금지라고 하였다.
⑤ (X) '기타 요인에 따른 할증 요금'에서 KTX 특송 서비스를 사칭한 배송은 불법 배송에 해당한다고 하였으며, 크기 또는 무게 할증이 적용된 경우에도 기타 요인에 따른 할증 해당 시 추가 적용된다고 하였으므로 KTX 특송 서비스를 사칭한 배송의 경우 할증이 300%가 초과될 수 있다.

19 정답 ⑤

박스의 최장변은 80cm, 세 변의 합은 80+60+40=180cm, 무게는 15kg이다. '크기 및 무게에 따른 할증 요금'에서 최장변, 세 변의 합, 무게 중 가장 높은 할증 비율에 해당하는 것을 기준으로 한다고 하였으므로 할증 비율은 200%이다. '기본요금-경부선'에서 광명에서 부산의 기본요금은 8,600원이라고 하였으므로 A가 지불해야 하는 KTX 특송비는 8,600×(1+2)=25,800원이다.

20 정답 ④

박스의 최장변은 64cm, 세 변의 합은 40+55+64=159cm, 무게는 22kg이다. '크기 및 무게에 따른 할증 요금'에서 최장변, 세 변의 합, 무게 중 가장 높은 할증 비율에 해당하는 것을 기준으로 한다고 하였으므로 할증 비율은 150%이다. '기타 요인에 따른 할증 요금'에서 250만 원 상당의 귀중품의 할증 비율은 100%이다. '기본요금-호남선'에서 오송에서 여수EXPO의 기본요금은 8,600원이라고 하였으므로 A가 지불해야 하는 KTX 특송비는 8,600×(1+1+1.5)=30,100원이다. '추가 보관요금'에서 최장변, 세 변의 합, 무게 중 가장 높은 보관요금에 해당하는 것을 기준으로 요금을 정한다고 하였으므로 1영업일당 보관요금은 5,000원이다. 따라서 A가 지불해야 하는 비용은 30,100+5,000×2=40,100원이다.

21 정답 ④

① (O) '2. 모집 내용'에 따르면 학생반은 영어 7개 반, 중국어 3개 반, 스페인어 2개 반, 아랍어 1개 반, 프랑스어 1개 반으로 총 14개 반이고, 성인반 일반 과정은 영어 7개 반, 중국어 4개 반, 일본어 3개 반, 스페인어 1개 반으로 총 15개 반, 성인반 저녁 과정은 영어 2개 반, 중국어 1개 반, 베트남어 1개 반, 프랑스어 1개 반으로 총 5개 반이이다. 모집 인원은 반별 10명이라고 하였으므로 총 (14개+15개+5개)×10명=340명이다.
② (O) '2. 모집 내용'에서 성인 저녁 과정 중 영어, 중국어 강좌의 경우 온라인으로 진행한다고 하였다. 따라서 온라인 수업으로 진행하는 강좌는 영어 2개 반, 중국어 1개 반으로 총 3개 반이다.

③ (○) '2. 모집 내용'에 따르면 학생반의 교육 기간은 39주이고, '4. 운영 시간표'의 학생반을 보면 아랍어1 강좌는 화요일, 목요일에 각각 1시간 동안 진행된다. 따라서 학생반 아랍어1 강좌의 교육 기간은 총 39주×2시간=78시간이다.

④ (✕) '4. 운영 시간표'의 학생반 시간표 중 화요일 강좌를 강의실 개수를 최소화하는 방법으로 정리해 보면 다음과 같다.

시간	강의실 1	강의실 2	강의실 3
15:00~15:30			
15:30~16:00	영어3		
16:00~16:30			
16:30~17:00		중국어1	
17:00~17:30			
17:30~18:00	아랍어1	중국어3	영어5
18:00~18:30			
18:30~19:00			

따라서 화요일에 학생반 강좌를 진행하는 데 필요한 강의실은 최소 3개이다.

⑤ (○) '4. 운영 시간표'의 성인반 시간표에 따르면 중국어 프리토킹 강좌는 월요일, 수요일에 각각 1시간 30분씩 진행되므로 주당 총 3시간임을 알 수 있다. '1. 운영 내용'의 수강료에 따르면 중국어 프리토킹 수강료는 교재비를 제외하고 6만 원이다.

22 정답 ④

㉠ (○) '2. 모집 내용'에서 성인반은 1인 1강좌로 제한하고 있으며, 2·3기는 추후 모집한다고 하였다.

㉡ (○) '3. 수강 접수'에서 신청은 A구 교육종합포털을 통한 온라인 접수가 가능하다고 하였고, 선발 공지는 A구 교육종합포털에서 한다고 하였다.

㉢ (○) '2. 모집 내용'에서 학생반의 영어 강좌는 초등학생만 참여 가능하다고 하였다.

㉣ (✕) '3. 수강 접수'에서 성인반의 일반 과정 중 영어 강좌에 한하여 레벨 테스트가 있을 예정이며 수강 인원에게 개별 공지 예정이라고 하였다. 그런데 '4. 운영 시간표'의 성인반 시간표를 보면 19시에 시작되는 영어 강좌는 모두 저녁 과정이므로 레벨 테스트 대상 강좌에 해당하지 않는다.

㉤ (○) '2. 모집 내용'에서 신청 인원이 5명 이하인 경우 폐강될 수 있다고 하였다.

23 정답 ②

① (○) '기타사항'에서 위탁운영 관련 임차료는 없다고 하였다.

② (✕) '이용대상'에서 일 이용대상은 267+37=304명이고, '운영현황'에서 여유분으로 10%를 추가로 준비해야 한다고 하였으므로 이용대상이 조식과 중식 모두 이용 시 1일 최대 304×2×1.1≒668식을 준비해야 한다.

③ (○) '위탁기간'은 2024년 1월 1일부터 2025년 12월 31일까지 2년이지만, 최대 1년에 한하여 연장 가능하다고 하였다.

④ (○) '운영현황'에서 조식은 8시부터 8시 50분, 중식은 12시부터 13시까지라고 하였다.

⑤ (○) '추진 일정'에서 입찰 공고부터 협약체결까지 총 7+1+1+1+1+1=12일이 소요된다고 하였다.

24 정답 ④

'운영현황'에서 조식은 1식에 2,000원, 중식은 1식에 5,000원이므로 모든 이용 대상이 조식, 중식 이용 시 여유분을 제외하고, 1일 매출액은 304×(2,000+5,000)=2,128,000원이므로 2,128천 원이다. '기타사항'에서 계약기간 내 식당만족도 설문조사 결과 불만족이 50% 이상인 경우 개선사항을 요구·점검해야 한다고 하였으므로 모든 이용대상에게 식당만족도 설문조사 시 304×0.5=152명 이상에게 불만족을 받는 경우 개선사항을 요구·점검해야 한다. 따라서 ㉠, ㉡에 들어갈 숫자의 합은 2,128+152=2,280이다.

25 정답 ⑤

A~E의 2차 평가 점수는 다음과 같다.
- A: (72+68+74+72)/4=71.5점
- B: (76+72+74+76)/4=74.5점
- C: (74+74+76+72)/4=74점
- D: (68+68+72+74)/4=70.5점
- E: (74+74+72+72)/4=73점

A~E의 합산점수는 다음과 같다.
- A: 14+71.5=85.5점
- B: 12+74.5=86.5점
- C: 15+74=89점
- D: 17+70.5=87.5점
- E: 16+73=89점

C와 E는 합산점수가 89점으로 가장 높다. '위탁사업자 산정 방법'에서 1, 2차 평가 합산점수가 동일한 사업자가 2개 이상인 경우 실적 평가 점수가 더 높은 사업자를 우선협상 대상자로 선정한다고 하였으므로 C와 E 중 실적 평가 점수가 더 높은 E가 우선협상 대상자로 선정된다.

정답 및 해설
NCS 실전모의고사 5회

✏️ 정답표

01	02	03	04	05	06	07	08	09	10
①	③	②	①	③	⑤	①	⑤	④	③
11	12	13	14	15	16	17	18	19	20
③	②	④	④	⑤	⑤	⑤	①	④	④
21	22	23	24	25					
③	③	③	②	⑤					

01
정답 ①

① (X) 두 번째 문단에서 'GTX-A 구간에는 총 20편성이 운행될 예정'인데, '이번에 출고된 GTX 차량은 8칸 1편성으로 구성'되었다고 하였으므로, GTX-A 구간에는 총 160칸이 운행될 것임을 알 수 있다.
② (○) 세 번째 문단을 통해 GTX-A 구간은 '24년 상반기 수서~동탄 구간 개통을 목표로 하고 있으며, '24년 하반기에는 파주~서울역, '28년에는 파주~동탄 전 구간 개통 예정임을 알 수 있다.
③ (○) 첫 번째 문단을 통해 알 수 있다.
④ (○) 세 번째 문단에서 GTX-A 구간이 'TBM 공법 등 최첨단 공법을 이용하여 안전하게 공사 중에 있다'고 하였는데, 각주에서 TBM 공법이 기존 공법 대비 소음과 진동이 거의 없는 공법임을 확인할 수 있다.
⑤ (○) 두 번째 문단에서 GTX의 개념에 대해 설명하고 있다.

02
정답 ③

① (○) 두 번째 문단에서 '출고 차량은 '21년 10월 제작에 착수하여 1년 2개월 만에 완성'되었으며, '이번 출고를 시작으로 '24년 6월까지 순차적으로 출고된다'고 하였다.
② (○) 두 번째 문단에서 기존 지하철의 최고속도 80km/h이고, 출고된 GTX의 최고속도는 180km/h라고 하였으므로, 최고 속도가 기존 지하철 최고 속도에 비해 2배 이상 빠름을 알 수 있다.
③ (X) 세 번째 문단의 '실내는 이용자 편의성과 쾌적성을 위해 좌석 폭을 일반 전동차보다 30cm 넓히고'를 통해 차량 폭이 아니라 좌석 폭을 넓혔음을 알 수 있다.
④ (○) 세 번째 문단의 '출입문에 이중 장애물 감지 센서를 적용해 승객이 안전하게 승하차할 수 있도록 한다.'에서 알 수 있다.
⑤ (○) 두 번째 문단의 '이번에 출고된 GTX 차량은 8칸 1편성으로 구성되어, 1회 운행으로 1천명 이상의 승객을 운송할 수 있으며'를 통해 수송 능력을 알 수 있다.

03
정답 ②

1년 후의 시장 상황이 불황일 경우 10개 생산 라인을 증설하면 100억 원의 손실이 생길 것이라는 가정을 10억 원의 이익이 발생하는 것으로 변경하면, 3개 라인을 증설하고 시장 상황이 불황일 경우와 동일한 결과가 된다. 즉, 최악의 상황이 오더라도 3개 라인 증설의 경우보다 더 나쁘게 되지는 않는 것이다. 그러나 최선의 상황(호황)에서 기대할 수 있는 이익은 10개 증설의 경우가 3개 증설의 경우보다 훨씬 더 크다. 따라서 기대치는 크고 위험 부담은 동일하므로 경영자는 판단을 내리기가 쉬워지는 것이다.

04
정답 ①

제시문에 따르면 '스놉 효과'는 특정 상품에 대한 소비가 증가하다가 상품 수요가 다시 줄어드는 현상으로, 희귀한 대상을 소비함으로써 돋보이고 싶은 소비자 니즈가 존재하기 때문에 발생하는 현상이다.
① (○) 남들이 잘 알지 못하는 밴드의 팬이 됨으로써 돋보일 수 있었는데, 밴드가 유명해짐으로써 희귀성이 떨어지자 아쉬워하고 있다. 즉, '스놉 효과'와 관련이 있다.
② (X) 특정 상품을 사며 동일 상품 소비자로 예상되는 집단과 자신을 동일시하는 '파노플리 효과(panoplie effect)'와 관련이 있다.
③ (X) 먼저 제시된 점화 단어(priming word)에 의해 나중에 제시된 표적 단어(target word)를 해석하는 데 영향을 받는 '점화 효과(priming effect)'와 관련이 있다.
④ (X) 대중적으로 유행하는 정보를 따라 상품을 구매하는 현상인 '밴드왜건 효과(band wagon effect)'와 관련이 있다.
⑤ (X) 배가 닻(anchor)을 내리면 닻과 배를 연결한 밧줄의 범위 내에서만 움직일 수 있듯이 처음에 인상적이었던 숫자나 사물이 기준점이 되어 그 후의 판단에 왜곡 혹은 편파적인 영향을 미치는 현상인 '앵커링 효과(anchoring effect)'와 관련이 있다.

05
정답 ③

① (○) 세 번째 문단에서 음파는 파동을 전달하는 물질의 밀도가 높을수록 속도가 빨라지고, 그래서 음파의 속도는 공기

중에 비해 물속에서 훨씬 빠르다고 하였다. 공기 중에 비해 물속에서 음파의 속도가 더 빠르므로 물의 밀도가 공기보다 높음을 알 수 있다.
② (○) 세 번째 문단에서 음파의 속도는 물의 온도나 압력에 따라 변화한다고 하였다.
③ (×) 다섯 번째 문단에서 어군 탐지기는 음파가 물체에 부딪쳐 반사되는 원리를 이용한 기기라고 하였으므로 일치하지 않는다.
④ (○) 첫 번째 문단에서 소리는 진동으로 인해 발생한 파동이 전달되는 현상이라고 하였다.
⑤ (○) 두 번째 문단에서 저주파는 물에 흡수되는 양이 적어 수중에서의 도달 거리가 길다고 하였고, 다섯 번째 문단에서 먼 거리에 있는 물고기 떼를 찾을 때에는 도달 거리가 긴 저주파를 사용한다고 하였다. 이를 종합할 때, 저주파는 물에 흡수되는 양이 적어 도달 거리가 길기 때문에 먼 거리에 있는 물고기 떼를 찾을 때 사용된다는 것을 알 수 있다.

06 정답 ⑤

① (×) 수온이 높아지면 음파의 속도는 빨라진다.
② (×) 수온과 음파의 도달 거리의 관계는 제시문에 나타나 있지 않다.
③ (×) 수온과 주파수 크기의 관계는 제시문에 나타나 있지 않다.
④ (×) 수온과 음파가 물에 흡수되는 양의 관계는 제시문에 나타나 있지 않다.
⑤ (○) 세 번째 문단에서 수온이 높아질 경우 음파의 속도가 빨라진다고 한 내용을 바탕으로, 수온이 높아지면 음파의 속도가 빨라져 음파의 도달 시간이 짧아진다는 것을 유추할 수 있다. 따라서 미국 서부 해안의 특정 지점에서 발신한 음파가 호주 해안의 특정 지점에 도달하는 시간을 주기적으로 측정한 결과 그 시간이 점차 짧아졌기 때문에 수온이 높아지고 있다는 결론을 내린 것이다.

07 정답 ①

도입의 가장 일반적인 형태는 화제 또는 문제 제시이다. (나)는 아이들이 돈에 대한 올바른 개념을 갖는 방법에 관하여 문제를 제기하고 있으므로 도입부로 배열할 수 있다. 이어 아이들이 돈에 대한 개념이 있는지 여부와 백만장자가 될 확률의 관계에 관한 연구 사례를 들어 부연설명한 (가)가 이어질 수 있다. (가) 말미에 자녀들이 돈의 개념을 이해하는 것이 중요함을 언급하고 있는데, 이를 이어받아 이해를 돕기 위한 교육 방법을 제시한 (다)가 배치될 수 있다. 그리고 교육의 구체적인 시기를 설명

하는 (마)가 올 수 있으며, 마지막으로 아이들이 돈에 대한 정확한 가치관을 세울 수 있도록 부모가 본보기가 되어야 한다고 권고하며 글을 정리하는 (라)가 위치하는 것이 적절하다.

08 정답 ⑤

①, ③ (×) 제시문은 사고가 언어에 영향을 미친다는 내용을 담고 있다.
② (×) 언어가 의사소통의 도구인 것은 맞으나 제시문의 내용과는 관계가 없다.
④ (×) 문화의 다양성에 대한 내용은 나타나 있지 않다.
⑤ (○) 제시문에는 '언어에는 사람들의 사고 방식이 담겨 있다.'는 생각이 깔려 있다. '못갖춘꽃'과 '안갖춘꽃', '이리저리 왔다갔다'와 같은 말을 예로 들어 같은 대상을 사람들이 어떻게 다르게 생각할 수 있는지 보여 준다.

09 정답 ④

① (○) 꽃을 이루는 기본 요소인 꽃잎과 꽃받침, 암술과 수술을 모두 갖추고 있을 때 '갖춘꽃'이라 하고, 대부분 암술과 수술만을 가지고 꽃잎이나 꽃받침은 없는 꽃을 '못갖춘꽃'이라 말하며, '못갖춘꽃'은 '안갖춘꽃'이라고도 한다. 따라서 '못갖춘꽃'과 '안갖춘꽃'은 '갖춘꽃'의 반의어이다.
② (○) 두 번째 문단에서 못갖춘꽃을 안갖춘꽃이라고도 한다고 언급하였다.
③ (○) 마지막 문단에서 안 갖추었느냐 못 갖추었느냐의 구분은 우리가 식물을 바라보고 이해하는 주관적 반영일 뿐 객관적 실재는 아니라고 하였다.
④ (×) '허무하고 덧없다'는 '지는 꽃'에 대한 사람들이 인식이다. ㉠에는 결핍과 미완이라는 인식이 담겨 있다.
⑤ (○) 두 번째 문단에서 안갖춘꽃이라는 말에는 꽃의 시각에서 본 당당함과 선택의 의미가 담겨 있다고 하였다.

10 정답 ③

2023년 S사 매출액은 $65,000 \times 1.12 = 72,800$만 원이고, 2023년 매출액 중 A 판매액 비중은 $45+6=51\%$이다. 따라서 2023년 A 판매액은 $72,800 \times 0.51 = 37,128$만 원이다.

11 정답 ③

① (×) 고령자 고용률은 2020년에 $(118,228+178,472+375,795)/(601,664+825,074+2,405,300) \times 100 ≒ 17.5\%$, 2021년에 $(131,135+181,979+386,277)/(646,412+848,348+2,573,875) \times 100 ≒ 17.2\%$이다.

③ (○) '지원자격'에서 프랜차이즈 미가맹 사업자만 지원자격에 해당한다고 하였다.
④ (×) '신청방법'에서 반드시 본인이 직접 방문 접수 또는 우편접수로 신청해야 한다고 하였다.
⑤ (○) '지원사항'에서 필요시 전문컨설팅을 지원한다고 하였다.

20 정답 ④

'선정절차'에서 평가 시 지원자가 불참 시 평가 제외된다고 하였으므로 C는 제외된다. A, B, D, E의 총합은 다음과 같다.

구분	A	B	D	E
추정매출액	4점	3점	5점	2점
수수료액	11점	12점	13점	11점
업종 적합성 및 아이템 참신성	18점	16점	14점	18점
사업 현실성	15점	17점	15점	16점
마케팅전략	15점	14점	16점	15점
사업계획 신뢰성	6점	7점	6점	8점
자금조달 계획	5점	4점	5점	4점
총합	74점	73점	74점	74점

A, D, E의 총합이 74점으로 가장 높다. '선정절차'에서 동점자가 있는 경우 마케팅전략 점수가 높은 지원자를 선정한다고 하였으므로 A, D, E 중 마케팅전략 점수가 가장 높은 D가 선정된다.

21 정답 ③

① (○) '1. 기차 펜션 요금'에서 기차 펜션의 성수기와 평일 이용 요금 차이는 통일호 1~2호와 무궁화 1~3호가 12-8=4만 원, 새마을 1~4호가 15-10=5만 원이다.
② (○) '3. 운영안내'에서 개미 펜션은 애완동물 동반 출입이 불가하다고 하였다.
③ (×) '3. 운영안내'에서 양실의 경우 침대를 이용할 수 있다고 하였고, '1. 기차 펜션 요금'에서 양실인 객실은 통일호 1호, 2호, 무궁화 2호, 3호, 새마을 2호, 3호, 4호 7개 유형이라고 하였다.
④ (○) '3. 운영안내'에서 BBQ 이용이 가능한 펜션은 개미 펜션이라고 하였고, '2. 개미 펜션 요금'에서 개미 펜션 주말 요금은 25만 원이라고 하였다.
⑤ (○) '3. 운영안내'에서 펜션의 입실 시간은 오후 2시 이후, 퇴실 시간은 익일 오전 11시라고 하였으므로 펜션을 1박 예약한 고객이 오후 2시에 입실 시 최대 21시간 이용할 수 있다.

22 정답 ③

'3. 운영안내'에서 개미 펜션에서는 BBQ 이용이 가능하며, BBQ 이용요금은 1박당 20,000원이라고 하였다. '2. 개미 펜션 요금'에서 개미 펜션은 수용인원이 8명이고, 15명이 여행을 가고자 하므로 2개의 방을 이용해야 한다. A가 지불해야 하는 금액은 (25+25+2+2)×2=108만 원이다.

23 정답 ③

'1. 기차 펜션 요금'에서 12명이 평일에 1박을 이용할 때 요금이 가장 저렴한 방법은 새마을 1~4호를 3개 예약하는 것이며, 요금은 10×3=30만 원이다. 이용일은 11월 15일, 취소일은 11월 10일이므로 이용일 5일 전이다. '4. 펜션 환불 규정'에서 이용일 5일 전 취소 시 30% 공제 후 환불된다고 하였으므로 B가 돌려받을 수 있는 금액은 30×(1-0.3)=21만 원이다.

24 정답 ②

① (○) '착오송금 수취인 정보확인'에서 공사는 금융회사, 통신사, 행정안전부 등을 통하여 착오송금 수취인의 연락처 및 주소를 확보한다고 하였다.
② (×) '유의사항'에서 착오송금액이 5만 원 이상 1,000만 원 이하인 경우 지원 가능하다고 하였다.
③ (○) '유의사항'에서 착오송금 수취인이 국내에 주소가 없는 자인 경우 반환지원 제외 대상에 해당한다고 하였다.
④ (○) '반환지원 신청'에서 금융회사를 통한 사전반환 신청단계에서 착오송금 수취인이 자진반환 불응 시 착오송금인은 공사에 반환지원을 신청할 수 있다고 하였다.
⑤ (○) '회수 시 잔액 반환'에서 회수 완료 시 회수액에서 회수에 소요된 비용을 차감한 후 잔액을 착오송금인에게 반환한다고 하였다.

25 정답 ⑤

• A가 공사를 통해 자금 반환지원 신청을 하였으므로 '반환지원 신청'단계이다.
• 공사가 금융회사와 통신사를 통해 착오송금 수취인의 연락처와 주소를 확보했다고 하였으므로 '착오송금 수취인 정보 확인'단계이다.
• 공사가 확보한 연락처를 토대로 수취인에게 자진반환을 권유하고 이에 응하기로 하였으므로 '자진반환 권유'단계이다.
따라서 다음에 진행되어야 할 절차는 '미반환 시 지급명령 진행'단계이지만 자진반환에 응하였으므로 '회수 시 잔액 반환'단계이다.

정답 및 해설
NCS 실전모의고사 6회

정답표

01	02	03	04	05	06	07	08	09	10
②	①	④	③	⑤	②	③	④	①	③
11	12	13	14	15	16	17	18	19	20
④	④	④	④	④	②	③	⑤	④	⑤
21	22	23	24	25					
②	③	①	⑤	③					

01
정답 ②

제시문은 동물 실험의 유효성에 대한 찬반 논쟁을 통해 유비 논증의 개념과 유용성을 설명하고 있는 글이다. 따라서 유비 논증의 개념을 정의하고 있는 (나)가 가장 먼저 와야 하며, (나)의 마지막 문장인 '동물 실험이 유효하다는 주장과 그에 대한 비판은 유비 논증을 잘 이해할 수 있게 해 준다.'를 통해 동물 실험이 유효하다는 주장과 그에 대해 반대하는 주장에 대한 내용이 이어질 것임을 알 수 있다. 그런데 동물 실험을 반대하는 쪽의 의견에 대해 서술하고 있는 (마)가 '그러나'라는 접속어로 시작하기 때문에, 동물 실험의 유효성을 주장하는 (가)가 먼저 나와야 하며 (가)에 대한 부연 설명에 해당하는 (라)가 이어지고, 그 뒤에 (마)가 연결되는 것이 자연스럽다. 그리고 '요컨대'라는 접속어를 통해 (다)가 동물 실험을 반대하는 쪽의 주장을 요약하고 있음을 알 수 있으므로 (다)가 마지막에 와야 한다.

02
정답 ①

① (X) (마)를 통해서 동물 실험을 반대하는 쪽은 기능적 유사성이 있어도 인과적 메커니즘은 동물마다 다르다고 생각하고 있음을 알 수 있다. 따라서 ⊙~ⓒ을 사람과 흰쥐의 유사성으로 보지 않는다는 진술은 옳지 않다.
② (○) (라)에서 동물 실험의 유효성을 주장하는 쪽은 '인간과 꼬리가 있는 실험동물은 꼬리의 유무에서 유사성을 갖지 않지만 그것은 실험과 관련이 없는 특성이므로 무시해도 된다고 본다.'고 하였다. 따라서 꼬리의 유무는 동물 실험의 유효성을 주장하는 논증의 개연성과는 관계가 없다.
③ (○) (나)에서 '유비 논증은 두 대상이 몇 가지 점에서 유사하다는 사실이 확인된 상태에서 어떤 대상이 추가적 특성을 갖고 있음이 알려졌을 때 다른 대상도 그 추가적 특성을 가지고 있다고 추론하는 논증'이라고 하였는데, ⓔ은 ⊙~ⓒ과 같은 유사성이 확인된 상태에서 새롭게 알려진 특성이므로 추가적 특성이라고 할 수 있다.
④ (○) (가)에서 '동물 실험의 유효성을 주장하는 쪽은 인간과 실험동물이 유사성을 보유하고 있기 때문에 신약이나 독성 물질에 대한 실험동물의 반응 결과를 인간에게 안전하게 적용할 수 있다고 추론한다'고 하였다.
⑤ (○) (다)는 동물 실험을 반대하는 쪽이 동물 실험의 유효성을 주장하는 쪽을 비판하는 내용으로, 동물 실험의 유효성을 주장하는 쪽이 사용한 유비 논증의 개연성이 낮다고 지적하고 있다.

03
정답 ④

제시문의 전체적인 내용을 문단 배열을 고려하지 않고 우선 파악한 후, 각 문단의 첫 문장과 끝 문장을 중심으로 논지를 재구성하면 효과적으로 문제를 해결할 수 있다. 우선 제시문은 루소의 사상에 대하여 다루고 있다. (라)에서 인간의 본성인 자유를 화두로 제시하며, (가)에서 이것과 권력이 충돌하게 된다는 문제의식을 드러내고 있다. 이후 (가) 후미에서 권력의 정당성 문제를 거론하고 있으며 이를 이어받는 것은 (다)와 (나)이다. (다)에서는 국가 권력의 근거를 제시하였으며, (나)는 내용을 이어받아 그러한 국가 권력이 일반 의지의 지도하에 행사되어야 함을 기술하고 있다. (마)는 루소의 문제의식이 일반 의지라는 개념을 통해 해결되었음을 보여 주는 것이므로 마지막에 배치된다.

04
정답 ③

① (X) 3문단에서 줌바밍 피해 사례가 급증하면서 정부에서 줌 이용 금지령을 내리고 있는 국가가 생겨나고 있다고 설명하지만, 금지령을 내린 국가가 그렇지 않은 국가에 비해 많은지는 알 수 없다.
② (X) 3문단에서 미국 연방수사국(FBI)이 줌의 화상 회의 기능 이용 시 회의실을 비공개로 설정하거나 암호를 걸어 놓을 것을 당부했다는 점에서, 암호를 설정해 놓으면 줌바밍이 줄어들 것이라는 점을 추론할 수 있다.
③ (○) 1문단에서 줌바밍은 줌을 이용한 수업과 회의 공간에 외부인이 접속해 수업이나 회의를 방해하는 것을 뜻하므로, 외부인이 대화방에 음란물을 게시하여 수업을 방해했다면 이는 줌바밍에 해당한다.
④ (X) 4문단에서 줌이 보안 논란을 겪는 사이 마이크로소프트의 협업 솔루션 '팀즈'를 활용한 화상 회의는 3월 사용 시간이 전달보다 1,000% 급증하고, 구글의 화상 회의 서비스 '미트'도 매일 약 300만 명씩 이용자가 증가하고 있다고 설명하였으므로 적절하지 않다.
⑤ (X) 4문단에서 '네이버 자회사 웍스모바일도 국산 협업 툴

'라인웍스'로 화상 회의 시장을 공략하고 있다.'는 내용을 통하여 구글과는 별개의 독자적으로 화상 회의 시장을 공략하고 있음을 알 수 있다.

05
정답 ⑤

① (○) (가)의 세 번째 문장과 네 번째 문장으로 볼 때 묶어 팔기를 하려면 샤프와 지우개를 5,800원에 팔아야 한다. 그런데 갑과 을의 지우개에 대한 지불용의 금액이 서로 바뀌면 A는 샤프와 지우개를 5,500원에 묶어서 팔아야 한다.
② (○) (가)의 세 번째 문장과 네 번째 문장으로 볼 때 묶어 팔기를 하려면 샤프와 지우개를 5,800원에 팔아야 한다. 이때 A의 매출은 11,600원이다. 그런데 샤프를 5,000원, 지우개를 800원에 각각 팔면 을은 샤프와 지우개 모두를 사겠지만 갑은 샤프만 사고 지우개를 사지 않아 A의 매출은 10,800원이 될 것이다.
③ (○) (가)의 첫 번째 문장과 두 번째 문장으로 볼 때 A가 갑과 을 모두에게 샤프와 지우개를 따로 팔려면 샤프는 5,000원, 지우개는 500원에 팔아야 하고, (가)의 세 번째 문장과 네 번째 문장으로 볼 때 묶어 팔기를 하려면 샤프와 지우개를 5,800원에 팔아야 한다. 갑과 을에게 샤프와 지우개를 각각 팔면 매출이 11,000원이고 묶어 팔면 매출이 11,600원이다.
④ (○) (가)의 다섯 번째 문장과 여섯 번째 문장을 통해 상품에 대한 선호도가 상품에 대한 지불용의 금액에 영향을 줌을 알 수 있다. 따라서 병과 정의 지불용의 금액이 다른 이유는 샤프와 지우개에 대한 선호도가 다르기 때문이라고 볼 수 있다.
⑤ (X) (가)의 여섯 번째 문장으로 볼 때 B가 병과 정 모두에게 샤프와 지우개를 따로 팔려면 샤프는 5,000원, 지우개는 800원에 팔아야 하고, 묶어 팔기를 하려면 샤프와 지우개를 5,800원에 팔아야 한다. 즉, 묶어 팔기와 따로 팔기의 매출이 동일하므로 B는 이윤 극대화를 위해 반드시 묶어 팔기 전략을 취할 필요는 없다.

06
정답 ②

① (○) 5문단 세 번째 문장과 네 번째 문장을 통해 묶어 파는 방식을 선택하여 특정 상품에 대해 경쟁기업 몰래 가격 할인을 함으로써 경쟁사를 시장에서 몰아내는 판매 전략은 경쟁을 저해하고 공정한 거래질서를 해치는 결과를 가져옴을 알 수 있다.
② (X) 5문단 세 번째 문장에 따르면 기업이 묶어 파는 방식을 선택하여 특정 상품에 대해 경쟁기업 몰래 가격 할인을 함으로써 경쟁사를 시장에서 몰아내기도 한다. 따라서 글을 바탕으로 보았을 때, A사는 B사 몰래 가격 할인 판촉 행사를 했을 것이다.
③ (○) 5문단 다섯 번째 문장과 여섯 번째 문장을 통해 소비자는 여러 곳을 돌아다니면서 물건을 사지 않아도 되고, 생산자는 상품을 유통시키는 데 지불하는 비용을 절약할 수 있어서 경우에 따라서는 묶어 팔기가 효율성을 높이기도 함을 알 수 있다.
④ (○) 2문단 첫 번째 문장에 따르면 기업이 묶어 팔기를 하는 궁극적인 동기는 이윤 극대화이다. 이를 바탕으로 볼 때 C사는 이윤 극대화를 위해 새로운 상품인 메모리카드를 생산하고, 기존 상품인 디지털 카메라와 새로운 상품인 메모리카드를 묶어서 판매했다고 볼 수 있다.
⑤ (○) 5문단 세 번째 문장에서 묶어 파는 방식을 선택하여 특정 상품에 대해 경쟁기업 몰래 가격 할인하여 경쟁사를 시장에서 몰아내기도 한다고 했고, 이어지는 문장에서 이와 같은 판매 전략은 경쟁을 저해하고 공정한 거래질서를 해치는 결과를 가져온다며 묶어 팔기의 부정적 측면을 서술했다. C사는 디지털 카메라와 메모리카드의 묶어 팔기를 통해 시장에서의 지위를 높이고 경쟁사인 D사와 E사를 견제했다. 이와 같은 판매 전략으로 경쟁이 저해되고 결국 D사와 E사가 시장에서 사라진다면 C사의 사례는 묶어 팔기의 부정적 측면의 예가 된다.

07
정답 ③

ㄱ. (X) 제시문에서는 환경 운동 단체와 기업의 연대 그리고 녹색 소비자 운동 강화의 필요성을 언급하고 있다. 이로부터 CSR 운동이 기업의 생태 효율을 높이는 방향으로 전개되어야 한다는 것은 알 수 있으나, 기업이 최대한의 이윤을 추구하도록 보장하는 것과는 논리적으로 배치되며 별도로 언급된 바가 없으므로 ㄱ은 적절하지 않다.
ㄴ. (○) 2문단에서 국내 기업이 지속 가능한 경영과 투자가 이루어지도록 환경 운동 단체를 비롯해 소비자 단체 등과 연대하여 다양한 운동을 전개할 필요가 있음을 기술하고 있다.
ㄷ. (X) 3문단에 보고서가 언급한 CRS 운동의 구체적인 실천 과제들이 제시되어 있지만, 이 중 기업 경영자를 대상으로 한 윤리 교육에 관한 내용은 없다.
ㄹ. (○) 3문단에서 기업의 사회적 책임을 준수하도록 하는 방안으로 사회 책임 투자를 촉진할 필요성이 언급되고 있으므로 적절한 진술이다.

08
정답 ④

① (X) 자기장을 감지하는 센서는 유도 전류의 원리를 이용한 것이다.
② (X) 모든 파동은 각기 다른 파장과 진동수를 갖고 있다.

③ (X) 영국의 물리학자 패러데이는 고정식 카메라를 제안한 것이 아니라 고정식 카메라에 사용되는 '유도 전류의 원리'를 제안하였다.
④ (O) 이동식 카메라는 자동차에 일정한 진동수의 초음파를 발사하고 반사되어 되돌아온 진동수의 변화량을 속도로 환산하여 측정하는 원리이다.
⑤ (X) 파동의 근원과 관측자 사이가 가까워질수록 파장은 짧아진다.

09 정답 ①

① (O) ㉠은 '어떤 기준에 틀리거나 어긋남이 없이 조정하다.'의 뜻으로 주파수를 '맞추었다'가 동일한 의미로 사용되었다.
② (X) '약속 시간 따위를 넘기지 아니하다.'의 뜻으로 사용하고 있다.
③ (X) '어떤 기준이나 정도에 어긋나지 아니하게 하다.'의 뜻으로 사용하고 있다.
④ (X) '둘 이상의 일정한 대상들을 나란히 놓고 비교하여 살피다.'의 뜻으로 사용하고 있다.
⑤ (X) '일정한 규격의 물건을 만들도록 미리 주문을 하다.'의 뜻으로 사용하고 있다.

10 정답 ③

① (O) 조사기간 중 평생교육기관 학생 수가 가장 많은 해는 2020년이고, 2020년에 평생교육기관 학생 수 중 평생학습관 학생 수 비중은 11,195/243,968×100≒4.6%이다.
② (O) 2017~2020년에 평생교육기관 학생 수가 두 번째로 많은 평생교육기관 형태는 사업장부설이다.
③ (X) 시·도평생교육진흥원 평생교육기관 수는 매년 17개로 동일하다. 언론기관부설 평생교육기관 수가 가장 적은 해는 2017년이고, 2017년에 언론기관부설 평생교육기관 수는 시·도평생교육진흥원의 50배 미만이므로 매년 50배 이상이 아님을 알 수 있다. 연도별 언론기관부설 평생교육기관 수/시·도평생교육진흥원의 배수는 다음과 같다.

2017년	707/17≒41.6배
2018년	741/17≒43.6배
2019년	842/17≒49.5배
2020년	1,098/17≒64.6배
2021년	1,134/17≒66.7배
2022년	1,343/17=79배

④ (O) 2018~2022년 동안 지식·인력개발형태 평생교육기관 수가 처음으로 전년 대비 감소한 해는 2020년이다.
⑤ (O) 2018~2020년 중 원격형태의 평생교육기관 학생 수의 전년 대비 증가량은 다음과 같다.

2018년	124,927−80,130=44,797백 명
2019년	121,114−124,927=−3,813백 명
2020년	201,171−121,114=80,057백 명

11 정답 ④

평생교육기관 1개당 학생 수는 다음과 같다.

2017년	118,968/4,032≒30백 명
2018년	163,442/4,169≒39백 명
2019년	163,484/4,295≒38백 명
2020년	243,968/4,541≒54백 명
2021년	206,772/4,493≒46백 명
2022년	204,377/4,869≒42백 명

평생교육기관 1개당 학생 수가 전년 대비 증가한 해는 2018년, 2020년이고, 증가량은 2018년에 39−30=9백 명, 2020년에 54−38=16백 명이므로 증가량이 가장 큰 해의 증가량은 1,600명이다.

12 정답 ④

① (X) 통과 비행량이 가장 많은 월은 2021년 하반기에 12월, 2022년 하반기에 11월이다.
② (X) 2022년 10월에 통과 비행량은 전년 동월 대비 (6,363−5,271)/5,271×100≒20.7% 증가했다.
③ (X) 2022년 하반기에 통과 비행량의 전년 동월 대비 증가량은 다음과 같다.
• 7월: 6,332−5,088=1,244대
• 8월: 6,333−4,481=1,852대
• 9월: 6,247−4,491=1,756대
• 10월: 6,363−5,271=1,092대
• 11월: 6,666−5,395=1,271대
• 12월: 6,400−5,516=884대
④ (O) 2022년 하반기 관제탑 관제량 상위 3개 관제탑의 순위는 매월 '인천 - 제주 - 김포'로 동일하다.
⑤ (X) 8~12월 동안의 관제탑 관제량의 전월 대비 증감 추이는 다음과 같다.

인천	증가 - 감소 - 증가 - 증가 - 증가
김포	감소 - 감소 - 증가 - 감소 - 감소
양양	증가 - 증가 - 감소 - 증가 - 감소

제주	증가-감소-증가-감소-감소
여수	증가-증가-증가-감소-감소
울산	증가-감소-감소-증가-감소
무안	감소-감소-증가-증가-감소
울진	증가-감소-증가-증가-감소

13
정답 ④

2022년 11월 관제탑 관제량의 전월 대비 증가율은 다음과 같다.

구분	11월 관제탑 관제량의 전월 대비 증가율
인천	$(20,591-18,245)/18,245 \times 100 ≒ 12.9\%$
김포	$(12,504-13,884)/13,884 \times 100 ≒ -9.9\%$
양양	$(2,098-1,965)/1,965 \times 100 ≒ 6.8\%$
제주	$(14,906-15,614)/15,614 \times 100 ≒ -4.5\%$
여수	$(1,238-1,573)/1,573 \times 100 ≒ -21.3\%$
울산	$(1,300-915)/915 \times 100 ≒ 42.1\%$
무안	$(2,692-2,523)/2,523 \times 100 ≒ 6.7\%$
울진	$(10,217-7,726)/7,726 \times 100 ≒ 32.2\%$

따라서 A는 양양, B는 울산, C는 울진, D는 무안, E는 인천이다.

① (○) 표시되지 않은 공항은 김포, 제주, 여수이다.
② (○) A는 양양이다.
③ (○) D는 무안이다.
④ (×) B는 울산이고, 7월 관제탑 관제량 중 울산의 비중은 $1,342/62,226 \times 100 ≒ 2.2\%$이다.
⑤ (○) C는 울진이고, 12월 울진의 관제탑 관제량은 7월 대비 $|(7,255-8,240)|/8,240 \times 100 ≒ 12.0\%$ 감소했다.

14
정답 ⑤

① (○) 2017~2021년 동안의 신규 가정위탁보호 세대수와 아동 수의 전년 대비 증감 추이는 다음과 같다.

구분	신규 가정위탁보호 세대수	신규 가정위탁보호 아동 수
대리양육가정	감소-증가-증가-감소-감소	감소-증가-감소-감소-감소
친인척위탁가정	감소-감소-증가-증가-감소	감소-감소-증가-증가-감소
일반위탁가정	감소-증가-감소-증가-증가	감소-감소-감소-증가-증가

② (○) 2021년에 신규 가정위탁보호 총 세대수는 2016년 대비 $|\{(593+333+309)-(867+420+131)\}|/(867+420+131) \times 100 ≒ 12.9\%$ 감소했다.
③ (○) 조사기간 중 유형별 신규 가정위탁보호 아동 수가 가장 많은 해는 대리양육가정, 친인척위탁가정은 2016년, 일반위탁가정은 2021년이다.
④ (○) 2019년에 신규 가정위탁보호 1세대당 아동 수는 $(914+412+138)/(703+344+101) ≒ 1.3$명이다.
⑤ (×) 조사기간 동안의 신규 대리양육가정 아동 수 대비 친인척위탁가정 아동 수 비율은 다음과 같다.

구분	신규 대리양육가정 아동 수 대비 친인척위탁가정 아동 수 비율
2016년	$545/1,091 \times 100 ≒ 50.0\%$
2017년	$452/892 \times 100 ≒ 50.7\%$
2018년	$375/930 \times 100 ≒ 40.3\%$
2019년	$412/914 \times 100 ≒ 45.1\%$
2020년	$435/862 \times 100 ≒ 50.5\%$
2021년	$395/758 \times 100 ≒ 52.1\%$

15
정답 ②

• A: 누적 가정위탁보호 아동은 '전년 누적 가정위탁보호 아동+신규 가정위탁보호 아동-종결 가정위탁보호 아동'이므로 2017년 누적 대리양육가정 아동 수는 $9,127+892-1,441=8,578$명이다. 2021년에 대리양육가정 아동 수의 2017년 대비 감소율은 $|(6,542-8,578)|/8,578 \times 100 ≒ 23.7\%$이다.

• B: 2020년 종결 가정위탁보호 아동 수는 '2019년 누적 가정위탁보호 아동 수+2020년 신규 가정위탁보호 아동 수-2020년 누적 가정위탁보호 아동 수'로 구할 수 있다. 2020년 종결 가정위탁보호 아동 수는 다음과 같다.

구분	종결 가정위탁보호 아동 수
대리양육가정	$7,426+862-6,905=1,383$명
친인척위탁가정	$2,801+435-2,572=664$명
일반위탁가정	$914+200-907=207$명

2020년 종결 가정위탁보호 아동 중 일반위탁가정 아동의 비중은 $207/(1,383+664+207) \times 100 ≒ 9.2\%$이다.

16
정답 ②

① (○) 조사기간 동안 평일 0~12시의 봉사활동 평균 횟수는 $(1,206+1,187+1,220+373+451)/5=887.4$천 회이다.
② (×) 2022년 주말 12~18시의 봉사활동 횟수는 2018년 대비 $(1,775-305)/1,775 \times 100 ≒ 82.8\%$ 감소했다.

③ (○) 조사기간 동안 연도별로 평일과 주말 모두 봉사활동 횟수가 가장 많은 시간대는 12~18시로 동일하다.
④ (○) 2019~2021년 내내 주말의 봉사활동 횟수는 모든 시간대에서 전년 대비 감소했다.
⑤ (○) 조사기간 중 평일 18~24시의 봉사활동 횟수가 50만 회 이상인 해는 2018~2020년이고, 해당 연도의 평일 봉사활동 횟수는 주말의 2배 이상이다.
- 2018년: $(1{,}206+3{,}545+599)/(694+1{,}775+113)$ ≒ 2.1배
- 2019년: $(1{,}187+3{,}287+534)/(681+1{,}554+95)$ ≒ 2.1배
- 2020년: $(1{,}220+3{,}367+518)/(663+1{,}462+91)$ ≒ 2.3배

17   정답 ③

봉사활동 인원 1명당 봉사활동 횟수는 다음과 같다.
- 2018년: $(1{,}206+3{,}545+599+694+1{,}775+113)/2{,}874$ ≒ 2.8회
- 2019년: $(1{,}187+3{,}287+534+681+1{,}554+95)/2{,}252$ ≒ 3.3회
- 2020년: $(1{,}220+3{,}367+518+663+1{,}462+91)/2{,}124$ ≒ 3.4회
- 2021년: $(373+972+180+147+345+43)/1{,}383$ ≒ 1.5회
- 2022년: $(451+977+209+141+305+41)/1{,}294$ ≒ 1.6회

따라서 봉사활동 인원 1명당 봉사활동 횟수는 2020년에 가장 많다.
참고로 봉사활동 횟수를 나타내는 [그림 1]과 [그림 2]를 보면, 2020년과 2021년을 잇는 꺾은선이 상당히 급한 기울기로 떨어지는데, [봉사활동 인원]에서는 해당 구간의 기울기가 그만큼 급하지는 않다. 그리고 2022년은 봉사활동 횟수와 인원 모두 2021년과 비슷한 수준이다. 따라서 2021년과 2022년은 정답 후보에서 일단 제외하는 것이 좋다. 또한 2018~2020년의 봉사활동 횟수는 19번 문항의 선택지 ⑤에서 계산한 내용을 활용해 볼 수 있다.

18   정답 ⑤

① (○) '대상매장'에서 월 수수료를 제외한 추정 월 매출액은 $5{,}218-1{,}191=4{,}027$천 원이라고 하였다.
② (○) '지원서 접수'에서 공모보증금 100만 원을 현금 납부 시 본인 명의로 입금해야 한다고 하였다.
③ (○) '합격자 발표'에서 합격자에게 개별 통지한다고 하였다.
④ (○) '면접일시 및 장소'에서 전화심사 합격자에 한하여 추후 면접일시와 장소를 개별통보한다고 하였다.
⑤ (X) '지원서 접수'에서 계약체결 대상으로 최종 선정 통보를 받은 후 정당한 이유 없이 계약을 체결하지 아니하는 경우 공모보증금은 반환하지 않는다고 하였다.

19   정답 ④

① (X) '지원자격'에서 따르면 신청일 기준 만 18세 이상이어야 한다.
② (X) '자격 제한'에서 공사에 현직 중인 임·직원(배우자 포함)과 그 직계혈족은 자격이 제한된다고 하였다.
③ (X) '자격 제한'에서 공사와 상업시설 운영 계약과 관련하여 최근 1년 이내에 회사나 행정당국으로부터 유통기한 경과 상품 취급 등 식품위생법 위반사항이 5회 이상 확인된 이력이 있는 자는 자격이 제한된다고 하였다.
④ (○) '자격 제한'에서 공사와 상업시설 운영 계약과 관련하여 최초 계약(2년) 기간 중 식품위생법 위반 사항이 4회 이상 확인된 자로 계약종료일 이후 1년이 경과하지 않은 자는 자격이 제한된다고 하였다.
⑤ (X) '자격 제한'에서 모집공고 시작일을 기준으로 현재 공사와 전문점 운영계약을 맺고 있는 자와 그 배우자 및 직계혈족은 자격이 제한된다고 하였다.

20   정답 ⑤

① (○) '4. 근로 조건'의 '3) 근로 시간'에서 휴일 근로가 불가피한 경우 임금 지급 대신 대체 휴무로 갈음한다고 하였다.
② (○) '4. 근로 조건'의 '1) 임금'에서 임금은 시간당 11,157원이라고 하였고, '3) 근로 시간'에서 1일 8시간 근무라고 하였다. 따라서 주휴수당과 연차수당을 제외한 1일당 임금은 $11{,}157원 \times 8시간 = 89{,}256원$이다.
③ (○) '2. 접수 방법'에서 원서 접수 시 최초 지원자 및 최근 1년 이내 근무 경력이 없는 지원자의 경우 인성검사를 실시한다고 하였다. 따라서 최근 6개월 전까지 경력이 있는 지원자는 해당 사항이 없다.
④ (○) '3. 신청 서류'의 '1) 필수 서류'에서 신청서와 개인정보 수집·이용·제공 동의서 서명란은 모두 자필 서명을 해야 한다고 하였다.
⑤ (X) '7. 기타 유의 사항'의 2)에서 응시자가 서류 심사 결과 발표일 이후 14일부터 180일간 제출한 채용 서류의 반환을 신청하는 경우에는 반환한다고 하였다. '5. 합격자 발표'의 '1) 서류 심사 결과 발표'에서 발표 날짜는 2023년 3월 6일로 명시되어 있으므로, 3월 20일부터 180일간 채용 서류의 반환을 신청한 경우 반환받을 수 있다. 3월 24일은 최종 합격자 발표일 이후 14일이다.

21

정답 ②

'6. 합격자 선발 기준'에서 '취업취약계층 및 취업지원대상자' 항목은 해당자에 한하여 배점하며, 중복 배점은 불가하다고 하였으므로 A, D에게 각각 10점씩 배점한다. A~E의 총점은 다음과 같다.

구분		A	B	C	D	E
과세표준액 합산		3점	5점	10점	5점	3점
면접 심사	전문성	33점	12점	28점	25점	30점
	업무관심도	6점	1점	5점	2점	4점
	과제해결능력	2점	2점	4점	4점	8점
	의사표현능력	1점	1점	5점	5점	6점
	인성	7점	3점	5점	6점	7점
비고		10점	0점	0점	10점	0점
총점		62점	24점	57점	57점	58점

'6. 합격자 선발 기준'에서 면접 심사 점수가 20점 미만인 경우 선발하지 아니한다고 하였으므로, 면접심사 점수가 19점인 B는 제외된다. 또한 서류 심사 점수와 면접 심사 점수의 합산 점수가 높은 사람 3명이 선발되므로 A, E는 선발이 확정된다. C와 D는 57점으로 동점자이므로 면접 심사 점수 중 전문성 점수가 높은 C가 선발된다. 따라서 최종 합격자는 A, C, E이다.

22

정답 ③

① (O) '5. 제출 서류'에서 지원금 신청 시 기기 명판을 포함한 설치 현장 사진을 제출해야 한다고 하였다.
② (O) '2. 지원 대상'에서 한국전력공사로부터 전기를 공급받지 않는 고객은 제외 대상이라고 하였다.
③ (X) '3. 지원 범위 및 방법'에서 지원 한도는 사회복지시설당 16,000천 원(16백만 원)이고, '4. 사업 예산 및 신청 방법'에서 사업 예산은 4,500백만 원이라고 하였으므로 사업 예산을 모두 사용한다면 지원금을 받을 수 있는 시설은 4,500/16=281.25개이다. 이때 시설의 수는 자연수여야 하므로 지원금을 받을 수 있는 시설은 최소 282개다.
④ (O) '6. 유의 사항'에서 무자격 시설의 지원금 청구의 경우 부정이익은 지급된 지원금 전체이고, 제재부가금은 부정이익×500%라고 하였다. 따라서 이 둘의 합은 600만 원+(600만 원×500%)=3,600만 원이다.
⑤ (O) '4. 사업 예산 및 신청 방법'에서 최초 지원금 신청은 사업 참여 신청 승인 후 3개월 이내에 해야 한다고 하였다. 따라서 2월에 승인을 받고 4개월 후인 6월에 처음으로 지원금 신청을 한 경우 지원을 받을 수 없다.

23

정답 ①

'3. 지원 범위 및 방법'에서 지원금은 냉·난방기 구매 및 기본 설치비의 50%라고 하였고, 추가 설치비는 포함되지 않는다고 하였다. 따라서 A가 지급받는 지원금은 다음과 같다.
- 2022년: {(900만 원×2대)+200만 원}×50%=1,000만 원이다.
- 2023년: (400만 원×6대)×50%=1,200만 원이지만, 지원 한도 16,000천 원에는 과년도 지원금도 포함되므로, 2023년에 지원받는 지원금은 1,600만 원−1,000만 원=600만 원이다.

24

정답 ⑤

- A: '2. 서비스 내용의 4) 생활보조금'에서 한부모가족 복지시설에 입소한 저소득 한부모가족에 대해 가구당 월 5만 원을 지원한다고 하였으므로 A가 지원받은 지원금은 10×5=50만 원이다.
- B: '2. 서비스 내용의 1) 아동양육비와 2) 추가 아동양육비'에서 아동양육비는 저소득 한부모가족의 만 18세 미만 자녀 1인당 월 20만 원이고, 추가 아동양육비는 만 35세 이상 미혼 한부모가족의 만 5세 이하 아동 1인당 월 5만 원이라고 하였으므로 B가 지원받은 지원금은 6×{2×(20+5)}=300만 원이다.
- C: '2. 서비스 내용의 3) 학용품비'에서 조손가족 포함의 중학생 및 고등학생 자녀 1인당 연 9.3만 원이라고 하였으므로 C가 지원받은 지원금은 9.3만 원이다.

따라서 A~C가 지원받은 총 지원금은 50+300+9.3=359.3만 원이다.

25

정답 ③

S가 예약한 1월 15일과 1월 17일의 이용권 금액은 각각 58,600×14+(58,600−5,000)×3=981,200원이다. 낚싯대를 소지한 뒤 크루즈 이용 시 크루즈 내에서 추가금은 현금으로 지불해야 하므로 예약 시 지불하지 않는다. S는 1월 15일에 KTX 출발 전 이용권을 반환하였으므로 1월 15일에 이용하는 이용권의 반환수수료는 30%이고, 1월 17일에 이용하는 이용권의 반환수수료는 출발 2일전이므로 10%이다. S가 이용권 반환 후 받는 금액은 981,200×0.7+981,200×0.9=1,569,920원이다.

최신판 혼JOB 코레일 한국철도공사 NCS 직업기초능력 봉투모의고사
대표유형 분석 + NCS 실전모의고사 6회분

발 행 일 | 2024년 1월 12일(초판 1쇄)
편 저 자 | 혼JOB취업연구소
펴 낸 곳 | ㈜커리어빅
펴 낸 이 | 석의현
가　　격 | 18,000원
I S B N | 979-11-91026-64-1 (13320)
주　　소 | 서울특별시 종로구 인사동5길 25
전　　화 | 02)3210-0651
홈페이지 | www.honjob.co.kr
이 메 일 | honjob@naver.com

이 책의 저작권은 저자와 ㈜커리어빅에게 있습니다.
저작권법에 의하여 보호를 받는 저작물이므로 무단전재와 복제를 금합니다.
내용 문의는 홈페이지를 이용해 주시기 바랍니다.

나만의 성장 엔진
www.honjob.co.kr

자소서 / NCS·PSAT / 금융논술 / 전공필기 / 금융자격증 / 시사상식 / 면접